잠재의식 변화를 통한

발달장애 행동 지원

장애아동 행동 중재에 대한 새로운 접근

이진식 저

박영story

머리말

장애 아동의 긍정적 행동 변화를 위한 일반적인 중재 및 지도는 의식이 지배하는 상황에서 이루어진다. 일반적인 상담도 마찬가지다. 그런데 평상시에 의식은 무의식을 억제하고 있으므로 일반적인 환경에서의 행동 지도 및 중재는 아동의 무의식 속에 저장되어 있는 욕구나 심리 상태, 정서 상태를 정확히 알 수 없다.

교사 및 부모는 단순히 겉으로 드러난 도전적 행동만을 보고 행동의 원인(기능)을 찾고, 행동을 교정하려고 하고, 원인이 될 수 있는 환경을 수정하려고 한다.

하지만 도전적 행동의 원인이 되는 무의식적 욕구나 아동이 바라는 상태를 외면한 채, 단순히 겉으로 드러난 행동만을 보고 이를 수정하려고 해서는 결코 좋은 효과를 거둘 수 없다.

아동의 잠재의식 속에 저장된 습관화된 행동 패턴, 해소되지 않은 욕구 등이 그대로 남아있는 한 아무리 행동을 수정하고 환경을 바꿔주어도 언제든 행동적 문제들은 겉으로 드러날 수밖에 없다.

의식적인 차원에서 이루어지는 행동 지도 및 중재는 아동이 무의식적으로 저항하기 마련이다. 또한 의식이 깨어있는 상태에서 진행되는 모든 상담과 행동 지원은 잠시 효과를 볼 수 있어도, 결코 장기적인 진정한 문제 해결책이 될 수 없다.

긍정적 행동 지원 역시 오랜 기간에 걸친 중재로 행동이 교정되어도, 장기적으로도 효과가 있다고 검증된 바는 없다. 긍정적 행동 지원은 근원적으로 문제를 해결하는 방식이 아니기에 시간이 지나고 환경이 바뀌면 다시 원래대로 돌아갈 확률이 높다.

KBS에서 특별기획 6부작 다큐멘터리 '마음'(2006년 1월)이 방영된 적이 있다. 제1부에 오이를 먹지 못하는 여대생이 나온다. 이 학생은 오이 알레르기가 심해 오이 냄새만 맡아도 구역질을 하였다. 오이가 들어간 김밥 역시 먹어볼 엄두조차 못 냈다.

현 특수교육에서는 오이를 맛보게 하기 위해 체계적 둔감법을 쓴다. 즉, 처음엔 멀리서 냄새 맡게 하고 오랜 기간에 걸쳐 아주 조금씩 다가와 가까이서 오이 냄새를 맡게 한다. 그리고선 또 오랜 기간에 걸쳐 오이를 아주 조금씩 맛보게 하여 결국 오이를 먹게 하는 방식을 쓴다.

이렇게 하면 오이를 억지로 먹을 수는 있어도 결코 즐거운 마음으로 먹을 수는 없다. 또한 오이를 먹을 수 있게 됐어도 오랜 기간 오이를 먹지 않으면 다시 오이에 대한 알레르기 반응이 생길 확률이 높다. 이것은 오이에 대한 근본적인 관념이 변하지 않았기 때문이다.

방송에서는 NLP(신경언어프로그래밍)라는 심리치료 기법을 통해 오이를 여대생이 좋아하는 고추로 대체시키고 평소 좋아하는 언니를 연상하게 하여 오이 알레르기를 극복하게 하였다. 오이를 먹을 때마다 여대생이 좋아하는 고추 맛이 느껴지고 언니가 떠오르게 만든 것이다.

그 결과 여대생은 불과 30분도 안 걸려 오이 알레르기를 극복하고 오이를 맛있게 먹을 수 있게 되었다.

이것이 의미하는 바는 행동을 교정하는 것이 중요한 게 아니라, 사물을 바라보는 마음의 작용을 바꾸는 것이 중요하다는 것을 의미한다. '행동에 문제가 있다.'라고 하여 행동을 고치려고 하면 시간도 오래 걸리고 매우 힘들다. 또 시간이 지나면 다시 원래대로 돌아갈 확률이 높다. 하지만 잠재의식을 변화시키면 그 아래 행동이나 환경은 자연스럽게 바뀐다.

발달장애 아동이 보이는 여러 도전적인 행동, 산만한 행동도 마찬가지이다. 이를 억제하기 위해 문제행동이 일어나지 않게끔 인위적인 환경을 만들어 주고 대체행동을 교수해서는 시간만 오래 걸리고 장기적인 효과를 담보할 수 없다. 그러한 행동을 하고자 하는 잠재의식적 마음이 없어질 때 비로소 문제행동을 안 하게 되는 것이다.

습관화되고 패턴화된 도전적 행동은 겉으로 드러난 행동만을 변화시키려고만 한다면 절대 성공할 수 없다. 그 근원에 숨어있는 무의식적 마음의 작용을 바꿔주어야 진정한 행동 변화가 가능하다.

올바른 학습 태도를 형성하고 바람직한 행동을 형성하기 위해서는 아동의 잠재의식적 마음을 바꿔줄 수 있는 그런 대화와 상담이 이루어져야 한다. 그래야 아동의 저항을 줄일 수 있고 근본적으로 문제 해결이 가능하다.

발달장애, 특히 자폐성장애 아동이 겉으로 보이는 의식(생각)은 우리가 이해할 수 없는 행동을 유도하는 것처럼 보이지만, 잠재의식은 꾸준히 사회적으로 교감하고 자신을 보호하기 위해 기능하고 있다. 따라서 꾸준하게 잠재의식을 변화시킬 수 있는 대화법을 쓰면 아동의 상위의식을 변화시켜 궁극적으로 행동을 긍정적으로 변화시킬 수 있다.

인지 능력이 심하게 떨어진다고 해서 발달장애 학생들이 신념이 없거나 정체성이 없는 것은 아니다. 중증 장애 학생을 보고 '이 학생이 무슨 생각이 있겠어? 무슨 가치관이 있겠어?'라는 생각이 들 수도 있지만, 절대 그렇지 않다. 아무리 인지 수준이 떨어져도 신념이 있고 가치관이 있으며 잠재의식은 스스로를 보호하기 위하여 기능하고 있다.

따라서 진정한 변화를 위해서는 아동의 잠재의식에 바로 접속해 무의식을 변화시킬 수 있는 그런 대화를 구사하여야 한다. 깨어있는 의식을 우회하여 잠재의식에 직접 영향을 끼칠 수 있는 대화와 상담이 이루어질 때 비로소 진정한 문제 해결을 위한 토대가 마련된다.

눈에 보이는 데만 초점을 맞춘 인위적으로 이뤄지는 행동 개선과 교육은 효과가 오래 지속되지 못할 뿐만 아니라 더 이상 의미가 없다. 이제는 인본주의적 관점에서 아이의 잠재의식을 자연스럽게 변화시켜 줄 수 있는 그런 훌륭한 대화 기법, 심리·정서적 지원 방법들이 특수교육에 적용되어야 한다.

우리 학생들은 누구나 다 영적으로 귀한 존재이고 소중한 존재이다. 아무리 중증 장애가 있다고 하더라도 가치관이 있고 신념이 있다. 행동주의적 관점이 아닌, 인본주의적 관점에 기초한 상담과 행동 지원이 이루어질 때, 우리 아이들도 행복하고 궁극적인 행동 변화를 가져올 수 있다.

이 책에서는 잠재의식을 효과적으로 변화시킬 수 있는 기법들과 대화법을 소개하였다. 장애 정도와 상관없이 누구에게나 적용할 수 있는 방법들이다. 아무리 인지 능력이 떨어지더라도 효과적으로 잠재의식을 바꿀 수 있는 대화 방법, 기법들을 소개하였다. 이를 통해 반영구적이고 자연스러운 행동 변화 효과를 경험할 수 있기를 바란다.

끝으로 이 책의 출간을 위해 노고를 아끼지 않으신 박영스토리 노현 이사님과 조보나 선생님께 깊이 감사드린다.

이진식

목차

서론

잠재의식의 변화가 중요한 이유

공부를 하기 싫어하는 학생이 있다. 공부를 열심히 하게 하려면 어떻게 해야 할까? 책상이 지저분해서 공부가 안 된다고 하면 책상을 깨끗이 치워주면 될까? 주변이 시끄럽다고 공부가 안 된다고 하면 주변을 조용하게 만들어 주면 열심히 하게 될까? “1시간 공부하면 네가 좋아하는 게임 30분 시켜줄 테니 열심히 해.”라는 강화물 제공 조건을 걸면 열심히 할까? 아마도 얼마 동안은 열심히 하다가, 공부하기 싫은 또 다른 핑계들을 대며 원래대로 돌아갈 확률이 높을 것이다.

그런데 어느 날 이 학생에게 공부를 해야 하는 이유에 대한 확실한 가치관이나 신념이 생겼다고 해보자. ‘나는 이다음에 유능한 의사가 되어서 수많은 사람들을 살릴 거야.’, ‘나는 이다음에 훌륭한 선생님이 되어서 학생들에게 좋은 영감을 주는 사람이 될 거야.’라는 뚜렷한 가치관이 형성되었다면 행동이 어떻게 바뀔까?

옆에서 아무리 시끄럽게 해도, 주변이 지저분해도, 좋아하는 강화물이 주어지지 않아도 이 학생은 목표 달성을 위해 스스로 열심히 공부할 것이다. 즉, 내 마음에 가치관이나 신념이 새롭게 형성되면 누가 뜯어말려도 자연스럽게 열심히 공부하게 된다.

이것은 '주변 환경이나 행동에 문제가 있다.'라고 해서 환경을 고쳐 주거나 강화물을 써서 긍정적 행동을 유도하려고 해서는 근본적인 문제 해결책이 될 수 없다는 것을 의미한다. 그 근원에 숨어있는 잠재의식적 마음의 작용을 바꿔주어야지 진정한 문제 해결이 가능하다는 것을 보여준다.

너무나 수줍음을 많이 타서 여성에게 말도 못 거는 남자가 있다고 해보자. 이 남자가 연애강사로부터 여자들이 좋아하는 멘트들을 교육받고, 자신감 있게 접근하는 방법들을 교육받는다고 연애를 잘하게 될까? 물론 어느 정도는 좋아질 수 있을 것이다. 하지만 A라는 멘트로 말 걸기에 실패했다고 하여 B, C라는 멘트를 써보는 방식으로 접근하면 결국 또 다른 비슷한 문제들이 형태를 바꿔서 발생해 실패하기 쉽다.

그런데 만약 어느 순간에 이 남자가 '나는 매력적인 사람이다. 당당한 사람이다.'라는 확고한 신념을 가지게 되었다고 해보자. 그럼 구태여 계속 연애강사에게서 교육을 받는다고 할까? 그렇지 않다. 자신이 매력적이라는 인식이 확립되면 여자 앞에서도 당당하게 행동할 수 있는 능력이 생기고, 그러면 자연스럽게 당당하게 행동할 수 있고 말도 잘 붙일 수 있게 된다.

이번에는 아주 높은 곳에 사람 한 명이 지나다닐 수 있는 좁은 길이 있다고 해보자. 길 바로 옆은 다 낭떠러지다. 주의만 집중하면 한 명은 충분히 다닐 수 있는 길이지만, 대부분은 무서워서 지나갈 엄두를 못 낼 것이다. 발을 잘못 딛기라도 하면 그대로 떨어지기 때문이다. 그런데 만약 똑같은 너비의 길이 만약 땅 위에 나 있는 길이라면 별 어려움 없이 지나갈 수 있을 것이다.

똑같은 너비의 길인데 높은 곳에 있으면 왜 겁이 나서 못 건너는 것일까? 바로 잠재의식이 위험을 느끼고 즉각 거부감을 보이기 때문이다.

이것은 눈에 어떤 물체가 날아오면 자동적으로 눈을 감게 되는 반사적 행동과 같이 잠재의식적 작용에 의한 결과이다. 우리가 하는 모든 본능적인 생각과 행동은 모두 잠재의식에 의해 나타나는 결과이다.

그럼 높은 곳에 나 있는 길을 건너가게 하려면 어떻게 해야 할까? 현재 특수교육에서는 다음과 같은 방식을 쓴다. 첫째, 한 발짝 내디딜 때마다 내려가면 좋아하는 활동을 하게 해준다거나 좋아하는 음식을 준다고 약속한다. 둘째, 두려움을 조금씩 극복하고 발을 내디딜 수 있게 체계적 둔감법을 써서 조금씩 앞으로 갈 때마다 칭찬과 강화물을 주고, 쉬엄쉬엄 아주 천천히 갈 수 있게 한다. 현재 특수교육에서 쓰고 있는 중재법은 생물학적이고 행동주의에 기반한 행동 중재 또는 인지행동 중재가 주류를 이룬다.

그런데 이렇게 한다고 아이는 두려움을 극복하고 길을 건너갈 수 있을까? 아주 오랜 기간에 걸쳐서 훈련하면 조금 성공할 수는 있으나, 시간이 지나면 다시 두려움이 되살아날 것이다. 마음으로부터 완전히 두려움을 없애주지 않는 이상 두려운 마음은 언제든 되살아나게 되어 있다.

이를 해결하기 위한 방법은 당연히 잠재의식으로부터 두려움을 없애는 것이다. 두려운 마음이 없어지면 억지로 건너는 행동을 유도하지 않아도 당연히 자연스럽게 건너갈 수 있다. 즉, 마음이라고 할 수 있는 잠재의식을 변화시켜야 진정한 문제 해결이 가능한 것이다.

내가 의식하지 못하는 잠재의식은 훈련과 외부 자극을 통해 바꿀 수 있다. 예를 들면, 심상 훈련을 통해 '높은 곳에 나 있는 길이 사실은 바로 땅 위에 나 있는 길이다.'라고 여겨질 수 있게 하면 간단하게 해결할 수 있다. 높은 곳에 나 있는 길이 사실은 안전한 길이라는 인식을 잠재의식에 심어주면, 그 명령에 따라 좁은 길도 아무런 어려움 없이 건널 수 있다.

이상의 예들이 시사하는 바는 행동에 어려움을 겪는다고 하여 행동주의적 관점에서 행동을 바꾸려고 유도하면 안 되고, 그 근원에 숨어있는 잠재의식을 바꿔야 한다는 것이다.

또는 주변 환경에 문제가 있다고 하여 환경을 긍정적으로 바꾸려고 하기보다는, 역시 그 문제의 원인이 되는 가치관 및 신념, 즉 잠재의식을 바꿔야 한다는 것이다.

상위 의식이라고 할 수 있는 잠재의식을 바꿔야 의식이 저절로 바뀌고 의식이 바뀌면 행동 또한 자연스럽게 바뀐다. 즉, 잠재의식을 변화시켜야 근본적인 해결이 가능한 것이다.

발달장애 아동이 보이는 여러 가지 도전적 행동에 대한 중재도 이와 마찬가지다. 환경을 수정하거나 행동만 바꾸려고 하면 시간이 지나 다시 원래대로 되돌아올 확률이 매우 높다.

오늘날 특수교육에서는 발달장애 아동의 바람직한 행동 형성과 학습을 위해 긍정적 행동 지원(Positive Behavior Support, PBS)과 응용행동분석(Applied Behavior Analysis, ABA)을 많이 활용한다. 하지만 긍정적 행동 지원은 행동주의 관점에서 도전적 행동의 기능(원인)을 파악하여 아이의 행동과 주변 환경을 바꿔주려고만 한다. 그리고 ABA는 '자극—반응—강화'라는 틀에 박힌 기계적인 학습법에 불과하여 아동의 존엄성 측면과는 거리가 멀다.

두 가지 방식 모두 행동주의 관점에서 아동을 자극과 강화에만 반응하는 생물학적 존재로 여긴다는 공통점이 있다. 이렇게 해서는 아이가 기계적으로 행동을 교정하고 학습을 할 수 있어도 결국 조건적 관계 맺기에 불과하여 행동 수정 효과가 오래 지속되지 못하거나, 나중에 정신적 후유증을 초래하기 쉽다.

행동 이면에 숨겨져 있는 마음의 작용을 변화시키지 않는 한 결코 진정한 변화를 가져올 수 없다. 이들의 비판과 한계에 대해서는 뒷장에서 더 자세히 설명하도록 하겠다.

행동 변화를 위해 중요한 것은 그 안에 숨겨져 있는 마음, 즉 잠재의식이다. 잠재의식은 아동의 내면에 형성되어 있는 신념, 가치관, 정체성이라고 할 수 있다. 따라서 대체행동을 교수하는 것이 중요한 것이 아니라, 아이의 잠재의식을 긍정적으로 변화시킬 수 있는 그런 대화와 상담을 하는 것이 중요하다.

아동이 문제 행동을 안 하게 되는 것은 대체행동을 배워서 그런 것이 아니라, 그러한 행동을 하고자 하는 마음이 없어질 때 안 하게 되는 것이다. 학습도 마찬가지다. 억지로 가르친다고 되는 것이 아니라 적어도 배우고자 하는 마음이 생길 때 올바른 학습 태도가 형성될 수 있다.

따라서 강화물을 써서 억지로 행동을 바꾸려고 할 것이 아니라 자연스럽게 잠재의식을 변화시킬 수 있는 그런 대화와 상담이 이루어져야 한다. 그래야 아동의 저항을 줄이고 항상 긍정적 정서 상태를 유지할 수 있으며, 반영구적인 효과를 거둘 수 있다.

다음 장에서는 전통적인 행동수정 방법들에 대해 간단하게 설명하고 이에 대한 비판과 한계에 대해 다룬다. 그리고 책 전체에 걸쳐 잠재의식의 변화가 중요한 이유와 발달장애 아동의 잠재의식을 변화시키는 효과적인 방법들, 대화법에 대해 자세히 설명하고자 한다.

1장

응용행동분석(ABA)과 이에 대한 비판

1장

응용행동분석(ABA)과 이에 대한 비판

1. ABA 개요 및 적용 예시

응용행동분석(Applied Behavior Analysis, ABA)은 환경에 적응하는 인간 행동의 기본 원리를 이용하여, 아동의 바람직한 행동을 향상시키거나 문제 행동을 감소시키기 위해 사용하는 중재 전략이다[1].

ABA는 직접 관찰, 측정, 면담 등을 통해 환경과 행동 사이의 기능적 관계를 분석한다. 기능적 관계 분석이란 특정 문제 행동의 원인과 결과를 이해하기 위한 것으로, 어떤 상황에서 그러한 행동이 일어나고 어떤 결과가 그러한 행동을 계속 유발하는가를 분석하는 것이다. 기능적 관계 분석을 통해 아동이 문제 행동을 하는 이유를 추정하고, 적절한 강화와 벌, 소거[2] 전략을 이용하여 바람직한 행동(목표 행동)을 유도한다.

ABA는 특정 목표 행동의 향상을 위해 기능적 관계 분석을 통해 '아동에게 ~을 하면, 문제 행동이 줄어들 것이다.'라는 가설을 수립하고 중재 계획을 수립한다. 그리고 중재의 적용이 긍정적인 행동 변화를 가져오는지와, 변화가 있다면 무엇 때문이었는지를 종합적으로 평가한다.

처음에는 사회적으로 용인되는 행동을 습득시키기 위해 활용되었으

1) 국립특수교육원(2009), 『특수교육학 용어사전』, 응용행동분석
2) 소거는 부적절한 행동을 무시하여 그 행동을 감소시키는 기법이다.

나, 요즘에는 치료기관에서 지식 습득과 학습을 위한 수단으로 많이 활용되고 있다. 치료실에서 학습을 위해 ABA를 사용하는 실제 장면을 보자.

ABA 실제 치료 예시[3)]

빨간색 큰 곰 인형과 검지 손가락만한 작은 원숭이 인형이 있었다. 곰은 누가 봐도 '시선 강탈'이었다. "원숭이 인형 줘"라고 선생님이 지시하자 아이는 계속해서 빨간 곰을 건네주곤 했다.

선생님은 아이의 손에 본인의 손을 포갠 채 "이게 원숭이야"라고 알려주며 원숭이 인형을 함께 건네보는 연습을 하기 시작했다. 그 후 계속해서 반복해서 주문을 했다. "원숭이 인형 줘"를 10번 반복하자 4번 정도 진짜 원숭이를 주었다. 그때마다 잘했다며 칭찬과 함께 사탕을 주었다.

몇 회의 치료 후에 선생님은 빨간 곰 인형, 원숭이 인형, 그리고 파란색 상어 인형을 추가해 보았다. 놀랍게도 아이에게 "원숭이 인형 줘"라고 하자 아이는 진짜 원숭이를 선생님께 자신 있게 건네주었다.

이러한 방식은 현재 우리나라 여러 치료 기관에서 널리 쓰이고 있는 방식이다. 원리는 간단하다. 교사가 A라는 명령(자극)을 내렸을 때 아동이 B라는 행동(반응)을 보인다면 교사가 C라는 칭찬이나 보상(결과)을 제공함으로써 올바른 반응을 강화시키는 것이다. 이를 ABC 분석이라고 한다. A는 선행자극(Antecedents)이고, B는 반응(Behavior)이며, C는 후속결과(Consequences)이다. 이처럼 ABC 분석은 행동 중재의 기본 틀을 제공한다.

행동주의 치료에 기반한 ABA는 발달장애 아동의 도전적 행동을 개선하고, 의사소통이나 상호작용을 유도하는 데 중점을 둔다. 그러기 위해 아이의 올바른 행동에는 보상과 강화를 주지만, 답을 틀리거나 문제

3) 출처: 정신의학신문(http://www.psychiatricnews.net/news/articleView.html?idxno=19222)

시되는 행동을 할 때는 좋아하는 것을 뺏거나 벌을 주는 식으로 올바른 행동을 유도한다.

행동 중재의 한 형태인 ABA는 다른 어떤 행동 치료보다도 순수히 행동적인 측면만을 연구와 치료의 대상으로 삼기 때문에, 아동의 인지적/심리적 과정에 대해서는 관심을 두지 않는다[4].

ABA에서 인지 및 심리적 과정은 관찰될 수 없는 개인적인 측면으로 보기 때문에 오로지 관찰할 수 있는 외현적인 행동만을 분석, 치료의 대상으로 삼을 것을 강조한다. 그리고 후속결과로 올바른 행동을 했을 때는 강화(칭찬, 좋아하는 활동/음식 등)가 주어지지만, 잘못한 행동을 했을 때는 벌, 소거 등의 행동주의 기법들이 활용된다.

2. ABA가 주목받은 이유 및 우리나라 현실

ABA는 1987년 미국 UCLA의 이바 로바스(Ivar Lovaas) 교수가 자폐성장애 치료에 큰 효과가 있다는 연구결과를 발표하면서 본격적으로 알려지기 시작했다.

로바스는 1987년 자폐성장애 아동 19명을 대상으로 치료 프로그램을 2년간 진행하였다. 치료는 하루 8시간, 주 40시간 기준으로 강도 높게 진행되었다. 그 결과 17명인 89%의 아동들에게서 상당한 발전이 있었고, 47%인 9명의 아동은 정상 기능에 도달했다고 미국 『임상심리학저널』에 보고하였다.

반면 치료에 참여하지 않거나 주 10시간 미만만 참여한 비교 대상군에서는 오직 한 명만이 정상적인 교육을 받을 수 있는 상태에 도달하였다고 한다[5].

---

4) 서울대학교 교육연구소(1995) 『교육학용어사전』, 응용행동분석
5) 출처: (의학칼럼)자폐증 행동수정치료(ABA)의 장단점(http://www.newstomato.com/ReadNews.aspx?no=833128)

그러나 이후 발표된 ABA의 치료 효과와 관련한 논문에서는 로바스의 논문이 과장됐다는 비판이 제기되었다. 실제로는 약 20% 가량의 자폐성장애 아동들만이 정상적인 교육을 받을 수 있는 상태에 도달했다는 것이다[6].

이러한 수치상의 차이는 있지만 대체로 ABA가 자폐성장애 아동의 기능 습득을 돕고 행동을 개선하는 데 효과가 있다고 알려지면서, ABA는 치료실에서 자폐성장애를 중재하는 대표적인 기법으로 자리잡고 있다.

ABA는 오늘날 특수교육 현장에서도 대표적인 행동 중재 방법으로 많이 환영받고 있다. 그 이유는 첫 번째, ABA의 개별화 원리가 발달장애 아동의 개인차 문제를 다루어주기 때문이다. ABA는 행동 원리를 적용하여 그 효과를 결정하기 위해 행동을 정의, 관찰, 측정, 평가하는 절차를 포함한다. 그러한 절차는 문제가 되는 행동마다 적용되는 것이므로 개별적으로 이루어진다. 따라서 ABA는 아동마다 다양한 종류와 수준으로 문제 행동의 개인차를 보이는 장애아동에게 적용하기에 적절한 방법으로 환영받았다[7].

두 번째, ABA는 교사가 아동의 행동을 개선하기 위해 노력한 결과를 객관적으로 입증해줄 수 있는 방법을 제공하였기 때문에 환영받았다. 사실 장애아동에게 적용한 중재의 효과는 두드러진 차이를 나타내지 않는 경우도 많아 행동의 변화 정도에 대한 구체적 자료 없이는 효과를 입증하기가 어려웠다. 그런데 ABA는 개별적으로 적용한 중재 효과를 체계적으로 명확하게 평가할 수 있도록 행동을 관찰, 측정, 측정된 데이터를 그래프에 옮겨 분석하는 방법 등을 제공하기 때문에 객관적인 입증 방법으로 사용될 수 있어 각광받았다[8].

---

6) 출처: (의학칼럼)자폐증 행동수정치료(ABA)의 장단점(http://www.newstomato.com/ReadNews.aspx?no=833128)
7) 응용행동분석(나무위키)
8) 응용행동분석(나무위키)

로바스는 자폐성장애 아동의 교육정상화를 위해 위에 말한 것처럼 하루 8시간, 주 40시간을 치료 시간으로 집중 투자하였다. 쉽게 말해, 매일 그리고 하루 종일 집중적으로 '자극-반응-결과' 바탕의 기계적인 치료를 받게 한 것이다.

치료 과정에서 아동은 물론 보호자, 치료자도 매우 힘들어하고 고통을 받았음은 당연하다. 하지만 이렇게 해야 소기의 성과를 달성할 수 있다고 보는 것이 ABA 기반 치료법의 핵심이다.

우리나라에서도 많은 치료기관과 아동발달센터에서 발달장애 아동의 개선을 위해 ABA를 시행하고 있다. 그러나 로바스의 사례처럼 매일 집중적으로 실시하기에는 시간상, 현실적 여건상 불가능하여, 대체로 주 1~2회, 회당 1~2시간씩 시행할 뿐이다.

주 1~2회 하는 것도 아동 입장에서는 굉장히 힘들어하는 경우가 많다. 왜냐하면 강화와 벌에 기반한 동물에게 적용하는 학습법을 사람에게 적용하니 아이는 시간이 갈수록 흥미를 잃고 집중력이 떨어지기 때문이다.

우리나라에서 하고 있는 ABA는 정확히 말해 ABA를 한다고 흉내내는 것이라 할 수 있다. 적어도 ABA로 장기간의 학습적/행동적인 효과를 보려면 집중적으로 상당 시간 치료에 투입해야 하지만, 주 1~2회 하는 것으로는 근본적인 효과를 볼 수 없어 사실상 생색내기에 불과하다. 치료실에서 배운 내용을 부모가 계속 집에서 해주면 몰라도, 이렇게 해서는 겉으로 보이는 치료 효과를 기대하기 힘들다.

물론 최근에는 회당 3~4시간씩 치료를 하는 곳도 등장하였고, 부모가 원하면 주 5회도 할 수 있다. 하지만 이렇게 하면 아이가 스트레스 받는 것은 물론, 국내에서 자체 ABA 치료법으로 발달장애 아동들을 정상화 시켰다거나 극적으로 개선 시켰다는 연구 결과를 개인적으로는 본 적이 없다.

겉으로는 새로운 단어를 습득하고 기능을 습득하며 행동을 일부 개선한 것처럼 보여도, 이것이 극적인 효과를 거두었다거나 장기적 효과가 입증되었다거나 아동의 사회성 발달과 같이 이루어진 성과물은 결코 아니다.

3. ABA의 문제점 및 한계

로바스가 당시 사용한 치료법은 자폐의 특징적인 행동을 교정하기 위해 전기 충격이나 신체적 체벌과 같이 굉장히 강한 혐오 자극을 동반한 치료법이었다. 사실상 아동학대나 다름없었다.

하지만 로바스는 ABA로 자폐성장애 아동을 정상화시킬 수 있다는 것을 보여주었다. 그래서 아동의 심리나 정서를 무시한 행동주의에 기반한 학습법, '자극-반응-결과'의 기계적인 적용, 동물훈련법과 같은 방식이라는 비판에도 불구하고, 오늘날 발달장애 아동의 치료를 위해 가장 많이 쓰이는 기법으로 자리 잡았다.

그러나 ABA는 오늘날 많은 문제점과 비판이 제기되고 있다. 2010년대 이후로 서유럽이나 북미 선진국들을 중심으로 ABA에 대한 반대 여론이 상당히 많이 일어나고 있다[9].

가장 기본적인 비판은 먼저 '올바른 행동은 강화를 통해 유도된다.'라는 동물에게 쓰는 훈련법을 아이들에게 적용함으로써 아동을 수동적 존재로 취급한다는 점이다. 그렇게 하면 행동을 교정하고 새로운 단어를 습득하게 할 수는 있어도, 결코 자연스러운 사회성 발달로 이어지게 할 수는 없다.

물론 상황에 맞는 행동하기도 훈련을 통해 배우지만, 자연스럽게 배운 것이 아니기에 감정 표현이 부자연스럽고 표정 또한 기계적 모방

---

9) 출처: 가디언(2015.3.20.). "Autism: does ABA therapy open society's doors to children, or impose conformity?"

에 불과하다. 스스로 배우고자 하는 가치관을 심어주는 교육이 아닌, 행동 양식만 모방하게 하는 훈련법은 결코 자연스러운 결과물을 가져올 수 없다.

ABA 치료를 받은 학생이 기능을 습득하고 새로운 행동 양식을 배운다고 해서, 이것이 학생의 발달을 의미하는 것은 아니다. 오히려 시간이 지날수록 ABA 참여를 거부하고, 자기자극 행동이나 자해 행동, 텐트럼을 보이는 경우가 많이 있다.

이것은 아동의 심리상태나 정서를 외면한 채 외적인 통제와 훈련만을 강조하기 때문이다. 아이의 신념, 가치관이 반영되지 못한 채, 아이가 외형적으로 습득한 행동은 단순히 사회적 흉내 내기에 불과하다.

ABA는 보통 2~3살의 어린 나이에 시작하는 것을 권고 받거나 적어도 유아기 때 시작하는 경우가 많기 때문에 아동의 의사가 반영되지 못한다. 또한 제대로 된 치료법은 짧게는 주당 25시간, 길게는 40시간의 강도 높은 훈련과 치료를 받기 때문에 아동에게는 상당한 스트레스로 다가온다. 실제로 ABA 치료를 받았던 자폐성장애 아동이 나중에 어른이 되서 자신을 치료한 ABA 치료사를 아동학대죄로 고발한 사건도 있었다.

물론 요즘엔 과거처럼 강한 벌이나 혐오적인 수단을 쓰지는 않지만, 기본적으로는 상벌체계를 활용한 훈련법이기에 아동에게는 심리적 고통을 주는 측면이 있다. 주 1~2회, 1~2시간씩만 하더라도 아이는 갈수록 하기 싫어하고 힘들어하는 경우가 상당히 많다.

사회적으로 용인되지 않는 행동을 바로잡을 때 요즘 혐오적인 벌을 쓰지는 않더라도, ABA는 기본적으로 과도한 행동 통제를 기반으로 한다. 그렇기에 나중에 PTSD(외상후 스트레스장애)를 유발할 수 있다는 연구 결과와 사례도 나오고 있다[10]. 아직 국내에서는 이에 대한 비판이

---

10) “Evidence of increased PTSD symptoms in autistics exposed to applied behavior analysis”. Advances in Autism 4(3). 2018. 1.

거의 없는 실정이지만, 많은 자폐성장애인들에게 PTSD를 유발한다는 연구 결과가 보고되고 있어 현재는 미국의 교육 현장에서조차 자유롭지 못한 상태이다.

또한 자폐 치료를 반대하며 자폐인들의 주체성을 강조하는 구미권의 자폐 권리 운동 진영에서는 ABA를 동성애 전환치료와 다를 게 없다며 이를 불법화 시켜야 한다고 주장한다[11]. 자폐 권리 운동이 우리나라에서는 생소한 개념이지만 영·미권과 북유럽에서는 어느 정도 세력으로서 입지를 구축하고 있다.

자폐 권리 운동가들은 ABA에 기반한 치료법을 적극 반대한다. 왜냐하면 이들은 자폐를 치료가 필요한 정신질환 또는 장애로 보는 시각을 거부하고 다양성으로 정의하기 때문이다. ABA는 아동의 인격을 존중하지 않고, 성인이 중심이 되어 아동을 수동적 존재로서 길들이는 대상으로 여긴다.

이처럼 아동을 기계적이고 수동적 존재로 취급하는 행동주의 관점에 기초한 ABA로는 나중에 컸을 때 많은 부작용이 있을 수 있고 정신적 후유증을 남길 수 있다.

발달장애 아동의 문제 행동을 없애고 정상화하는 데만 중점을 둔 ABA 기법들은 행동을 교정하고 특정의 지식 습득을 기계적으로 시킬 수는 있어도, 반대 급부로 정서적 불안정, 정신적 후유증을 초래할 수 있는 것이다.

ABA는 이제 외국에서는 많은 비판을 받고 있고 인간의 존엄성 측면에서 많은 한계가 존재한다. 그런데 신기하게도 우리나라에서는 아직 이에 대한 비판이 거의 없는 실정이다. 국내 특수교육 학계에서도 ABA가 자폐성장애에 대한 적절한 치료법이라는 견해가 절대 다수이며, 외국의 여러 부정적 사례들에도 불구하고 이에 대한 비판적 견해는 아직

---

11) 응용행동분석(나무위키)

까지 거의 나온 적이 없다.

하지만 ABA는 아동의 정서적, 심리적인 면을 무시한 채 외적인 측면과 행동에 집중하기 때문에 그 특성상 진정한 문제 해결책이 되지 못한다. 굳이 ABA를 적용한다면 돈도 돈이지만 치료실에 가느니 차라리 부모님이 직접 책을 보고 배워서 최대한 긍정적인 방식으로 지도해 주시는 게 훨씬 낫다고 생각한다.

개인적으로 경험해 온 학교 현장에서도 그렇고 ABA가 정말 우리 학생들에게 도움이 되는 것인가 물어보았을 때 난 별로 그렇지 않다고 생각한다. 우리 학생들에게는 지식 습득만이 중요한 것이 아니기 때문이다. 그런데 왜 우리나라에서만 이렇게 유독 ABA 기반 치료법에 대해 비판도 없고 관대한지 모르겠다.

이제는 아동의 전인적 발달을 위해 행동주의 방식의 '자극-반응-강화'라는 틀에 갇힌 방법에서 벗어나, 아이의 잠재의식을 바꿔줄 수 있는, 마음을 바꿔줄 수 있는 그런 교육과 행동 지도가 이루어져야 한다. 그러면 아이들도 거부감을 느끼지 않으면서 자연스레 의식이 바뀌고, 의식이 바뀌면 행동이 바뀐다.

아이들의 정서적 안정과 더불어 마음이 받아들일 준비가 되어 있을 때 비로소 행동도 차분해지고, 긍정적인 학습효과를 기대할 수 있을 것이다.

2장

긍정적 행동 지원(PBS)과 이에 대한 비판

2장

긍정적 행동 지원(PBS)과 이에 대한 비판

1. 긍정적 행동 지원의 등장 배경 및 개요

ABA를 비롯한 전통적 행동 지원 방식은 행동 통제를 기반으로 하여 아동의 행동을 교정하고, 기능을 습득하는 데에 관심을 기울였다. 그리고 행동의 원인을 파악한다거나 환경을 분석하기 보다는 결과에 따른 상벌체계만을 강조하여 그동안 비인격적이라는 비판을 받아 왔다.

ABA는 문제 행동의 이유와는 상관없이 후속결과(벌)만으로 문제 행동을 감소시킬 수 있다고 보았다. 하지만 인권 존중 관점에서 그러한 행동을 유지하거나 강화하는 환경적 요인(원인)을 찾아내려는 시도가 시작되었다. 긍정적 행동 지원(Positive Behavior Support, PBS)은 이러한 ABA의 대안으로 바람직한 행동 형성을 목적으로 등장하였다.

ABA를 비롯한 행동 수정 방법들은 문제시되는 행동을 벌을 통해 해결하려고 하였으나, 긍정적 행동 지원은 이러한 방식이 비인격적이라고 하여 최대한 아동 친화적인 지원 방법을 모색한다. 그리고 문제 행동이 어떠한 상황에서 왜 발생하는지에 대해서도 관심을 기울인다.

긍정적 행동 지원은 기능 평가를 통해 아동이 왜 그러한 행동을 하는 지에 대한 기능(원인)을 파악한다. 기능 평가란 아동 행동의 이유나 목적을 알기 위해서 선행 사건(문제 행동이 일어나기 전 어떤 사건이 있었는지), 행동(아동의 반응/행동), 후속결과(칭찬 또는 벌)에 관한 정보를 수집하여 분석하는 것을 말한다.

기능 평가를 통해 문제 행동이 일어나는 환경과 맥락을 전반적으로 검토함으로써, 아동의 행동이 어떤 이유(기능)에서 일어나는지 확인할 수 있다.

긍정적 행동 지원에서는 문제 행동의 기능(원인)을 다음과 같이 4가지로 나눈다.

▼ 표 2.1 문제 행동의 기능(원인)

1. 관심 끌기	교사, 부모 등 다른 사람의 관심을 끌기 위해
2. 회피하기	하기 싫은 과제나 활동을 피하기 위해
3. 획득하기	원하는 물건이나 음식, 활동을 얻기 위해
4. 자기 안정	감각 자극과 자기 자극 추구를 통한 자기 안정

긍정적 행동 지원은 쉽게 말해, 문제 행동의 기능(원인)을 파악하여 문제 행동의 원인이 되는 환경을 수정해 주고, 문제 행동의 기능을 대신 표출할 수 있는 바람직한 대체 행동을 고안하여 이를 교수하는 것이다.

대체 행동을 가르칠 때 주의할 점은 문제 행동이 발생하기 전 또는 문제 행동의 부재(不在) 시기에 가르쳐야 한다는 것이다. 보통의 경우, 문제 행동 중이거나 직후에 가르치는데, 이것은 올바르지 않다. 이때 아이는 배울 준비가 되어 있지 않고, 교사도 마찬가지로 화가 나 있어서 긍정적이고 인내심 많은 교사가 되기 쉽지 않기 때문이다. 기능 평가를 통해 문제 행동이 발생할 가능성이 높은 상황을 파악하고, 그러한 상황 이전에 대체 행동을 가르쳐야 한다.

긍정적 행동 지원은 문제 행동을 감소시키고 예방하는 것뿐 아니라, 사회적으로 용인되는 긍정적 행동을 일상생활에서 일반화할 수 있도록 장기적이고 체계적으로 지원하는 종합적인 접근법이다.

장애 아동이 비장애 아동과 같이 교육받고 어울리며 생활하는 것은 향후 바람직한 사회생활을 위해 꼭 필요한 중요한 일이다. 장애 아동이 졸업하고 나서도 자립생활과 사회생활을 부모의 도움 없이 어느 정도 할 수 있으려면, 적어도 학창 시절에 사회적으로 용인되는 바람직한 행동이 형성되어 있어야 한다.

장애 아동의 통합 교육을 위한 긍정적 행동 지원은 장애인의 사회적 통합 기능을 높여 비장애 아동과 장애 아동 간 배려심을 키우고 서로 어울리는 자연스런 환경을 만들어 준다는데도 그 의의가 있다.

긍정적 행동 지원은 단순히 비처벌적이고 긍정적인 행동 관리 전략을 모아놓은 것이 아니라 문제가 되는 행동의 이유를 이해하고 학생과 그 가족에게 의미 있고 존중받는 중재를 고안하기 위한 인본중심적인 지원 방법이다.

2. 긍정적 행동 지원의 절차 및 중재 예

긍정적 행동 지원의 첫 번째 단계는 문제 행동을 확인하고 정의하는 것이다. 여러 가지 문제 행동이 있을 경우 우선순위를 정하여 가장 시급하고 수정이 필요한 문제 행동을 측정 가능한 용어로 정의한다.

두 번째 단계는 기능 평가로, 문제 행동이 일어나기 전 선행사건과 배경사건 파악(A), 행동(B), 후속결과(C)를 관찰하여 기록하는 것이다. 이를 ABC 분석이라고 한다.

세 번째 단계는 기능 평가를 토대로 아동이 왜 그러한 문제 행동을 하는지 가설을 수립한다.

네 번째 단계는 긍정적 행동 지원 계획을 수립하는 것이다. 행동지원 계획은 배경사건 및 선행사건 중재, 대체행동 교수 중재, 후속결과 중재로 각각 나누어 수립한다. 선행사건 및 배경사건 중재에는 과제 난이도 조정, 활동 선택의 기회 제공, 자리 재배치, 교육방식의 변화 등이 있다.

대체행동 교수 중재는 문제 행동을 하지 않아도 아동의 욕구를 충족시킬 수 있는 사회적으로 용인 가능한 대체행동을 지도하는 것이다. 대체행동은 아동이 배우기 쉬워야 하고 문제 행동보다는 더 효과적인 방법이어야 한다. 또한 문제 행동을 했을 때가 아닌 평상시에 훈련시키는 것이 중요하다.

후속결과 중재는 올바른 행동을 했을 때 강화물을 제공하고, 바람직하지 않은 행동을 했을 때는 비혐오적인 벌을 부여하는 것이다. 일관된 보상체계를 유지하고 예측 가능한 후속결과를 제공하는 것이 중요하다. 이상을 정리하면 다음과 같다.

◆ 그림 2.1 긍정적 행동 지원의 절차

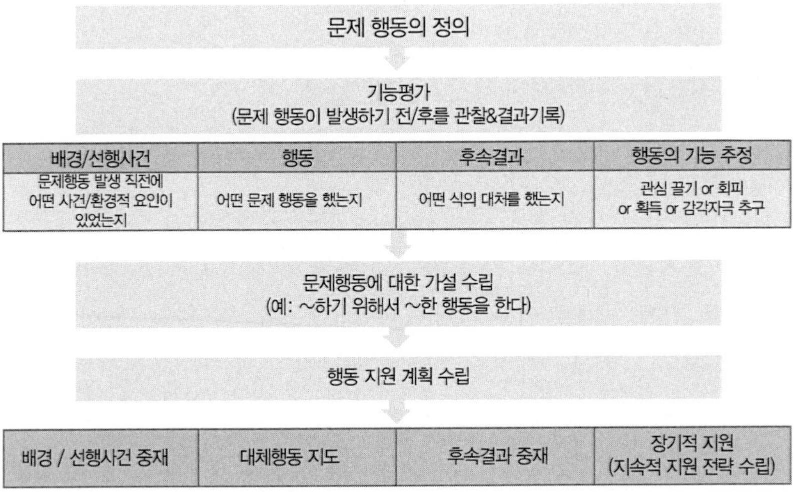

이해를 돕기 위해 긍정적 행동 지원을 적용한 학생 중재 예를 소개하고자 한다. 본 연구는 자리이탈 행동을 자주 하는 중도 자폐성장애 학생을 대상으로 하였고, 긍정적 행동 지원의 적용을 통해 그 효과를 입증하고자 하였다. 이를 통해 긍정적 행동 지원의 절차와 방법에 대해 더 잘 이해할 수 있을 것이다.

연구 대상 아동은 OO중학교 특수학급 학생으로 중도 자폐성장애 아동이다. 이 아동의 구체적 특성은 다음과 같다.

▼ 표 2.2 대상 학생의 구체적 특성

학 년	OO중학교 1학년
이 름	김명준(가명)
나 이	만 12세 1개월
장 애	중도 자폐성장애 - 아동기 자폐증 평정척도(CARS) 41점
간접평가를 통한 특성 파악	• 학부모와의 면담 및 초등학교 생활기록부 검토 결과, 학생은 수업참여도가 떨어지고 가만히 있기보다는 여기저기 돌아다니는 것을 좋아함. • 같은 맥락으로, 학교 오는 것을 싫어하지만, 반면 수업이 끝나면 쏜살같이 집으로 가는 습성이 있음.
직접관찰을 통한 특성 파악	• 학생이 보이는 문제 행동으로는 자리이탈 행동과, 손톱으로 세게 누르거나 꼬집는 행동이 있음. • 화장실 가고 싶다고 하며 밖으로 뛰쳐나가는 자리이탈 행동이 하루에도 몇 번씩 꼭 있음. • 또한, 주로 만만한 사람이나 자기보다 약한 사람에게 살이 까질 정도로 세게 손톱으로 누르는 행동을 보임.

1) 연구 설계

대상 학생은 '자리이탈'과 '손톱으로 세게 누르기'라는 2가지의 대표적 문제 행동을 보이고 있었는데, 그 중 자리이탈 행동이 바람직한 생활습관 형성을 위해 더 큰 교육적 중재를 필요로 한다고 판단하여 자리이탈 행동을 본 연구의 표적 행동으로 삼았다.

그리고 자리이탈에 대한 조작적 정의는 아동의 특성에 맞게 '대상 학생은 수업시간에 "화장실 가고 싶어요"라고 외치며 자리에서 벌떡 일어나 교실 밖으로 뛰쳐나간다.'로 하였다.

본 연구는 연구의 타당도를 높이고 변수 간 기능적 관계를 검증하기 위하여 긍정적 행동 지원 방식을 이용한 반전(ABAB) 설계를 적용하였다. 반전 설계에서 A는 기초선, 즉 아무런 중재를 하지 않았을 때 행동을 측정한 것이고, B는 중재를 적용했을 때 행동의 변화 정도를 측정한 것이다.

2) 연구 절차

연구 수행 일정은 학생 특성 파악(3.2~4.30), 일화기록 1(5.2), 기초선 측정 1(5.8~10), 중재 1(5.15~17), 일화기록 2(5.19), 기초선 측정 2(5.24), 중재 2(5.31), 일화기록 3(6.2) 순으로 진행하였다.

처음 기초선 측정 시간은 5월 8일(월) 3교시(국어), 5월 9일(화) 1교시(사회), 5월 10일(수) 2교시(체육)로 하였고, 첫 번째 중재가 적용된 시간은 5월 15일(월) 3, 4교시(국어), 5월 17일(수) 1, 2교시(사회)였으며, 두 번째 기초선 측정은 5월 24일(수) 2, 3교시(체육)였고, 마지막으로 두 번째 중재가 적용된 시간은 5월 31일(수) 3, 4교시(국어)였다.

3) 기능 평가를 통한 가설 설정

간접 평가와 직접 관찰을 통해 수집된 정보를 바탕으로 문제 행동에 대한 가설을 설정하였다. 학생은 수업에 참여하기 싫어 수업을 회피하기 위한 목적으로 자리이탈을 하는 것으로 생각되었다.

따라서 가설은 '**학생은 가만히 앉아서 하는 수업에 싫증을 느끼고 수업참여 도피(회피)의 수단으로 자리이탈 행동을 한다.**'로 설정하였다.

이러한 가설을 바탕으로 문제 행동을 감소시키고 바람직한 행동을 유도하기 위한 가설을 세우면 다음과 같다.

▼ 표 2.3 긍정적 행동 지원 전략을 위한 가설

구분		설정된 가설
배경사건에 대한 가설	가설 1	• 대상 학생의 자리를 맨 앞자리로 바꾸고 교사가 지속적으로 관심을 기울이면 자리이탈 행동은 감소할 것이다.
	가설 2	• 대상 학생에게 하루 일정표를 시각적으로 제시하고 자주 학생에게 이를 주지시키면 자리이탈 행동은 감소할 것이다.
선행사건에 대한 가설	가설 1	• 직접교수법보다는 조별 학습(또래 교수)을 적용하고 활동적인 교구를 제공하면 자리이탈 행동은 감소할 것이다. • 교사가 자주 관심을 기울이면 자리이탈 행동이 감소할 것이다.
대체행동에 대한 가설	가설 1	• 대상 학생에게 수업시간에 지켜야 할 규칙을 준수하는 행동을 가르치면 자리이탈 행동이 감소할 것이다.
후속결과에 대한 가설	가설 1	• 대상 학생에게 긍정적 강화가 주어진다면 자리이탈 행동이 감소할 것이다.

4) 기초선 측정

기초선 측정 기간에는 명준이에게 긍정적 행동 지원 중재를 실시하지 않고 자리이탈 행동에 대한 자료를 수집하였다. 특수학급 수업시간을 캠코더로 촬영하였고, 기초선 자료는 연속 3회기 이상 안정적이 될 때까지 기초선 측정을 시행하였다.

명준이의 자리이탈 행동에 대한 측정은 빈도와 지속시간으로 하였다. 그런데 이 학생은 한번 자리이탈을 하면 그 수업이 끝날 때까지 스스로 들어오는 경우가 없는 특성이 있어, 매 회기(수업시간)마다 자리이탈 행동의 빈도수는 1회로 기록될 수밖에 없었고, 지속시간은 '해당 수업이 끝나는 시각-자리이탈한 시각'으로 측정하였다.

중학교의 수업시간은 45분이나 계산의 편의를 위해 50분으로 환산하였고 지속시간 백분율은 '자리이탈 지속시간/50분'으로 기록하였다.

▼ 표 2.4 기초선 측정표

회기	1	2	3
빈도(횟수)	1	1	1
지속시간(%)	84	78	78
(자리이탈 시간)	42분	39분	39분

3번의 기초선 측정 동안 특수교사가 측정한 총 자리이탈 시간은 120분(42분+39분+39분)이었다.

5) 중재

긍정적 행동 지원은 ABC 분석을 토대로 거기에 맞는 중재를 체계적으로 계획함으로써 학생의 문제 행동 발생을 줄이고 대체행동을 교수하는 데 그 목표가 있다.

따라서 본 연구에서는 대상 학생의 자리이탈 행동을 배경사건 중재와 선행사건 중재, 대체행동 교수 중재, 결과행동 중재가 포함된 긍정적 행동 지원을 계획하였다.

배경사건과 관련하여 아동의 주의 산만함을 막고 교사가 아동을 쉽게 관찰하며 관심을 가질 수 있도록 교실 내 자리를 맨 앞인 교탁 앞으로 배치하였다. 그리고 시각화된 자료에 강점을 보이는 자폐성장애 아동의 특성상 수업시간표를 그림으로 만들어 책상과 칠판 옆에 부착하였고, 수업시간에 지켜야할 규칙도 수업 시작 전에 한번씩 설명해주고 규칙을 시각화하여 칠판 옆에 붙여놓았다.

▼ 표 2.5 긍정적 행동 지원 계획

구분	국어수업시간	사회수업시간	체육수업시간
배경사건 중재	• 교실 내 자리를 교탁 바로 앞자리로 배치 • 시각적 일정표를 칠판 옆 및 책상 앞에 부착 • 수업시간에 지켜야할 규칙을 시각화하여 칠판 옆에 부착		
선행사건 중재	• 직접교수법보다는 협동 학습(또래 교수 등) 제공 • 7분에 한번씩 교사의 관심 주기 • 컴퓨터 등 다양한 시각적, 활동적 교구 활용하기		
대체행동 교수	• 수업시간에 지켜야할 규칙을 5분씩 교수 후 수업 시작 • 자리이탈하고 싶을 때 자리에서 일어나 간단한 몸 풀기 지도		
후속결과 중재	• 자리이탈하지 않았을 때 학생이 선호하는 강화물 제공 - 초코바 제공, 좋아하는 활동 선택, 과제 면제 중 택1		

선행사건 중재로는 주위 학생들이 대상 학생을 항상 신경쓰게 하여 자리이탈을 방지하도록 하기 위해 중재기간 동안 수업 시 또래교수를 포함한 협동학습을 하였고, 7분마다 타이머를 작동하게 하여 7분에 한 번씩 지속적인 관심 표명과 학급 규칙을 알려주었다. 또한 단조로운 수업을 지양하고 컴퓨터를 이용한 다양한 시청각 교육과 교구를 이용한 수업을 진행하였다.

대체행동 교수와 관련해서는 학생에게 수업시간에 지켜야할 규칙을 5분씩 교수 후 수업 시작하였다. 수업이 시작하면 “자 우리 명준아, 지금은 수업시간이야. 그러니깐 얌전히 잘 앉아있을 수 있지? 얌전히 잘 앉아 있으면 이번 시간 끝나고 명준이가 좋아하는 거 하게 해 줄게”라는 식으로 말하고, 잘 앉아있겠다는 다짐을 받았다. 그리고 자리를 이탈

하고 싶을 때는 손을 들어 의사를 표시하게 하고 자리에서 일어나 뒤로 나가 간단한 체조를 하도록 지도하였다. 대체 행동은 대상 학생에게 자리를 이탈하는 만큼의 효용을 가져다주어야 하므로, 자리에서 일어나면 뒤로 나가서 비교적 자유롭게 움직일 수 있도록 하게 해주었다.

후속결과 중재로는 자리를 이탈하지 않고 참았을 때 학생이 좋아하는 강화물 중 하나를 선택하게 하였다. 강화물로는 학생이 좋아하는 초코바, 좋아하는 활동 선택, 과제 면제 중 하나를 택하게 하였다.

마지막으로 본 연구는 학교에서의 노력만으로는 효과가 부족할 수 있기에, 문제 행동 개선의 효과를 극대화하기 위해 학부모와의 협조 체계를 구축하고 협조를 부탁하였다. 즉, 가정에서도 학교에서 학생의 자리이탈 방지를 위해 지속적으로 훈육할 것을 부탁드렸고 지켜야할 규칙에 대해서도 매일 알려주실 것을 당부하였다.

6) 연구 결과

배경사건부터 후속결과까지 아우르는 복합적인 긍정적 행동 지원 중재를 실시한 결과 학생의 자리이탈 행동은 유의미한 수준까지 상당히 감소하는 것으로 나타났다.

ABAB 설계(기초선1－중재1－기초선2－중재2)로 긍정적 행동 지원의 효과를 측정한 결과, 처음 기초선 측정 시 학생의 자리이탈은 수업 시작 후 5분이 안 걸리는 경우가 많았으나, 첫 번째 회기의 중재가 들어간 후 13분~19분까지 증가하였다.

이후 두 번째 기초선 측정시에는 자리이탈까지 걸리는 시간은 수업 시작 후 6~8분이었으나, 두 번째 회기의 중재가 시행된 후에는 18~23분까지 증가하였다. 자리이탈 발생률을 정리한 표는 다음과 같다.

▼ 표 2.6 자리이탈 발생률 표

	중재1				기초선2		중재2	
회기	4	5	6	7	8	9	10	11
지속시간(%)	64	58	60	52	74	78	54	44
(자리이탈 시간)	32분	29분	30분	26분	37분	39분	27분	22분

다음으로 자리이탈 행동의 평균 발생률은 긍정적 행동 지원 중재가 시작된 후 처음 기초선 측정 때보다 약 31% 가량 감소하였다.

▼ 표 2.7 자리이탈 평균 발생률

	기초선1	중재1	기초선2	중재2
평균발생률(%)	80.3	58.5	76	49

자리이탈 발생률 추이를 그래프로 나타내면 자리이탈 행동이 확연히 감소하였음을 알 수 있다.

◆ 그림 2.2 자리이탈 발생률 그래프

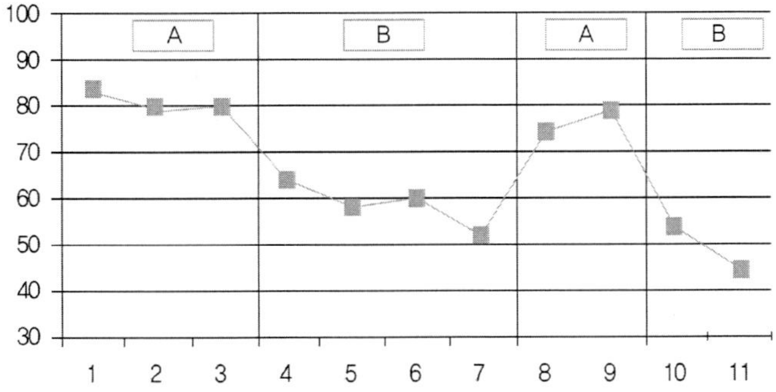

7) 결론

이 연구에서는 특수학급 교실에서 중도 자폐성장애 학생을 대상으로 실시한 긍정적 행동 지원이 자리이탈 행동에 미치는 효과를 알아보고자 하였다.

연구 결과, 긍정적 행동 지원 중재가 중도 자폐성장애 학생의 자리이탈 행동을 감소시킨 것으로 나타났다. 이러한 연구 결과에 영향을 미친 요인들로는 첫째, 기능 평가에 기초하여 중재를 계획 및 실행하였다는 점이다. 기능 평가는 다요소 중재(선행사건 중재, 대체행동 교수, 후속사건 중재) 계획 수립에 매우 중요하다. 본 연구는 대상 학생과 그가 속한 환경에 대한 정보 수집 과정을 기능 평가를 통해서 문제 행동의 의도를 밝히고 문제 행동 상황을 파악하여 자리이탈의 원인과 기능을 파악하였다.

둘째, 문제 행동에 대한 직접적인 중재보다 동일한 기능을 수행하는 대체행동을 교수한 점이 행동에 긍정적 변화를 이끌었다고 생각한다. 그러나 자리이탈 행동에 대한 대체 행동 교수가 다요소 중재로 인해 대체 행동만의 효과를 볼 수 없었다는 점은 제한점이라고 하겠다.

셋째, 가정과 연계하여 이루어진 긍정적 행동 지원은 학부모의 인식 변화를 이끌었다는 점이다. 학생의 어머니는 자녀의 생활 습관 지도를 위해 중재 기간 동안 집에서도 매일 훈육을 하였고, 학교-가정 연계를 통해 긍정적 행동 지원의 효과를 극대화할 수 있었다고 생각한다.

무엇보다도 학생의 자리이탈 행동은 혐오자극이 없어도 자리이탈 감소에 긍정적인 영향을 미쳤다는 점에서, 또 긍정적인 행동 지원 방식이 통합 교육 환경에 잘 적응할 수 있도록 지원 가능하다는 점에서 이 연구의 의의가 드러나지 않았나 생각한다.

3. 긍정적 행동 지원의 한계

전통적 행동 수정 방식은 주로 행동의 결과만을 강조하고 올바른 반응을 유도하기 위한 행동 통제를 기반으로 하였다. 이러한 방식의 비판으로 등장한 긍정적 행동 지원은 아동의 환경적 요인을 고려하고 행동의 기능을 중요시하며 장기적 지원체제를 수립하여 삶의 질 향상에 기여할 것을 강조하였다.

이러한 긍정적인 요소에도 불구하고 긍정적 행동 지원 역시 오늘날 많은 문제점과 한계를 가지고 있다. ABA에 비해 최대한 긍정적인 지원을 중요시하고 선행사건과 환경을 강조하지만, 긍정적 행동 지원 역시 학생의 인격보다 문제 행동 자체에 초점을 맞추고, 반응에 대한 전략으로 벌(주로 타임아웃[1])이 사용됨으로써 이 역시 비윤리적 문제들이 제기되고 있다.

가장 큰 문제는 행동의 기능, 즉 문제 행동의 원인을 아동 내면이나 심리적 요소에서 찾는 것이 아니라, 겉으로 관찰 가능한 환경적 요소에서만 찾는다는 데에 있다. 긍정적 행동 지원에서는 행동의 기능을 관심끌기, 회피하기, 얻기, 자극추구 이렇게 네 가지로 분류하고 있는데, 이는 전부 생물학적 관점에서 아동 행동의 원인을 파악하려고 하는 것이다.

사람의 행동에는 여러 다양한 이유가 존재한다. 대개는 분명한 목적을 가지고 행동을 하지만, 자신이 처해있는 상황과 환경에 따라 다양한 심리적 과정을 거쳐 행동으로 표출한다.

때로는 말로 설명할 수 없는 이유들로 특정 행동을 하기도 하며, 때로는 충동적인 행동을 하기도 한다. 사람은 단순히 생물학적인 존재가 아

---

1) 타임아웃(time－out)은 문제를 일으키는 자극 또는 강화물을 얻을 수 있는 기회로부터 제외시키는 것이다.

니라 신체, 정신, 심리가 결합된 종합적 유기체이기 때문이다. 따라서 행동의 원인을 단순히 네 가지로 정리하는 것은 많은 문제점이 존재한다.

아동은 내면의 무의식 속 상처, 억눌린 욕구, 해소되지 못한 기억들, 설명할 수 없는 충동적 욕구 등 여러 심리적 요인들로 인해 그러한 행동 문제를 일으킬 가능성이 더 크다. 어쩌면 행동의 동기를 정확히 알 때보다 모를 때가 더 많은 것이다.

따라서 눈에 보이는 행동적 요인만 관찰해서 행동의 원인을 찾으려고 한다면 결코 진정한 문제 해결을 할 수 없다. 중요한 것은 아동의 행동을 유발하는 심리적 프로세스를 고려해야 한다는 것이다. 즉, 그러한 행동을 하게 하는 마음, 즉 잠재의식의 중요성을 인식해야 한다.

긍정적 행동 지원은 대규모의 지원팀이 최소 1년 이상의 장기간에 걸친 중재를 요한다. 지원팀은 행동 중재 전문가, 특수교사, 학부모, 일반교사 및 전 교직원, 의료지원팀 등으로 구성되며 이들이 중재 계획을 세우고 일관된 규칙과 방식을 적용한다.

이처럼 대규모 지원팀이 구성되어 장기간에 걸친 환경 수정과 대체 행동 교수를 지속적으로 일관되게 해야 하므로 제대로 된 적용을 위해서는 매우 힘들고 많은 인내심을 필요로 한다.

많은 인력과 예산, 지원 기간을 필요로 하다 보니 합심하여 만든 규칙을 오랫동안 일관되게 적용하기란 쉽지 않다. 무엇보다도 일관되게 적용되어 행동 개선의 효과를 보았다고 하더라도 이것이 장기적 효과를 담보하는 것은 아니다.

해마다 전국 시·도교육청에서는 장애학생을 위한 긍정적 행동 지원 사업을 하여 문제 행동이 있는 학생들을 선별하여 지원하고 있다. 서울시의 경우 2억 원 가량의 예산(2019년 기준)이 투입되고 있다.

문제는 효과의 지속성이다. 대규모 지원팀이 최소 1학기 이상 아동을 컨설팅하고 중재 계획을 적용하고 있지만, 거의 다 단기적인 효과에 그치고 만다. 즉, 단기적으로 행동이 개선되는 현상을 보이나 그러한 행동이 오래 지속되지 못한다.

이것은 긍정적 행동 지원의 근본 방식이 ABA와 마찬가지로 아동의 심리나 정서는 고려하지 않은 행동주의에 기초한 접근법이기 때문이다.

다음으로 긍정적 행동 지원은 성인과 아동의 협력이 필요치 않은 완전히 성인 중심의 모델이다. 자녀와 협력하여 우려 사항을 식별하는 데 중점을 두지 않고, 지원팀이 행동 계획을 세운다.

아동의 적성, 흥미, 심리적 특성을 고려해 아동의 의견이 반영된 중재 계획을 세우는 것이 아니라, 지원팀이 행동 문제의 원인을 파악하고 모든 행동 계획을 세운다. 아동을 수동적 존재로만 보는 것이다.

또한 긍정적 행동 지원은 ABA와 마찬가지로 아동을 생물학적인 관점, 유물론적인 관점에서만 바라봄으로써 정적 강화(긍정적 행동 뒤 긍정적 강화)를 지나치게 강조한다는 문제점이 있다. 즉, "~하면 ~한다."라는 방식의 상호작용을 지나치게 조건화하여 아동이 강화물에만 반응하게 만들어, 긍정적 행동의 대가로 언제나 강화물을 요구하게 만드는 역효과가 발생하고 있다.

조금이라도 잘한 행동에 칭찬을 하는 것은 좋지만, 그때마다 강화물을 제공하는 것은 아이들에게 잠재적으로 피해를 준다. 아이들은 분명히 예상되는 행동에 대한 보상을 받는 데 익숙해지고 점차 자연스럽게 해야 하는 행동에 대해서도 실질적인 보상을 기대하거나 요구하기 때문이다.

이를 이용해 인지 수준이 높은 아이들은 일부러 선생님이 있을 때만 긍정적 행동을 했다가 바로 강화물을 요구하기도 한다. 인지 수준이 낮은 아이들도 '올바른 행동을 했을 때 강화물을 받는다.'라는 조건에 길들여지면, 나중엔 강화물 없이는 대체 행동이 일반화되기 힘들 뿐 아니라, 대체 행동의 대가로 무조건 강화물을 받는다는 그릇된 인식이 생긴다.

긍정적 행동 지원은 적용 방식이 비록 아동 친화적이고 비혐오적이라고 할지라도, 결국에는 학생의 인격보다 강화를 통한 문제 행동 자체의 개선에 초점을 맞추고 있다. 이처럼 신뢰와 애정이 없는 조건적 관계는 지속적이고 효과적인 행동 변화(행동 일반화)를 결코 가져올 수 없다.

결국 긍정적 행동 지원의 가장 큰 한계는 장애 학생들을 생물학적이고 수동적인 관점에서 바라보고 결국에는 눈에 보이는 행동을 고치려고 한다는 점이다. 비록 문제 행동의 기능을 파악하고 문제 행동의 발생을 예방할 수 있는 환경 조성을 강조하지만, 긍정적 행동 지원 역시 그 본질은 행동주의에 기초한 접근법이다.

기존의 ABA나 여타 행동 수정과 마찬가지로 행동에 문제가 있다고 하여 행동주의 방식에 기초하여 환경과 행동만 바꾸려고 하는 긍정적 행동 지원은 일반화에 한계가 있어 시간이 지나고 환경이 바뀌면 다시 원래대로 돌아올 확률이 높다.

즉, 긍정적 행동 지원으로 문제 행동이 감소했다라고 하여 이 학생이 상황과 환경이 바뀐 상태에서 장기적으로도 효과가 있다고 검증된 바는 없다. 장기적 효과가 입증되지 않은 것이다.

긍정적 행동 지원은 아동의 심리적 요인을 고려하지 않고 그러한 행동을 일으키는 잠재의식 또한 전혀 고려하지 않으며 오직 겉으로 보이는 행동과 환경을 고치려고 한다. 그렇기 때문에 인위적인 행동 교정은 장기적 효과를 결코 가져올 수 없다.

다시 말하지만, 아동의 진정한 행동 변화를 위해 중요한 것은 그러한 행동을 유지시키는 아동의 신념이나 가치관, 정체성 등 상위 의식(잠재의식)을 변화시켜야 한다는 것이다. 그래야 근본적이고 반영구적인 행동 변화를 이끌어 낼 수 있다. 상위 차원의 의식이 변하면 하위 차원의 행동은 자동적으로 바뀐다.

장애 학생이라고, 또는 중증 장애 학생이라고 신념이나 가치관이 없는 것이 아니다. 모든 인간을 존엄한 존재로 보고 신념, 가치관, 정체성을 변화시킬 수 있는, 즉 마음(잠재의식)을 변화시킬 수 있는 대화 기법과 심리치료 방법을 써야 문제 행동을 근본적으로 개선하고 올바른 학습 태도를 형성할 수 있다. 잠재의식을 자연스럽게 변화시킬 수 있는 방법들이 그래서 중요하다.

3장

행동 수정이 아닌 잠재의식이 변화되어야 하는 이유

3장

행동 수정이 아닌 잠재의식이 변화되어야 하는 이유

행동주의 방식에 기초한 ABA와 긍정적 행동 지원은 아동과 성인이 유물론적인 조건적 관계 맺기에 불과하여, 아동의 지속적이고 효과적인 행동 변화(행동 일반화)를 결코 가져올 수 없다. 하지만 앞에서 말한 대로 이러한 비판의 목소리들이 우리나라에서는 보수적인 주류 학계에 묻혀 무시되고 있는 안타까운 현실이다.

중요한 것은 강화물로 행동을 바꾸려고만 한다거나 기계적으로 지식을 주입시키는 것이 아니라 아이의 마음을, 즉 잠재의식을 바꿔주는 효과적인 대화법이 이루어져야 한다는 것이다.

잠재의식을 변화시킬 수 있는 효과적인 기법들을 통해 아동이 인식하지 못하는 사이에 조금씩 마음을 변화시키면, 아동의 행동은 저절로 긍정적으로 변화한다.

여기서는 잠재의식이 변화되어야 하는 구체적인 이유와 중요성에 대해 NLP(Neuro－Linguistic Programming, 신경언어프로그래밍)의 뉴로로지컬 레벨(neurological level) 이론을 이용해 설명하고자 한다.

1. 행동 변화를 위한 NLP 뉴로로지컬 레벨의 적용

먼저 NLP에 대해 간단하게 설명하면 다음과 같다. NLP는 1970년대 중반 미국에서 당대 최고의 심리치료가들의 이론과 기법들을 통합하여 그들의 언어 패턴과 행동 양식들을 모방함으로써 창시된 기법이다.

그 당시 최고의 변화전문가이자 심리치료 전문가들의 이론과 기법을 창조적으로 통합하고 모방하여 탄생하였기에 심리치료 효과가 탁월하고, 다른 상담기법들과는 비교가 안 될 정도로 단기간 내에 원하는 변화를 이루어낸다고 알려져 있다.

특히 NLP는 인간의 잠재의식을 활용하는 것이기에 그 원리를 이해하고 지시에 집중하여 몰입만 할 수 있다면 그 어떤 심리치료 기법보다 강력한 힘을 발휘한다.

NLP는 기본적으로 구체적 상상을 통해 우울, 불안, 분노, 강박 등 부정적 정서로부터 자신을 '분리'시키고, 긍정적 경험과 생각을 자신의 잠재의식에 '연합'시킴으로써 부정적 정서를 해소하고 긍정적 정서를 몸에 배게 하여 밖으로 드러나게 하는 원리를 이용한다.

여기서 '분리'는 부정적 정서라는 프로그램을 포맷하는 것에 해당하고, '연합'은 긍정적 정서라는 프로그램을 '잠재의식'이라는 소프트웨어에 입력시키는 것에 해당한다.

NLP는 심리치료 효과가 매우 컸기에 초기부터 널리 호응을 받았고, 오늘날은 자기계발이나 커뮤니케이션 향상, 자신감 및 발표력 신장 등의 영역에도 널리 응용되어 쓰이고 있다. 1990년대부터 우리나라에도 도입되어 상담 및 심리치료, 코칭, 컨설팅, 마케팅 등 다양한 분야에서 널리 적용되고 있다.

NLP는 현재도 많은 사람들에 의해 계속 발전하고 있다. 그 중에서 미국의 로버트 딜츠(Robert Dilts)는 뉴로로지컬 레벨(neurological level)

이론을 만들었는데, 이는 NLP 사고방식 전체를 정리한 것이며 NLP의 진수라고도 불린다. 우리말로 하면 '신경논리 레벨'이라고 할 수 있는데, 쉽게 말해 '인간이 가지고 있는 의식의 단계'를 말한다.

딜츠는 인간의 의식을 다음과 같이 6단계로 나누었다.

◆ 그림 3.1 뉴로로지컬 레벨(인간 의식의 레벨)

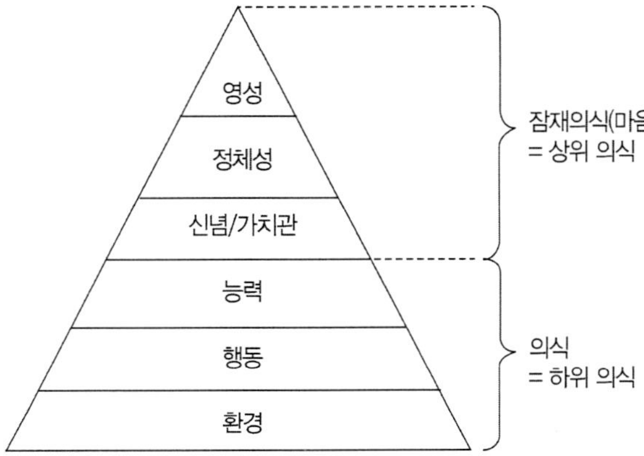

여기서 환경, 행동, 능력은 하위 차원의 의식이고, 신념 및 가치관, 정체성(자기인식), 영성은 상위 차원의 의식에 속한다. 하위 차원의 의식인 환경, 행동, 능력은 표면적 의식(생각)에 해당하고, 상위 차원의 의식인 신념/가치관, 정체성(자기인식), 영성은 잠재의식(마음)에 해당한다.

그런데 일상생활에서 일어나는 발달장애 아동의 여러 가지 행동 문제들, 문제 행동, 고민거리, 부정적 정서 등은 대부분 하위 의식(환경 레벨~능력 레벨)에서 발생하는 문제들이다.

예를 들어, '학교에 있으면 답답하다, 그 친구와는 같이 있기 싫다, 선생님이 싫다, 주변 환경이 시끄러워서 싫다.' 등은 모두 **환경 레벨**에서 발생하는 정서 및 문제들이다.

그리고 '자리를 이탈한다, 친구를 때린다, 손톱을 깨물게 된다, 공부를 하지 않으려고 한다, 친구한테 쌀쌀맞게 대하게 된다, 폭식을 한다, 자꾸 늦잠을 자게 된다.' 등은 행동에 문제가 있는 것이므로 모두 **행동 레벨**에서 발생하는 문제들이다.

또한 '나는 가만히 앉아있을 수 없다, 손톱을 깨물지 않을 수 없다, 충동을 참을 수 없다, 발표를 잘 할 수 없다.' 등은 **능력 레벨**의 문제들이다.

즉, 발달장애 아동이 겪는 여러 정서·행동적 문제와 어려움들은 모두 이 세 가지 하위 레벨(환경, 행동, 능력)에서 발생하는 문제들이고, 특히 그 중에서도 환경과 행동 레벨에서 발생하는 문제들이다.

여기서 중요한 것은 환경이나, 행동, 능력 레벨에서 문제가 발생했다고 하더라도 그 레벨 자체에서 문제를 해결하려고 하면 효과가 없고, 반드시 상위 차원의 의식을 변화시켜야 본질적인 문제 해결이 가능하다는 것이다.

왜냐하면 아동이 일으키는 여러 정서·행동적 문제들이 겉으로는 환경, 행동, 능력 차원의 문제처럼 보여도 사실은 아동의 잠재의식, 즉, 아동의 신념/가치관, 자기인식 같은 상위 차원의 의식에서 기인하는 문제들이기 때문이다. 따라서 문제의 원인이 되는 잠재의식인 신념/가치관이나 정체성(자기인식)을 변화시켜야 하고, 그러면 하위 레벨의 문제들은 자연히 해결된다.

앞에 서론에서 예를 들었던 것처럼, 공부하기 싫어하는 학생에게 단순히 강화물로 공부를 열심히 유도하려고 해서는 결코 진정한 문제 해결을 할 수 없다. 공부를 하지 않는 '행동'에 문제가 있다고 하여 공부를 열심히 할 수 있게끔 '행동'을 고치려고만 한다면 실패할 확률이 매우 높다.

왜냐면 강화물로 잠깐 열심히 할 수는 있어도 나중에 또 다른 핑계를 대며 공부를 하기 싫다고 할 것이기 때문이다.

하지만 공부를 해야 하는 확실한 가치관이나, 선생님이 되겠다는 자아정체성이 생기면 아무리 주변이 시끄러워도, 누가 시키지 않아도 공부를 열심히 하게 될 것이다. 확실한 가치관이나 정체성 확립이 스스로 공부를 열심히 하게끔 행동을 변화시키기 때문이다.

동화 '미운 오리 새끼'를 예로 들어보자. 유난히 큰 알에서 태어난 새끼 오리는 자신이 오리인 줄 알고 생김새는 달라도 다른 오리들과 똑같이 뒤뚱거리며 행동한다. 하지만 겉모습이 다르다는 이유로 주변 오리들에게 괴롭힘을 당한다.

그러던 어느 날, 새끼 오리는 우연히 자신이 하늘을 날 수 있음을 알게 되고, 사실은 백조였다는 사실을 깨닫게 된다. 바로 '나는 백조다.'라는 자기인식(정체성)의 변화가 일어난 것이다. 그럼 '나는 하얗고 아름답다. 나는 날 수 있다. 나는 당당하다. 나는 자신감이 있다.'라는 신념과 가치관의 변화가 일어난다. 이어서 날 수 있는 능력의 변화가 생기고, 행동에도 변화가 일어나 더 이상 뒤뚱거리는 행동이 아닌 우아한 행동, 자신감에 넘치는 행동을 하게 된다. 마지막으로 환경에도 변화가 일어나 주변 오리들이 놀리던 상황에서 모두 부러워하는 환경으로 바뀌게 된다.

여기서 오리가 실제 백조인지 아닌지는 중요하지 않다. 새끼 오리가 실제 백조가 아니더라도 스스로를 백조처럼 우아하게 여기는 인식이 확립되면, 그에 맞게 당당하게 행동하게 되고 모두가 부러워하는 환경이 조성된다는 사실이 중요하다.

이처럼 상위 레벨의 변화가 자연스레 하위 레벨의 변화를 불러오는 예는 얼마든지 있다. "아무개가 높은 자리에 올라가더니 사람이 변했어."라는 말을 들어보거나 경험해 보았을 것이다. 직장에서 "자리가 사람을 만든다."라는 말이 나오는 이유는 어떤 사람이 높은 직위에 올라갔을 때(정체성이 변화한 것임), 그 직위에 맞게 그 사람의 신념/가치관이 변화하고, 능력과 하는 행동, 환경 또한 그에 맞게 재정렬되기 때문이다.

따라서 하위 차원에서 문제가 일어났다고 해서 하위 차원의 의식을 바꾸려고 하면 안 되고, 잠재의식인 신념과 가치관, 정체성을 변화시켜야 하위 차원의 의식인 행동과 환경은 자연스럽게 바뀐다. 그래야 또한 영구적인 효과를 거둘 수 있다.

뉴로로지컬 레벨 이론을 문제 행동 중재에도 접목시킬 수 있다. 앞에서 말하였듯이 특수교육에서 발달장애 아동의 학습과 문제 행동 중재를 위해 ABA와 긍정적 행동 지원을 많이 쓰지만, 이는 전형적으로 하위 레벨인 행동과 환경을 바꾸려는 기법이기에 결코 장기적인 성공을 거둘 수 없다.

긍정적 행동 지원은 환경과 행동 차원에서 일어나는 문제 행동을 단순히 환경과 행동을 바꿔줌으로써 문제를 해결하려고 한다. 긍정적 행동 지원은 대규모 팀을 구성하여 문제 행동의 기능을 파악하고 오랜 기간 중재와 아동친화적인 환경을 구성하여 아동에게 바람직한 대체 행동을 교수한다.

하지만 오랜 기간에 걸쳐 습득된 대체 행동은 오래 지속되지 못하고 시간이 지나고 환경이 바뀌면 아동은 또다시 문제 행동을 일으킬 확률이 높다. 그것은 행동을 유발하는 잠재의식은 그대로인데 억지로 행동만 바꿔놓았기 때문이다.

다시 말해, 긍정적 행동 지원은 상위 차원의 의식(신념, 가치관, 정체성 등의 잠재의식)을 바꿔주는 것이 아니라, 문제 행동의 원인이 되는 환경을 수정하고 문제 행동을 바람직한 대체 행동으로 바꿔주는 행동 수정 요법이기에 장기간의 효과를 담보하기가 어렵다. 이것이 바로 긍정적 행동 지원을 포함한 행동 수정 기법들의 가장 큰 한계이다.

겉으로 드러나는 여러 정서·행동적 문제들도 사실은 잠재의식에 프로그래밍된 패턴화된 습관들이 겉으로 표출되는 것뿐이다. 그렇기에 억지로 대체 행동을 교수한다고 해서 행동이 고쳐지는 것이 아니라, 그러한 행동을 하고자 하는 잠재의식(마음)이 변화될 때 안 하게 되는 것이다.

사람은 누구나 의식이 있고, 의식과 행동을 주관하는 잠재의식이 있다. 발달장애 아동의 인지 능력이 아무리 낮더라도 누구나 신념이 있고 가치관이 있으며 자아정체성이 있다.

중증 장애 아동의 잠재의식도 의식하지는 못하지만 본능적으로 자신의 몸을 보호하기 위해 기능하고 있다. 자폐성장애 아동의 겉으로 보이는 의식(생각)은 우리가 이해할 수 없는 행동을 유도하는 것처럼 보이지만, 잠재의식은 꾸준히 사회적으로 교감하고 자신을 보호하기 위해 기능하고 있다.

따라서 앞으로 소개할 잠재의식을 효과적으로 변화시킬 수 있는 대화법과 기법들을 꾸준하게 쓰면 발달장애 아동의 상위 의식을 변화시킬 수 있다. 그리고 상위 의식이 변화하면 하위 의식인 환경과 행동은 자연스럽게 바뀐다.

2. 상위 의식(잠재의식)이 변화함으로써 행동이 변화한 사례

목표 의식이 불명확하면 삶의 이유를 잃고 방황하거나 자칫 방종에 빠지기 쉽다. '내가 왜 사는지'에 대한 인식이 바로 서지 않으면 행동 또한 제멋대로 행동하고 단순한 재미만 추구하며 살기 쉽다.

실제로 많은 학생들이 왜 사는지, 왜 공부를 하는지, 내가 진정 무엇을 원하는지 모르고 사는 경우가 많다. 꿈을 잊어버린 채 그냥 매일 매일 단순한 재미만 쫓으며 살다 보면 어느 순간 회의감이 들고 방황하게 된다.

이의 해결을 위해서는 상위 의식인 자아정체성을 확립하는 것이 무엇보다 중요하다. 정체성이 확립되면 가치관과 신념이 형성되고 그에 따라 자연스럽게 행동 변화가 일어난다. 상위 의식이 변화하면 하위 의식인 행동은 저절로 바뀌기 때문이다. 따라서 인지 수준이 높은 아동의 경우 삶의 목표를 분명히 인식할 수 있게 부모나 교사가 도와주어야 한다.

삶의 목표를 안다는 것은 정체성을 확립한다는 뜻이다. 그리고 어떻게 살아야 하는 지에 대한 신념을 세우고 가치관을 형성한다는 의미이다.

그러기 위해서는 아동에게 "네가 진정 원하는 것은 무엇이니?", "네가 정말 바라는 상태는 무엇이니?", "네가 정말 하고 싶은 일은 무엇이니?"와 같은 질문을 던지는 것이 매우 중요하다.

이에 대한 답을 도출하는 과정에서 삶의 목적을 찾고 정체성을 확립할 수 있기 때문이다. 정체성이 확립되면 동시에 많은 심리적·정서적 문제들이 해결될 수 있다.

삶에 대한 정체성 확립으로 행동이 개선된 다음 사례를 보자[1].

다음은 소년교도소에서 출소한 어느 소년의 이야기다.

소년은 무슨 질문을 해도 "모른다구요!", "난 그딴 거 몰라요!"와 같은 말밖에 하지 않았고 그 또래 아이들이 흔히 그렇듯이 모든 것을 자신의 마음에 드는지 안 드는지, 혹은 기분이 좋은지 나쁜지에 따라

---

1) 호리이 케이(2011), 『NLP 행복코드로 세팅하라!』에서 인용

판단하였다.

또한 "면허를 따고 싶다.", "오토바이를 갖고 싶다.", "차를 사고 싶다." 등의 욕망들도 단순한 감각적인 차원에 머물고 있었다. 차를 가짐으로써 정말 무엇을 얻으려고 하는지에 대해서는 깊게 생각해보지 않은 것이다.

그래서 나는 "너는 정말로 뭘 원하니?, 어떻게 하고 싶니?"라고 집요하게 질문을 했고 그 소년은 점점 구체적인 얘기를 꺼내기 시작했다.

"친구들 사이에서 인정받고 싶었어요. 무엇인가 남의 눈에 띄는 나쁜 짓을 하면 그 안에서 영웅이 될 수 있거든요..."

그리고 나서 소년은 뜻밖에도 "떳떳이 고교에 진학하고 싶다.", "대학에도 들어가고 싶다."라는 말도 했는데 이것은 하나의 커다란 진전이었다. 그 소년은 자신이 정말 원하는 것을 밖으로 드러낸 것이 그때가 처음이었기 때문이다.

이렇듯 자신의 의식 중 가장 깊은 곳, 즉 자신의 무의식에 눈을 돌려 자신이 정말로 원하는 것, 바람직한 상태가 무엇인지를 진지하게 탐구하고 발견하는 것이 모든 문제 해결의 실마리가 될 수 있다.

위의 사례에서 소년원 들락거리는 아이의 진짜 꿈은 대학교에 가는 것이었다. 깊게 생각해 보지 않으면 피상적인 욕망만 얘기하는 경우가 많다. 욕망은 진짜 꿈이 아니다. 꿈을 찾기 위해서는 스스로 진지하게 고민을 하거나 옆에서 그것을 찾을 수 있도록 도와주어야 한다.

내담자가 진짜 원하는 것이 무엇인지, 진정으로 바라는 상태가 무엇인지를 자각함으로써 내담자의 가치관이 바뀌고 행동이 변화한 사례는 무수히 많다.

미국의 정신과 의사이자 심리치료사였던 밀턴 에릭슨(Milton H. Erickson, 1901년 12월 5일~1980년 3월 25일)은 자신만의 독특한 대화형 최면과 틀에 얽매이지 않는 심리치료로 유명하다. 그는 활동 당시 미국에서 심리치료와 최면 분야의 독보적인 천재로 인정받았다.

그의 대화 패턴은 NLP의 형성에 매우 큰 영향을 주었고, NLP 기법의 상당 부분은 그의 대화 방식에 기반하고 있다. 에릭슨에 대해서는 뒤에 더 상세히 기술할 것이다.

에릭슨의 언어 패턴과 화법은 NLP에 직접적인 영향을 끼쳤는데 그의 치료 사례들을 보면 상위 레벨의 변화를 유도하는 방법들도 많이 보인다.

다음 에릭슨의 치료 사례들[2)]을 보자.

매력이 넘쳐서 쳐다볼 수가 없는데

살찐 여자가 와서 아무도 자신을 인정하지 않고 있으며 자신도 더 이상 세상을 살고 싶은 마음이 없다고 말했다. 에릭슨은 대화를 듣는 도중 그녀에게 필요한 것은 **자신감**이라 판단했다.

그래서 상대방의 말을 하는 동안 계속 얼굴을 가리면서 딴전을 피웠다.

여자가 다 말하고 나자 사실은 여자가 너무 매력이 넘쳐서 감히 쳐다볼 수가 없다고 말했다. 그리고 살이 빠지면 더 매력적일 것 같다고 하자 얼굴이 환해졌다. 치료가 잘된 것은 말할 나위도 없었다.

대인공포증을 육체미 운동으로

어떤 장소에 대한 두려움을 공포증이라고 하는데 에릭슨은 이런 관점을 거부한다. 공포증을 가진 환자가 왔었는데 에릭슨이 보기에 그는

2) 정동하(2007), 『신비한 최면 이야기(한 권으로 끝내는)』에서 인용

자신의 능력보다 낮은 직업에 종사하고 있었고, 대인기피증으로 뒷골목만 걸어가고 사람들이 많은 빌딩을 갈 수가 없었다. 그리고 여자를 피하고 자신을 좋아하는 어머니와 함께 살고 있었다.

에릭슨은 그에게 여자공포에 대해서는 묻지도 않았다. 그의 **자아상**을 강화하기 위하여 어머니와 다른 아파트에서 따로 살게 하고 신체적인 조건을 강화시키는 육체미운동에 중점을 두었다. 청년은 점차 자신의 신체에 대해서 자신감이 생기면서 대인관계에서도 잘 적응하게 되고 마침내 결혼까지 했다.

스케이트로 한 방에 날려버린 우울증과 학업부진

학업성적이 저조하고 심각한 우울증에 빠진 소녀를 부모가 데리고 왔다. 에릭슨은 그 소녀와 함께 시간이 나는 대로 자전거도 타고 스케이트도 타면서 즐겁게 놀아 주었다.

운동을 잘하게 되자 학교에서 인기가 점점 올라갔다. 그러자 **자아가 강화**되면서 자연스럽게 공부도 열심히 하면서 성적이 올라가게 되었다. 그 후에 그 소녀는 나이가 들어서도 그 시절을 추억하면서 에릭슨에게 자주 편지를 보냈다.

이처럼 상위 레벨에 있는 자기인식(정체성)에 대한 질문은 아주 중요하다. "내 삶의 목적은 무엇인가?, 내가 진정으로 원하는 것은 무엇인가?, 어떻게 살아야 하는가?"에 대한 질문을 통해 자기인식(정체성)이 확립된 사람은 그에 맞춰 스스로 필요한 능력을 기르고 행동하기 마련이다.

윗 단계에서 변화가 있으면 아래 단계는 자동적으로 변화가 일어난다. 주의가 산만하고 자꾸 자리를 이탈하는 아이가 있다면, 가만히 앉아 있으라고 하고 행동을 교정하려고 하면 안 된다.

아이의 인지 수준이 높다면 부모는 단지 "네가 정말로 원하는 것은 무엇이니?, 뭘 하고 싶은 거니?"라고 자꾸 물으며 아이의 마음속 깊은 곳에 아이가 진정으로 원하는 꿈이 무엇인지 찾을 수 있도록 도와주는 역할을 하여야 한다.

만약 아이의 인지 수준이 낮다면 잠재의식을 변화시킬 수 있는 뒤에 나오는 다른 기법들을 써야 한다. 거듭 말하지만, 자기인식(정체성)이 변화하면 신념이나 가치관도 변한다. 그리고 신념과 가치관의 변화는 행동과 환경의 변화를 가져온다. 이것은 곧 잠재의식이 변화하면 행동은 자연스레 변한다는 뜻이다.

3. 상위 의식인 자아정체성을 확립하는 방법

자아정체성 확립을 위해서는 '내가 진정 무엇을 원하는가?'에 대한 명확한 자기인식을 하는 것이 무엇보다 중요하다.

그럼 아동이 원하는 궁극적인 목표나 성과, 상태를 어떻게 이끌어낼 수 있을까? NLP에서는 다음과 같은 질문을 던진다.

1. 당신의 목표(성과)는 무엇인가?
    - 당신이 바라는 목표(성과, outcome)는 구체적으로 무엇인가?
2. 그 목표를 달성하는 것은 당신에게 어떠한 의미가 있는가?
    - 목표 실현이 당신에게 주는 의미는 무엇인가?

이러한 질문을 통하여 아동의 목표를 명확히 알고 적절하게 이끌어낼 수 있으며, 목표 달성을 위한 구체적인 행동계획을 세울 수 있다. 이 질문만으로도 '아동이 궁극적으로 원하는 것이 무엇인지', '아동이 진정으로 바라는 상태가 무엇인지' 알아낼 수 있다.

다음 상담 예를 보자.

상담 예

아빠: 네가 바라는 게 뭐니?
아이: 아빠의 잔소리로부터 벗어나는 거요(1차적 목표).
아빠: 아빠의 잔소리를 듣기 싫은 거구나. 아빠가 잔소리를 하지 않으면 너는 무엇을 얻을 수 있지?
아이: 정신적으로 편안해 지지요.
아빠: 심적으로 편안한 상태가 된다는 거구나. 그럼 마음이 편해지면 너는 어떤 것을 얻을 수 있을까?
아이: 음... 제 삶을 주체적으로 살 수 있을 것 같아요(궁극적 목표). 그동안 주눅 들어 살았거든요.
아빠: 아하, 피동적인 삶을 살지 않고 네가 삶의 주인이 되어 당당하게 살고 싶은 거구나.
아이: 네 맞아요.

이런 식으로 부모는 아동이 바라는 상태에 대한 이유를 묻는 것이 아니라, 바라는 상태가 가져다주는 이로운 점에 대해 질문해 나가야 한다. 그러면 아이의 **궁극적 목표**(**메타 아웃컴**)를 찾아낼 수 있다.

위의 경우 아이의 궁극적 목표는 '삶을 주체적으로 살아가는 것'이다. 만약 아빠가 직설적으로 "왜 그렇게 생각하지?"라고 이유를 묻게 되면, 아이는 기분이 상할 수 있고 내적으로 불안해지게 된다.

'왜'라고 묻는 것은 좋은 상담 방법이 아니다. 따라서 "그러한 것이 네게 무엇을 가져다주지?", "그렇게 되면 너는 무엇을 얻을 수 있지?", "그것으로 인해 너는 어떤 것을 얻을 수 있지?" 식으로 질문을 바꿔서 계속 긍정적인 점을 물어나가야 한다. 그러면 양파 껍질 벗기듯이 결국은 궁극적 목표를 찾아낼 수 있다.

다음 상담 예를 보자.

상담 예

정호: 친구들이 다 저를 싫어해요. 어제 한 친구는 저를 때렸어요. 슬퍼요.

교사: 친구가 때려서 슬프다는 거구나.

정호: 네.

교사: 그런데 다른 친구들이 왜 정호를 다 싫어한다고 생각하지?

정호: 저랑 안 놀아주니까요.

교사: 안 놀아준다고 싫어하는 걸까?

정호: 싫어하니까 계속 안 놀아주겠죠.

교사: 저번에 OO가 정호랑 놀아주는 걸 본 적 있는데?

정호: 그건 오래 전이고, 그 다음엔 없었어요.

교사: 정호를 좋아하는 친구가 정말 지금까지 단 한명도 없었니?

정호: 아니오... 물론 있었죠.

교사: 그럼 '친구들이 다 저를 싫어해요.' 라는 말은 올바르지 않은 표현이네.

정호: 그렇긴 하죠. 그치만 지금은 친구가 없다고요.

교사: 이제 곧 시험 기간이라 친구들이 바쁠 수도 있어. 또 지금 친구가 없다고 앞으로도 없을까?

정호: 그건 아니지만...

교사: **영수가 정말로 바라는 게 뭐니**? (화제 전환으로 기존의 패턴 파괴[3] 효과와 함께, 궁극적 목표를 찾기 위한 질문)

정호: 네? 음... 친구들 사귀는 거요(1차적 목표).

교사: 친구들을 사귀고 싶은 거구나. 친구를 사귀면 정호에겐 무슨 이득이 생기는 걸까? 무엇이 좋은 걸까?

정호: 음... 친구들한테 인기가 많아지는 거죠. 인정받는 거고...(2차적 목표)

교사: 아 친구들한테 인정받고 싶은 거구나. 친구들한테 인정받으면 무슨 도움이 되지? (또는 무엇을 얻을 수 있지?)

정호: 음... 제가 자신감이 생기고... 당당해 질 것 같아요. 그동안 주눅이 들어있었던 것 같아요.
교사: 아하 정호가 자신감 있게 당당하게 살고 싶은 거구나. 그치?
정호: 네.
교사: 그럼 정호가 진정 원하는 것은 결국 자신감 있게 당당하게 사는 거야(궁극적 목표).
정호: 네 맞아요.
교사: 스스로 자신감 있게 당당하게 살면 친구는 저절로 생기게 마련이지. 스스로가 당당하면 친구들이 따르게 되거든.
정호: 아 그런가요?
교사: 물론이지. 이제부터 정호 삶의 주인은 정호 자신이니, 주눅들지 말고 당당하게, 자신감 있게 행동하렴.
정호: 네.
교사: 이미 정호는 자신감 있고 당당한 사람이야!

증상의 원인이 된 또는 문제의 원인이 되는 과거를 이해하려고 애쓰기보다 '진정으로 원하는 것은 무엇인가?'에 초점을 맞춘 대화가 성공과 변화에 도움이 된다. 또한 현재의 상태나 행동을 변화시키려는 것보다는, 상위 차원인 정체성과 신념을 변화시키는 대화가 이루어질 때 진정한 문제 해결을 할 수 있다.

자신을 보잘 것 없다고 여기는 사람은 자신의 정체성을 '고귀한 사람'으로 바꿔야 한다. 행동에 주눅이 들어있다고 억지로 행동을 변화시키려고 하면 또 다른 행동 차원의 문제가 발생하기 쉽다. 하지만 '나는 고귀한 사람이다.'라는 정체성이 확립되면, 하위 차원인 행동은 자연스럽게 떳떳하게 행동하는 것으로 바뀐다.

마찬가지로, 뚱뚱한 사람은 자신의 정체성을 '뚱뚱한 사람'에서 '호

---

3) 패턴 파괴에 대해서는 4장에 상세히 기술하였다.

감 있고 매력적인 사람'으로 바꿔야 한다. 그냥 다이어트만 하게 한다면 조금 하다가 실패로 돌아갈 확률이 높다. 하지만 정체성 및 가치관 차원에서 변화가 일어나면, 누가 시키지 않아도 스스로 다이어트를 하는 등 행동의 변화가 일어난다.

아동의 정체성 확립이 앞으로의 삶의 목표를 결정짓는다. 보호자 또는 교사는 아이가 목표를 올바르게 설정할 수 있게 정체성 또는 신념/가치관을 정립해 주어야 한다.

이를 위해, 아동의 인지 수준이 낮지 않다면 "너는 누구인가, 네가 진정으로 원하는 삶은 무엇인가, 너의 신념은 무엇인가?"에 대한 끊임없는 질문과, 여기에 대한 답을 찾게 하는 것이 중요하다. 아이가 "무엇을 원한다." 또는 "무엇을 하고 싶다."고 말하면, 그것이 무슨 이득을 가져다주는지, 그렇게 하면 무엇이 좋은지를 계속 질문해 나가야 한다. 그러면 결국 궁극적 목표를 찾을 수 있다.

만약 인지 수준이 낮은 아이라면 뒤에 나오는 잠재의식을 변화시킬 수 있는 기법들, 대화 방법을 꾸준히 써야 한다. 진정한 변화는 상위 차원의 의식이 확립될 때 이루어진다.

4장

문제 행동 또는 부정적 습관을 유지시키는 패턴의 파괴

4장

문제 행동 또는 부정적 습관을 유지시키는 패턴의 파괴

문제 행동의 이유가 무엇이든 간에 한번 습관화된 행동은 고착화되어 아동은 그러한 문제 행동 패턴을 계속 유지하려고 한다.

기존의 행동수정 기법들은 문제 행동의 기능(원인)을 파악하여 환경수정과 대체행동 교수라는 중재 계획을 세우지만, 이를 통해 한번 고착화된 행동 또는 습관을 바꾸기란 대단히 어렵다. 이것은 문제 행동을 일으키는 내면의 심리적 프로세스를 무시한 채 겉으로 드러난 행동과 환경만 바꾸려고만 하기 때문이다.

따라서 기존의 행동수정 기법들은 단기적인 효과를 얻을 수는 있어도 결코 장기적인 성공을 거둘 수 없다. 예를 들어, 오랜 기간의 긍정적 행동 지원으로 아동의 문제 행동이 감소하고 부적절한 습관이 개선되었다고 하더라도, 아동이 진급하여 교실 환경이 바뀌고 선생님이 바뀌면 아동의 문제 행동은 다시 시작될 확률이 매우 높다.

그럼 진정한 문제 해결을 위해서는 어떻게 해야 하는가? 아동이 문제 행동을 하는 것은 그러한 행동 패턴이 습관화되어 겉으로 드러난 것이므로, 먼저 문제 행동과 관련한 일련의 고착화된 흐름을 끊어주어야지 진정한 변화가 시작될 수 있다. 그리고 고착화된 부정적인 행동 패턴은 의식적으로 누가 가르친다고 고쳐질 수 있는 것이 아니다.

예를 들어, 우울한 사람에게 계속 즐겁게 생각하라고 한다면 효과가 있겠는가? 우울증에 걸린 사람은 스스로도 긍정적인 생각을 하려고 무수히 많은 노력을 하였을 것이다. 그런데 그게 뜻대로 되지 않는 이유는 바로 잠재의식이 거부 반응을 보이기 때문이다. 내 잠재의식, 즉 마음은 우울함으로 세팅되어 있는데 옆에서 '즐거운 마음을 가져라.'라고 백번 가르쳐봤자 아무 소용이 없는 것이다.

그러므로 진정한 변화를 가져오려면 잠재의식, 즉 마음의 작용을 먼저 바꿔주어야 한다. 마음이 긍정적으로 프로그래밍 되면 생각과 행동은 그에 따라 당연히 바뀐다. 즉, 오랜 기간에 걸쳐 의식적으로 대체행동을 교수하는 것보다, 아동이 스스로 그러한 행동을 하고자 하는 마음이 없어질 때 문제 행동을 안 하게 되고 장기적으로도 효과가 있는 것이다.

마음을 긍정적으로 프로그래밍하기 위한 첫 번째 단추는 먼저 문제 행동 및 부정적 습관을 유지시키는 패턴을 파괴하는 데 있다. 충동적 행동, 과잉 행동, 자해 행동, 폭력적인 행동, 자기충족적 행위, 소리내기 등 모든 문제 행동이나 고착화된 습관을 유지시키는 패턴을 먼저 파괴하여야 하는 것이다. 문제 해결의 시발점은 모든 문제 행동 또는 부정적 습관을 유지시키는 패턴을 일단 중지시키는 데에 있다.

기존의 패턴을 파괴한다는 것은 아동의 고착화된 사고방식의 혼란을 일으키는 것을 의미한다. 아동은 그동안 자신이 당연하다고 여겨온 사고방식에 혼란을 느끼면, 잠재의식에 저장된 부정적 행동 패턴 프로세스가 파괴(멈추게)된다.

아동은 그동안 자신이 유지해온 고착화된 사고방식에 혼란을 느끼면 무의식적으로 기존의 행동과 습관이 적절했는지 뒤돌아보게 본다. 그러면서 변화를 위한 계기가 마련된다.

◆ 그림 4.1 잠재의식의 변화를 통한 행동지원 절차

아동이 보이는 문제 행동 또는 부정적 습관

⇓

아동의 사고방식에 혼란을 유도

⇓

문제 행동 또는 부정적 습관을 유지시키는 패턴이 파괴됨

⇓

변화를 위한 계기 마련

⇓

치료적 제안(암시)

⇓

잠재의식(마음)의 변화

⇓

의식(생각) 및 행동의 변화

기존 사고 패턴에 혼란을 일으켜 변화를 유도하는 방식은 미국의 정신과 의사였던 밀턴 에릭슨(1901.12.5.~1980.3.25.)으로부터 유래하였다. 그는 자신만의 탁월한 대화법과 기법으로 내담자들을 극적으로 변화시켰다. 그의 대화 기법을 모델링하여 제자들이 체계적으로 정리한 것을 **밀턴 모델**[1]이라고 부른다.

여기서는 에릭슨이 어떤 사람이고 심리치료사에 어떤 영향을 끼쳤는지를 먼저 알아보고, 잠재의식을 변화시킬 수 있는 그의 기법들에 대해 차례로 소개하고자 한다.

에릭슨의 치료 기법들은 아동의 사고방식에 혼란을 일으켜 부적절한 행동 패턴을 깨부술 수 있는 효과적인 방법들이다.

1) 밀턴 모델에 대해서는 9장에서 자세히 다룬다.

1. 밀턴 에릭슨의 생애와 영향

밀턴 에릭슨은 의료 최면과 가족 치료를 전문으로 하는 미국의 정신과 의사이자 심리학자였다. 그는 미국 임상 최면 학회(American Association of Clinical Hypnosis)의 회장을 역임했으며, 미국 정신 의학 협회(American Psychiatric Association), 미국 심리학 협회(American Psychological Association) 및 미국 정신 병리학 협회(American Psychopathological Association)의 회원이었다.

에릭슨은 다른 유명한 심리학자와 달리 자신만의 상담과 심리치료에 대한 학파나 이론 만들기를 거부하고, 개인의 특성에 기반한 각기 다른 치료적 접근을 해야 한다고 하였다. 그는 현대 심리치료 분야에 지대한 공헌을 하였지만 그의 명성에 비해 인지도는 적은 편이다.

그의 치료와 상담 사례들은 현대 정신의학 및 심리학 분야에 엄청난 공헌을 했지만, 그러한 공헌도에 비해 그다지 덜 알려진 편이다. 그 이유는 그가 심리치료에 대한 정형화된 이론적 틀을 거부하고, 치료 이론과 방법을 도식화하고 공식화하는 것을 경계하였기 때문이다. 따라서 그의 뛰어난 치료 능력과 명성에 비해서 주류 학계에서의 명성이나 인지도는 떨어질 수밖에 없었다.

에릭슨은 위스콘신주 로웰의 농가에서 자랐고 아버지와 같은 농부가 되고자 했었다. 그는 발달이 늦는 편이었으며 난독증과 색맹까지 있었다. 그러나 자기 최면을 하며 번뜩이는 영감을 경험하면서 난독증을 극복하였다. 에릭슨은 어린 시절 개인적인 경험의 많은 부분을 최면과 자기 최면으로 보았다. 이 같은 내용은 「밀턴 에릭슨의 자기 최면 경험(Autohypnotic Experiences of Milton H. Erickson)」논문에서 찾아볼 수 있다.

17세 되던 해 그는 전신이 마비되었다. 너무 심하게 마비되어 오직

눈과 귀만 움직일 수 있었다. 아주 간신히 말을 할 수는 있었으나 거의 모든 신체 기능이 마비되어 의사는 그가 곧 죽을 것이라고 어머니에게 말하는 것을 엿들었다. 이러한 상태에서 그는 하루만 더 석양의 노을을 바라보는 목표를 세우고 어머니에게 가구 배치를 다시 해달라고 부탁하여 서쪽 창을 통해 밖을 내다볼 수 있게 하였다. 그는 저녁노을을 바라보면서, 마음속으로 나무들, 울타리, 돌 등의 윤곽을 그려나갔다. 그리고 다음 날 다시 지는 해를 꼭 보리라고 다짐하면서 3일 동안 혼수상태에 빠졌다. 그의 삶에 대한 강력한 의지와 뛰어난 관찰 기술은 그를 3일 만에 회복하게 만들었다.

소아마비에 걸린 에릭슨이 흔들의자에 앉아있을 때 뜻밖의 사건이 일어났다. 그는 농장을 내려다보면서 움직이기를 간절히 바랬다. 그리고 그의 강한 소망은 자신도 모르는 사이에 아주 미세한 근육의 움직임을 만들어 냈다는 사실을 몸으로 느낄 수 있었다. 그는 미세한 근육의 움직임을 기억으로 저장하고, 몸의 근육 활동에 대한 기억을 회상하는 자기최면을 하였다. 기억에 대한 회상과 자기 최면을 통해서 에릭슨은 서서히 자신의 몸을 제어할 수 있게 되었고 결국 말하고 팔을 움직일 수 있을 정도로 회복되었다. 그는 단지 강력한 소망과 근육의 움직임에 대한 기억, 자기 최면만으로도 마비되었던 몸을 움직일 수 있다는 사실을 깨달았다. 그리고 그 미세한 움직임을 확장시켜 점차 몸을 많이 움직일 수 있게 되는 기적을 이룰 수 있었다.

세밀한 관찰과 주의집중 능력은 에릭슨의 회복에 결정적인 영향을 미쳤다. 그는 막내 여동생이 기어다니고 걸음마를 배우는 과정을 관찰하면서 걸음걸이와 균형을 잡는 방법을 재학습했다. 또한 그는 육체적인 마비에서 오는 고통을 극복하기 위한 방법으로 자신에게 해리 현상을 적용했고, 의식 외에 존재하는 마음속에 저장된 무의식적인 정보를 활용할 수 있는 도구로 최면에 관심을 가지게 되었다(Rossi 외, 1983).

대학 1학년을 마친 후 에릭슨은 건강을 위해서 야외에서 다리를 사용할 수 없어도 운동을 해보라는 의사의 권유를 받았다. 그 말을 듣고 제대로 걸을 수 없었던 시기에 그는 불과 몇 달러를 가지고 1,000마일이 넘는 카누 여행을 준비하며 몸을 더 훈련하기로 결정하였다. 이 힘겨운 여행을 다녀온 후 그는 지팡이를 짚고 걸을 수 있었다. 이 경험은 나중에 치료적 맥락에서 '시련(역경)'을 사용하는 밀턴 에릭슨의 기술에 영향을 미친 것으로 평가된다.

에릭슨은 정신 의학에 대한 호기심과 궁금증으로 의학을 공부하는 동안 동시에 심리학 학위를 취득할 정도로 열정적인 의대생이었다. 대학생활 중에 그는 클라크 헐(Clark Hull)의 도움으로 최면에 대하여 공부했다. 헐은 신행동주의 또는 행동이론의 중추적 학자로서 최면 연구에 많은 관심을 가졌고 학습이론 연구에도 많은 업적을 남긴 심리학과 교수였다. 대학 졸업 후 에릭슨은 콜로라도 종합병원에서 일반 인턴 과정을 마쳤으며, 콜로라도 정신병원에서 정신과 인턴과정을 이수했고, 1928년 의학 박사학위와 심리학 석사학위를 취득했다.

그는 40대 후반에, 부분적으로 마비된 근육의 만성적 과다 사용으로 인해 소아마비가 재발하였다. 그 결과 그의 마비는 더 심해졌지만 한 번 겪은 어린 시절의 경험을 바탕으로 다시 근육을 회복하는 전략을 이용하였다. 그러나 이 두 번째 회복 이후로 그는 휠체어를 사용해야 했고 만성 통증을 겪게 된다.

1950년대 초 인류학자이자 인공두뇌학자인 그레고리 베이트슨(Gregory Bateson)은 커뮤니케이션에 관한 광범위한 연구의 일환으로 에릭슨을 컨설턴트로 참여시켰다. 두 사람은 이전에 마거릿 미드(Margaret Mead)가 발리에서 연구한 트랜스 상태에 대한 영상을 분석하기 위해 처음 만났었다. 미드는 현대 사회의 문제를 인류학적 관점에서 바라보았으며 오늘날 문화인류학의 대모라 불린다.

베이트슨을 통하여 에릭슨은 나중에 제이 헤일리(Jay Haley), 리처드 밴들러(Richard Bandler), 존 그린더(John Grinder) 등을 만났으며 이들에게 많은 영향을 주었다. 특히 밴들러와 그린더는 NLP(신경언어프로그래밍)의 창시자로서 에릭슨의 언어 패턴을 분석하여 NLP 의사소통 모형에 밀턴 에릭슨의 이름을 딴 밀턴 모델을 개발하였다.

그는 1970년 실제 임상에서 은퇴할 때까지 매우 독특한 환경에서 심리치료를 하였다. 그는 자녀를 8명이나 두었지만 방이 세 개 딸린 작은 벽돌집에 살 정도로 검소하였다. 대기실은 그냥 집 안 거실이었기에 내담자들은 늘 가족들과 마주치게 되었다. 그는 책상과 의자, 작은 책장이 들어갈 정도의 작은 사무실에서 내담자들을 치료하였다.

이러한 환경은 독특한 가족상담의 기회를 제공하였는데, 내담자들은 거실에 있는 동안 인형에 옷을 입혀 주는 등 에릭슨의 자녀들과 함께 어울렸다. 이런 경험들은 내담자들에게 가족의 중요성을 상기시켰고, 고립감을 없애는 긍정적인 영향을 주었다(Zeig와 Munion, 1999).

1973년에 헤일리는 저서 『비범한 치료(Uncommon Therapy)』를 발간하였는데, 이 책으로 에릭슨과 그의 접근법이 의료 최면 학계를 벗어나 처음으로 일반인에게 공개되었다. 그 결과 에릭슨의 명성과 평판은 급속도로 퍼져나갔고 많은 사람들이 그를 만나기를 원했다.

그는 임종의 순간까지 자신의 작은 집에서 전 세계에서 몰려드는 제자들에게 교육 세미나를 계속 진행하였다. 이때의 연구물들은 후에 제자들에 의해 출판되었다(Rossi, 1980; Zeig, 1980; Gilligan, 1986; O'Hanlon, 1987 등).

그는 1980년 3월, 79세로 세상을 떠날 때까지 정신의학, 심리학, 심리치료, 최면치료, 교육학 및 커뮤니케이션 분야에 많은 영향을 끼치고 영원한 유산을 남겼다.

2. 혼란 기법

밀턴 모델의 가장 기본적인 언어 패턴은 '**혼란스럽게 표현**'하는 데에 있다. 내용을 이해하기 어렵게, 혼란스럽게 표현하면 아동의 의식적 저항을 우회하여 자연스럽게 트랜스 상태, 즉 잠재의식이 활성화된 상태로 유도할 수 있다.

사람의 정신은 의식과 의식 아래에 있는 잠재의식으로 나눌 수 있는데, 여기서 트랜스 상태란 쉽게 말해 의식을 조금 밀어내고 잠재의식이 약간 활성화된 상태라고 할 수 있다. 트랜스 상태는 의식의 변형 상태로 잠이 들기 전, 또는 깨기 전에 약간 몽롱한 상태와 비슷하다.

우리는 일상생활에서 쉽게 트랜스 상태를 경험할 수 있다. 보통 몸과 마음이 최대한 이완되어 편안함을 느낄 때, 명상할 때, 졸려서 비몽사몽할 때 트랜스 상태에 있는 것으로 알려져 있다.

또한 좋아하는 활동을 하거나 뭔가에 집중하여 시간 가는 줄 모를 때, 깜짝 놀라거나 당황(혼란)스러움을 느낄 때도 트랜스 상태에 들어간다.

논리적으로 표현하지 않고 말을 뒤죽박죽 섞어서 엉뚱하게 횡설수설 말하면 아동은 처음에는 이해하려고 노력해보다가 결국 무슨 말인지 몰라 혼란을 느껴 멍한 상태에 빠지게 된다. 이러한 상태가 바로 잠재의식이 활성화되는 트랜스 상태이다.

즉, 아동으로 하여금 비판할 틈을 주지 않고 비논리적인 말들을 계속하면 아동의 내적 패턴이 붕괴되어 무의식적 반응이 드러나게 하는 데 도움을 준다.

사람은 누구나 혼란스러운 상태에서는 순간적으로 이성적 판단 능력이 정지되고 잠재의식이 활성화된다. 혼란스러운 상황에서 잠재의식은 그 의미를 탐색하고 스스로 답을 찾으려는 경향이 있기 때문에, 그 상황에서 사람은 아무런 저항감을 느끼지 않으면서 상대방이 하는 말을 받아들이기 쉬운 상태가 된다.

이렇게 혼란한 상황을 만들어 아동을 트랜스 상태로 유도하는 이유는 바로 잠재의식이 조금이라도 활성화되었을 때 **치료적 제안**(아동에게 바라는 메시지)을 말해야 이를 잠재의식에 더빨리 각인시켜 행동 변화를 유도할 수 있기 때문이다.

앞에서도 말하였듯이 변화를 위한 계기는 의식적으로 바뀐다고 되는 것이 아니라 행동을 일으키는 마음, 즉 잠재의식이 먼저 변화되어야 한다. 따라서 아동의 사고방식에 혼란을 일으켜 아동이 잠시 트랜스 상태에 있을 때 재빠르게 치료적 제안을 말해서 이를 아동의 잠재의식에 각인시킬 수 있도록 해야 한다.

혼란 기법의 예[2]를 들면, "당신은 오른손의 느낌을 느낄 수 있습니다. 그러나 오른손의 느낌을 느끼지 못할 수도 있습니다. 하지만 당신은 왼손의 느낌을 느낄 수 있습니다. 그렇지만 왼손의 느낌을 느끼지 못할 수도 있습니다. 그런 가운데 왼손의 느낌을 오른손이 함께 느낄 수도 있습니다. 또한 왼손의 느낌을 오른손이 느끼지 못할 수도 있습니다. 왼손의 느낌을 왼손이 느끼든 느끼지 못하든, 오른손이 느끼든 느끼지 못하든, 그런 것은 기억할 수도 있고 잊어버릴 수도 있습니다...." 등이 있다.

이러한 말을 들은 상대방은 처음에는 논리적으로 이해하려고 노력하다가 이내 무슨 말인지 몰라 멍해지는데 바로 이때가 잠재의식이 활성화되는 상태, 즉 치료적 제안을 받아들이기 쉬운 트랜스 상태가 된다.

정형화된 언어 패턴을 벗어나는 기법은 광고에도 쓰인다. 시중에 파는 비타민워터의 라벨에는 다음과 같은 문구가 적혀 있다.[3]

---

2) 상담학 사전(2016.01.15.), 혼란 기법
3) 이진식(2020), 『NLP 심리치료 및 상담』에서 인용

매일 아침, 엘리베이터 안에서 오늘의 핑계를 연구하는 전국의 동지 여러분! 교통사고, 길 잃은 할머니, 막히는 지하철, 칼 든 강도, 터져버린 수도관, 모자 쓴 토끼, 고장 난 알람시계, 쓰러진 친척, 1, 2, 3, 4... 음 그리고 또... 뭐가 있을까요? 아무리 두뇌를 풀가동해도 더 이상 핑계가 생각나지 않는다면 **일단 비타민 C와 칼슘이 담긴 이 음료를 마셔요**. 아침 영양소도 챙겨야 머리가 돌아가죠. 예? 지각을 안 하게 해주는 음료 아니냐고요? 제때 일어나는 건... 음, 굿럭!

이 광고는 연관성이 전혀 없는 말들로 연결되어 있고 횡설수설하는 말들의 연속이다. 논리적으로 분석할 수가 없어 '이게 무슨 말이지?'라는 생각이 들 것이다. 예측할 수 없는 단어들을 쭉 읽다가 일명 혼란스러운 상태에 빠진다.

이렇게 비판적 판단 능력이 무너질 즈음에 "**일단 비타민 C와 칼슘이 담긴 이 음료를 마셔요.**"라는 **제안**(**암시**)이 들어오며 우리의 머릿속에 이 제품이 각인되는 효과를 노린다. 혼란스럽고 멍한 상태에서 갑자기 "이 음료를 마셔요."라는 제안이 들어오면, 이 제품을 마셔야겠다는 무의식적인 작용을 일으켜 이 음료수를 사도록 만드는 것이다.

실제로 순간 최면을 활용하는 치료자들은 말을 할 때에도 일시적으로 문법에 맞지 않은 말들을 하거나 횡설수설하고 애매모호한 말들을 한다. 그러면 내담자의 뇌는 이를 논리적으로 판단하려 하다가 순간 과잉부하가 생겨 혼란스러운 상태에 빠지게 되고 이때 치료자가 치료에 필요한 제안을 하면 내담자는 제안을 쉽게 받아들일 확률이 높아진다.

이처럼 애매한 단어, 중언부언, 비논리적인 문장을 써서 표현하면 아동은 이를 듣다가 머리가 복잡해지고 혼란스러워 이해하기를 포기하고 집중력을 놓아 버림으로써 자연스럽게 이완 상태(트랜스 상태)로 들어가게 된다. 그리고 바로 이때 치료적 제안이 되는 말들을 함으로써 이를 잠재의식에 조금씩 각인시킬 수 있다.

혼란 기법을 적용한 다음 중재 사례를 보자.

중재 사례

영수는 지적장애 아동으로 여자선생님의 머리를 잡아당기고 뒤에서 밀치는 행동을 자주 한다. 영수가 먼저 말을 꺼내는 경우는 거의 없지만, 대답은 잘 할 수 있고 단문으로 의사표현이 가능하다.

교사: 영수야 아침에 밥 먹었니?

영수: 네.

교사: 뭐 먹었어?

영수: 밥.

교사: 반찬은 뭐 먹었어?

영수: 김치, 된장국...

교사: 그렇구나. 밥도 먹고 왔으니 오늘 기분 좋겠다. 그치?

영수: 네.

교사: 아침에 제 시간에 왔으니 오늘도 우리 영수 잘 할 수 있겠는걸?

영수: 네.

교사: 선생님은 아침에 밤을 봤는데 밤에 밤을 본 것이 아니라 아침에 밤을 보니 알밤인지 꿀밤인지 군밤인지 아침밤인지... 무슨 밤이지?

영수: ......

교사: 그때 눈으로 밤을 보니 마침 눈이 내려서 뜬 눈으로 흰 눈이 정말 아름다워서...

영수: 네?

교사: 눈으로 눈을 보니 기분이 좋아서 지나가는 아저씨가 하나, 둘, 셋 할 때 눈에서 눈이 녹아 눈물이 나더라...

영수: (어리둥절해 하는 표정을 짓는다.)

교사: (큰 목소리로 박수를 치며 재빠르게) 우리 영수 얌전해졌다. 우리 영수 착해졌다! **(치료적 제안)**

이 밖에도 깜짝 놀라게 한다거나 충격을 줌으로써 아동의 정신적 혼란을 야기시킬 수 있다.

아동과 어떤 활동을 하는 도중 교사가 갑자기 소리 지른다거나 툭 치면, 아동은 순간 깜짝 놀라며 의식의 기능에 혼란을 가져오고 어떤 상황인지 제대로 파악하지 못하면서 일시적으로 트랜스 상태로 들어간다.

또는 교사가 몰래 숨어 있다가 갑자기 "워!"하고 외치며 나타나면 아동은 깜짝 놀라며 역시 일시적 트랜스 상태에 들어간다.

이때 원하는 메시지들을 순간적으로 크고 빠르게 말하면 아동의 잠재의식이 이를 조금씩 받아들이게 된다. 아동이 혼란스러워하는 틈을 이용해 순간적으로 치료적 제안이 되는 말들을 꾸준히 한다면 이를 언젠가는 잠재의식에 각인시킬 수 있다.

우리의 의식과 행동은 잠재의식에 프로그래밍된 대로 나타나게 되므로 한번 잠재의식에 각인된 메시지는 그대로 우리의 의식에 영향을 미치고 행동을 변화시킨다.

3. 예상치 못한 돌발행동 또는 갑자기 대화 주제 바꾸기

에릭슨은 상담을 불신하는 이들에게 "그렇게 확신하지 마세요."라고 언급하고는 느닷없이 대화 주제를 바꿔버리곤 했다(Littrell, 1998)[4]. 갑자기 대화 주제를 바꿔버리면 내담자는 혼란스러워하며 이것의 의미를 탐색하기 위해 스스로 내면에 집중하는 현상을 보인다.

바로 이때가 잠재의식이 활성화되는 상태, 즉 트랜스 상태이므로 이때 내담자의 무의식은 상담자의 말에 보다 긍정적으로 반응하게 된다.

부모나 교사가 예상치 못한 행동을 하거나 갑자기 대화주제를 바꾸는 것도 혼란 기법의 연장선상에서 이해 가능하다. 아동과 어느 주제에 대해 이야기 하다가 갑자기 엉뚱한 질문을 하면 아동은 순간적으로 멍

4) 고기홍 · 김경복 · 양정국(2010), 『밀턴 에릭슨과 혁신적 상담』에서 재인용

해지며 가벼운 트랜스 상태에 들어가게 된다.

예를 들어, 같이 놀이 활동을 하는 도중 갑자기 아동에게 오늘 날짜를 물으면 아동은 순간 날짜를 떠올리느라 당황하며 멍해질 것이다. 또는 물건 주고받는 놀이를 하다가 교사가 갑자기 다른 이상한 행동을 한다면 인지 수준이 낮은 아동이라도 '이게 뭐지?'하면서 놀라게 되는데, 이런 혼란스러운 상태가 바로 의식 기능이 저하되고 잠재의식이 활성화되는 상태이다.

TV에서 순간최면 시 활용하는 패턴을 보면, 치료자가 "자, 우리 처음 만났는데 악수합시다."라고 말하며 앞으로 다가오다가 악수하려는 순간에 갑자기 허리를 숙여 신발끈을 맨다든지 다른 행동을 한다.

그러면 내담자는 전혀 예측하지 못한 상황에 당황스럽게 되고 내적 패턴이 붕괴되어 치료자의 말을 받아들이기 쉬운 상태, 즉 트랜스 상태가 된다. 이때 치료자가 빠르게 "마음이 편안합니다."라고 말하면 내담자는 실제로 편안한 감정을 느끼게 된다.

트랜스 상태를 이용하여 아동의 행동 변화를 유도하기 위한 중재 사례는 다음과 같다.

중재 사례

영수는 평소에 주의가 산만하고 돌아다니길 좋아한다. 그런데 어느 날 블록에 관심을 보이더니 블록 쌓기를 하고 있다. 블록 쌓기에 집중하고 있을 때 교사는 옆에서 속삭이듯이 "영수가 참 **차분**해 졌구나. **차분**한 우리 영수"라고 말한다('차분'이라는 말을 강조하여 말함).

교사는 영수를 지켜보다가 같이 블록 쌓기에 참여한다. 영수가 주로 쌓고 교사는 가끔 도와주기만 한다. 영수가 비뚤어지게 쌓은 걸 교사가 도와주다가 갑자기 소리 내며 바닥을 탁탁탁 친다. 그러면서 이상한 표정을 짓는다.

영수는 어리둥절해 하고 그 순간 교사는 "우리 영수가 참 **차분**해졌구나."라고 크고 재빠르게 말한다(역시 '차분'을 강조하여 말함).

위에서 어떤 활동에 집중해 있을 때에도 주변의 일들이나 감각에 대해 무감각해지므로 일종의 트랜스 상태에 해당한다. 따라서 이때를 놓치지 않고 치료적 제안이 되는 말들을 살짝 해주면 잠재의식에 조금씩 각인되는 효과가 있다.

단, 활동에 열중하고 있을 때는 교사가 치료적 제안(위의 예에서는 '차분'이라는 말)을 큰 소리로 말하면 아이의 의식이 다시 현실로 돌아오게 되므로 조그맣게 속삭이듯이 말하여야 한다. 조그맣게 말하되, '차분'이라는 말을 조금 더 강조하여 말한다.

또한 아동과 같은 활동을 하는 중에 교사가 갑자기 예측가능하지 않은 돌발행동을 하게 되면 아동은 역시 혼란을 느끼며 잠재의식이 활성화되는 상태가 된다. 이때 역시 치료적 제안이 되는 말을 재빠르게 함으로써 아동의 잠재의식에 영향을 끼칠 수 있다.

이때는 아동이 교사를 쳐다보는 상황이 되므로 큰소리로 말하되 역시 '차분'이라는 말에 박수를 치며 더 크게 강조하여 말하면 좋다. 여기서 재빠르게 말하는 이유는 다음과 같다. 아동은 이상한 행동에 잠시 혼란을 느끼다 금방 이성적 판단 능력을 회복하게 되는데, 이성적 의식을 회복하기 전 잠시 혼란을 느낄 때가 바로 트랜스 상태이므로 이때를 놓치지 않고 빨리 말해야 효과가 있기 때문이다.

예상치 못한 돌발행동은 인지 수준이 낮고 상동행동이 있는 중증 자폐성장애 아동에게도 효과가 있다. 제한적 분야에 관심이 있고 눈맞춤이 안 되는 자폐 학생도 비록 겉으로는 주위 일들을 전혀 의식하지 못하는 것처럼 보일 지라도, 잠재의식은 언제나 자신을 보호하기 위해 기능하므로 주변 상황과 일들을 다 주시하고 인지하고 있다.

그러므로 아동이 교사를 인지하지 못한다고 생각되더라도 교사가 갑자기 이상한 행동을 하는 것은, 아동의 잠재의식으로 하여금 이것의 의미를 탐색하고 기존의 사고 패턴을 다시금 돌아보게 만든다. 평소에도 틈틈이 자폐 아동이 예상치 못한 행동을 일부러 한다면 아동의 습관화된 내적 패턴에 조금씩 균열을 가져올 수 있다.

또한 아동이 특정한 분야에 관심을 보일 때나 상동행동을 하고 있을 때에는 이 자체가 일종의 트랜스 상태에 있는 것이므로 이때를 놓치지 않고 치료적 제안이 되는 말을 꾸준히 한다면 아동의 잠재의식에 조금씩 변화를 일으켜 언젠가는 행동 변화를 가져올 수 있다.

아동이 특정 활동에 몰입해 있을 때나 집중하고 있을 때는 그 상태 그대로가 이완된 상태, 즉 잠재의식이 활성화된 트랜스 상태이므로 이때는 조용히 속삭이듯 치료적 제안의 말을 해주면 된다. 그리고 어떤 활동을 같이 하다가 교사가 갑자기 돌발행동을 하여 트랜스 상태로 유도한 후에는 빠르고 큰 목소리로 치료적 제안이 되는 말을 해야 한다.

중재 사례

영수는 지적능력이 떨어지고, 손을 바르르 떨며 혼자서 홍얼홍얼 거리는 상동행동을 자주 한다. 같이 길을 걷는 중에도 영수는 교사와 상호작용을 하지는 못하지만 특정한 풀이나 꽃에 관심을 보이며 잠시 머물기도 한다.

수업시간에 영수는 몸을 앞뒤로 움직이며 손을 바르르 떨면서 소리를 내는 데 집중하고 있다. 이때 교사가 슬며시 다가가 "우리 영수가 갈수록 **손을 안 떠는** 구나. 갈수록 **소리를 안 내는** 구나."라고 귀에 가까이 대고 조용히 말해 준다(밑줄은 조금 더 강조하며 말함).

다음 시간에 영수는 선생님과 같이 산책을 하고 있다. 교사가 불러도 쳐다보진 않지만, 혼자서 소리 내며 자기 속도대로 걷고 있다. 살짝 앞에서 교사도 같은 페이스로 걸어가 준다. 그러다 갑자기 교사는 영수를 뒤돌아보며 '악' 소리 내며 쓰러진다. 영수가 흠칫 놀랄 때, 교사는 "영수가 **엄청 차분**해졌구나. **흥얼거리지 않는**구나."라고 큰 소리로 재빠르게 말한다(밑줄은 조금 더 강조하며 말함).

조금 이상하게 보일 수 있지만 부모나 교사가 갑자기 돌발 행동을 하는 것은, 아동의 잠재의식으로 하여금 이것의 의미를 탐색하게 하고 고착화된 사고 패턴에 균열을 가져온다. 바로 이때 재빠르게 박수를 치며 원하는 메시지를 말해 주면 조금씩 잠재의식에 변화를 가져온다.

이 밖에도 아이가 좋아하는 활동(게임, 텔레비전 시청 등)을 하고 있을 때나, 무언가 좋아하는 대상에 몰입할 수 있는 환경을 꾸며주고 아이가 열중하고 있을 때 치료적 제안이 되는 메시지들을 조용히 속삭여 주면, 언젠가는 이를 잠재의식에 각인시킬 수 있다.

갑자기 대화 주제를 바꾸는 것도 아동을 혼란스럽게 하여 트랜스 상태로 유도한다. 예를 들어, 어느 한 주제에 대해 얘기를 나누던 중 갑자기 "어제 저녁엔 뭐 먹었니?"라고 물으면 아동은 순간 '이게 뭐지?'하며 멍해질 것이다. 그때 아동에게 원하는 메시지를 재빠르게 말하면 아동의 잠재의식에 메시지 내용을 조금씩 각인시킬 수 있다.

갑자기 대화 주제를 바꿀 때 유머를 결합시키면 혼란스러움을 유발함과 동시에, 그 자체로도 일종의 치료적 효과를 거둘 수 있다. 다음 상담 예를 보자.

교사는 화가 잔뜩 난 영호와 얘기를 나누고 있다. 영호는 "친구가 절 때렸는데 마치 번개가 저를 치는 것 같았어요."라고 말했다. 교사는 바로 "그 후레쉬 불빛은 무슨 색이었니?"라고 묻자, 영호는 당황해하며 다시 물었다. "네? 뭐라구요?" 교사는 다시 물었다. "그 후레쉬 불빛은 혹시 오줌색이었니?"

영호는 피식 웃었다. 교사의 이상한 질문에 잠깐 혼란스러워하며 내부에 집중하자 초점의 대상이 바뀌었다. 후레쉬 불빛을 떠올리는 순간 영호의 감정은 이미 바뀌어 버렸다.

비슷한 예로, 우울해 있는 아동과 상담을 하다가 갑자기 지난 날 행복했던 순간을 떠올려 보라고 하면 아동은 당황해하면서도 그 순간만큼은 적어도 약간의 행복을 느낄 수 있을 것이다. 침울해 있다가도 갑자기 즐거웠던 때를 떠올려보라고 한다면 잠시 과거의 경험을 떠올리느라 흐뭇한 표정이 나올 수 있을 것이다. 이러한 질문을 최면적 질문이라고 한다.

상담 예

교사: 아까 왜 친구들과 싸웠니?
학생: 친구들이 나를 놀렸어요.
교사: 어떻게 놀렸어?
학생: 저랑 안 놀아주고... 자기들끼리만 떠들고... 저를 비웃고...
교사: 그랬구나... 그래서 기분이 어땠어?
학생: 나를 왕따 시키는 기분? 친구들이 미웠어요...
교사: 자, 심호흡을 세 번 해보자. 천천히 들이쉬고...내쉬고... 들이쉬고... 내쉬고... 들이쉬고... 내쉬고... (심신을 이완시키는 유도법)
교사: 자, 눈을 감고... 이제 그때의 기분을 좀 더 자세하게 떠올려 볼

까? (트랜스 상태로 유도하는 질문)

학생: 슬프고... "왜 나한테만 그러지?" 하고... 화가 치밀어 오르고... (감정에 집중해있는 상태로 가벼운 트랜스 상태로 들어간 것임)

교사: (조용히 속삭이듯) 학생이 이해심이 많아졌구나... 예전보다 인내심이 늘었구나(치료적 제안이 되는 말)... 그중에서 누구 얼굴이 떠오르니?

학생: OO가 저를 보고 비웃는 모습이...

교사: (갑자기 끼어들며) 지금 정확히 몇 시지? (혼란을 유도하는 최면적 질문)

학생: (어리둥절해 하며) ...예? (트랜스 상태에 있는 것임)

교사: (그 순간 빠르고 큰 목소리로) 이미 이해심이 많아졌어! 잘 하고 있어. (치료적 제안)

학생: ......(학생은 당황해하지만, 무의식적으로는 메시지의 내용을 자신과 연결시키려는 노력을 하게 되고 이것이 반복되고 누적되면 실제로 이해심이 많아졌다고 받아들이게 됨.)

교사: 힘들었겠지만 잘 참았네... 학생이 최근에 가장 즐거웠던 기억은 뭐야? (화제전환을 통한 최면적 질문)

학생: 갑자기요? 음... 그저께 동생이 제게 선물을 줬는데 좋았어요.

교사: 눈을 감고 그때의 감정과 느낌을 생생하게 다시 한번 느껴보자.

학생: (슬며시) 미소를 지음.

이러한 최면적 질문들은 혼란 기법과 마찬가지로 사고방식에의 혼란과 착란을 가져와 기존의 부정적 사고 패턴을 깨뜨리기 위한 것이다. 혼란스러운 상황이 연출되면 아동은 기존의 사고 패턴과 행동 방식에 혼란을 느껴 변화 가능성이 싹트게 된다.

이때를 이용해 치료적 제안이 되는 말들을 꾸준히 해준다면 언젠가는 잠재의식을 변화시킬 수 있다. 물론 최면적 질문은 가벼운 트랜스 상태로의 유도뿐 아니라 그 자체로 치료적 효과까지 거둘 수 있다.

5장

역설적 개입

5장

역설적 개입

표면상으로는 말이 안 되는 모순되거나 부조리한 말 같지만, 그 진술의 이면에는 올바른 의미, 깊은 진실을 담고 있는 말을 역설(逆說)이라고 한다. 즉, 역설적 표현은 논리적으로 맞지 않지만, 그 안에 함축적 의미를 담고 있거나 깊은 진실을 내포하고 있다.

예를 들어, '이것은 소리 없는 아우성'에서 '소리 없는'과 '아우성'은 논리적으로 모순된 표현이지만 침묵을 지키는 가운데서 끊임없는 내적 몸부림을 보여주는 의미를 담고 있기 때문에 역설법에 해당한다.

'지는 것이 이기는 것이다.'도 지는 것과 이기는 것이 서로 모순되는 말이지만, 진정한 승자는 양보하고 져줄 때라는 의미를 함축하고 있기에 역설적 표현이다.

이러한 역설을 치료적 차원에서 이용하는 것으로, 아동의 문제시 되는 행동이나 습관을 변화시키기 위해 그러한 문제 행동을 오히려 더 많이 하도록 지시하는 것을 **역설적 개입**이라고 한다. 또는 상담자가 아동의 문제 행동을 과장되게 따라하는 것도 역설적 개입이며, 아동의 요구를 이상한 방식으로 들어주는 것도 역설적 개입에 속한다.

역설적 개입의 의도는 아동의 저항 심리를 역으로 활용한다는 점에서 독특한 특성을 가지고 있다. 역설적 개입은 아동의 심리를 역으로 이용하여 스스로 통찰하게 하는 데 목적이 있으므로 이를 잘 이해하지 못하는 보호자나 교사는 이러한 방식을 오해할 수도 있다. 그러므로 역설적 개입의 치료 원리와 효과에 대해 먼저 충분히 이해하고 아동에게 적용해야 한다.

역설적 개입에는 크게 두 가지 방식이 있다. 첫 번째는 어떠한 문제 행동이 있을 때 그러한 문제 행동을 하지 못하게 개입하는 것이 아니라, 반대로 더 많이 하게 지시하는 것이다.

두 번째는 아동의 특정 행동이나 안 좋은 습관을 부모나 교사가 아동 앞에서 더 과장되게 하고, 아동의 요구를 친절하게 들어주는 척하면서 오히려 더 불편하게 하는 방식이다.

이러한 역설적 개입은 혼란 기법과 마찬가지로 아동으로 하여금 기존의 사고 패턴에 균열을 일으키는 효과가 있다. 각각의 역설적 개입 방식을 자세하게 설명하면 다음과 같다.

1. 아동의 문제 행동을 의식적으로 수행하게 하기

이것은 아동의 문제 행동을 못 하게 타이르는 것이 아니라 오히려 그러한 행동을 하도록 장려하는 것이다. 그 대신 무의식적 또는 습관적으로 하던 행동을 이제는 의식적으로 공개적으로 수행하도록 지시하는 것이다.

그렇게 하면 아동은 혼란스러워하고 자신의 사고 틀에 의문을 가지게 되면서, 새로운 변화 가능성을 스스로 모색한다.

다음은 문제 행동을 의식적으로 더 많이 수행하게 함으로써 강박증을 해결하는 간단한 상담 사례[1]이다.

잠을 자기 전에 현관을 비롯한 각각의 창문을 10번 이상 확인해야 하는 여성 내담자가 상담실을 찾아왔다. 상담자는 기네스북에 오를 만큼 기록을 갱신해 보자고 조언했다. 오늘 밤은 20번, 내일 밤은 40번, 다음 날 밤은 80번, 그 다음 날은 160번, 이렇게 계속할 것을 지시하자 강박증은 사라지게 되었다.

위의 예는 역설적 개입의 전형적인 상담 사례이다. 아무리 문제 행동을 안 하거나 피하려고 노력해도 성과가 없는 경우에는 오히려 그러한 행동을 의식적으로 더 많이 수행하도록 지시하는 것이 효과적일 수 있다.

역설적 개입을 통해 문제를 해결하는 밀턴 에릭슨의 다음 치료 사례를 보자.

무의식적인 행동 패턴을 의식적으로 수행하게[2]

알코올 중독에 빠진 여인과 남편이 에릭슨을 찾아왔다. 그들은 남편이 직장에서 돌아오면 매일 밤 전쟁을 치러야 했다. 부인은 술에 취해 있었고 남편은 화가 나서 숨겨둔 술병을 찾았지만 늘 찾을 수가 없었다.

에릭슨은 남편에게 매일 저녁 집에 돌아오면 술병을 찾으라고 지시했다. 만약 술병을 못 찾으면 부인은 그 다음 날 숨겨둔 술을 마실 자격이 있다고 선언했다. 그들은 12년 동안 이러한 게임을 해왔는데, 이제 **상담자에 의해서 다시 하라는 지시**를 받은 것이다.

이러한 지시는 술병을 몰래 숨기면서 부인이 느꼈던 은밀한 쾌감을 박탈해 버렸다. 몰래 숨기면서 느꼈던 죄의식, 수치심, 남편의 당황하

1) 고기홍·김경복·양정국(2010), 『밀턴 에릭슨과 혁신적 상담』에서 인용

는 모습을 유도하던 무의식적인 행동 패턴을 이제는 의식적으로 술병을 숨기도록 함으로써 그녀의 무의식적인 쾌감을 빼앗아버렸다.

따라서 부인은 이제 술병을 감출 아무런 흥미도 느낄 수 없게 되었다(Haley, 1985b: p. 171).

위의 사례는 하던 행동을 계속하라는 에릭슨의 역설적인 개입이 부인의 무의식적인 문제 패턴을 의식적으로 수행하도록 지시함으로써 문제 행동을 그만두게 만들었다.

여기에서 부인 행동의 무의식적인 동기는 남편을 당황하게 만드는 게임을 즐기는 것일 수도 있고, 남편의 끝없는 관심을 유도하기 위한 것일 수도 있으며, 남편을 패배하게 만들어 승리자가 되는 것일 수도 있다.

이 경우엔 문제의 원인을 중요하게 여기지 않았고, 원인을 몰라도 문제 해결이 가능하다고 보았다.

문제 행동을 의식적으로 수행하게 하는 역설적 개입의 기본적인 형태는 문제 행동을 계속 하도록 장려하되, 시간을 정해서 **특정 시간에 의식적으로 하도록 지시**하는 것이다.

심리학자인 에밀리 안할트(Emily Anhalt) 박사는 우울증을 겪는 사람들에게 부정적 감정에 빠지는 시간을 따로 정해놓을 것을 권한다. 이것은 우울감에 빠지는 시간을 따로 정해놓으면 감정의 벽을 치는 것과 같아 우울한 감정이 일상의 다른 시간으로 전이되는 것을 막아주기 때문이다.

따라서 장애 아동에게도 습관적으로 하던 문제 행동을 의식적으로

---

2) 이윤주 · 양정국(2007), 『은유와 최면』에서 재인용

특정 시간에 수행하게 하면 아동은 흥미를 잃고 점차 그만둘 확률이 높아진다.

예를 들어, 물건을 집어던지는 아동에게는 매일 특정 시간에 물건을 던지라고 계획표를 짜놓는다든지, 할퀴고 때리는 습성이 있는 아동에게는 매일 정해놓은 시간에 그러한 행동을 하게 하는 것이다.

손가락을 더 빨아요3)

엄마가 손가락을 자주 빠는 어린 딸을 데리고 찾아왔다. 에릭슨은 부모에게 앞으로 어떤 일이 일어나도 자신만 믿고 그냥 놔둘 것을 다짐 받았다.

그리고 딸을 따로 불러 매일 저녁에 아빠가 신문을 보고 있으면 그 옆에 가서 20분씩 손가락을 빨고 다시 엄마가 바느질을 하고 있으면 그 옆에 가서 다시 20분씩 빨도록 지시했다.

진료를 받고 돌아온 날부터 딸의 증세가 더 심각해지자 부모는 황당했지만 에릭슨과 약속대로 가만히 두고 볼 수밖에 없었다. 며칠 지나자 조금씩 빈도수가 줄어들기 시작했다. 그러더니 얼마 안 가 손가락 빠는 게 귀찮아서 더 이상 빨지 않게 되었다.

위의 사례에서 소녀는 에릭슨으로부터 자신이 하는 일을 의식적으로 다시 하라는 지시를 받았다. 그리고 에릭슨은 소녀가 자신의 행동을 특정 시간에 계속하게끔 역설적으로 개입하였다.

이러한 개입 역시 소녀로 하여금 무의식적으로 손가락 빠는 행동 패턴에서 느꼈던 쾌감을 박탈해 버렸다. 무의식적으로 하던 행동 패턴을 이제는 의식적으로 수행하도록 함으로써 소녀의 은밀한 쾌감과 자기충족적 욕구를 박탈해 버린 것이다.

이처럼 기존의 문제 행동을 의식적으로 계속하게 하는 역설적 개입

3) 정동하(2007), 『신비한 최면 이야기(한 권으로 끝내는)』에서 인용

은 아동의 무의식적인 행동 패턴을 의식적 차원의 문제로 전환시킴으로써 기존의 행동을 계속 할 때의 흥미를 빼앗아 버린다.

역설적 개입은 아동으로 하여금 행동에 대한 무의식적인 동기를 없앰으로써 기존의 행동을 계속할 아무런 재미를 느끼지 못하게 하여 문제 행동을 그만두게 만든다.

다음의 '손톱 물어뜯기' 사례도 마찬가지다[4].

어떤 소녀가 손톱을 물어뜯는 습관이 있었다. 치료자는 아이에게 "너는 진짜로 손톱을 물어뜯는 것을 좋아하고 있지는 않는데 그런 것으로 착각하고 있단다."라고 말하였다. 이에 아이는 자기는 손톱 물어뜯기를 정말로 좋아한다면서 치료자의 말을 부정하였다.

그러나 치료자는 정말로 좋아한다면 손톱이 길게 자라도록 두고는 길게 자랐을 때 손톱을 물어뜯는 것이 진정으로 손톱 물어뜯기를 좋아하는 행동이 될 것이라고 했다.

이 말을 들은 소녀는 손톱이 길게 자라면 정말로 손톱을 잘 물어뜯을 수 있겠다고 생각하였다. 그리고 길게 자랄 때까지 물어뜯지 않고 기다렸다. 그렇게 시간이 흐르는 동안에, 그리고 그 이후에 소녀는 손톱 물어뜯기를 좋아하지 않게 되었다.

위에서 소녀는 손톱이 자랄 때까지 기다리는 동안에 손톱 물어뜯는 행동에 대한 흥미를 잃게 되었다. 치료자는 손톱 물어뜯는 행동을 교정하기 위해 손톱을 물어뜯지 말라고 한 것이 아니라, 오히려 충분히 즐길 수 있도록 길게 자랄 때까지 기다리라고 하였다. 물어뜯지 말라고 하면 의식적으로는 저항하게 되고, 무의식적으로는 물어뜯는 행동에 집착하게 되기 때문이다.

---

4) 설기문(2009), 『에릭슨최면과 심리치료』에서 인용

습관적으로 하던 문제 행동을 의식적으로 수행하게 하여 행동을 고치는 다음 사례[5]를 보자.

> 같은 반의 남학생 셋은 장난삼아 한 여학생의 교과서를 숨겨버리곤 했다. 그래서 여학생은 제대로 수업을 들을 수가 없었다. 남학생들에게 따지고 들었지만 아무 소용이 없었다. 제풀에 지치려니 하고 무시하기도 했지만 여전히 교과서 숨기는 행동은 계속되었다.
>
> 상담 선생님은 그 여학생과 문제를 해결할 희한한 방법을 찾아냈다. 그녀는 남학생들에게 "너희가 내 책을 숨기니까 난 숙제를 하지 않아도 될 구실이 생겨서 좋다."라고 말했다. 그러면서 "그렇지만 공책이 있으니까 받아쓰기는 하지 않을 구실이 없잖니? 만약 내 공책도 숨겨 준다면, 너희에게 매일 100원을 줄 텐데."
>
> 남학생들은 황당해하면서도 기꺼이 그녀의 책과 공책을 모두 숨겼고, 그녀는 그들에게 매일 100원씩 주었다. 이렇게 사흘이 지나갔다. 나흘째 되는 날, 그녀는 남학생들에게 용돈이 적어져서 50원 밖에 줄 수 없겠다고 설명했다. 한 주일이 지나자, 그녀는 이제 하루에 10원밖에 줄 수 없노라고 말했다.
>
> 남학생들은 그 여학생에게 화를 내면서 말했다. "그만둬! 우리가 하루에 고작 10원을 받자고 그런 일을 해 줄 거라고 생각한다면, 넌 미친 거야." 그들은 더 이상 그녀의 교과서와 공책을 숨기지 않았고, 그녀의 문제도 해결되었다.

일반적으로 "~하지 마라."라고 말하면 의식적으로는 저항심이 생기고, 무의식적으로는 하지 말라고 하는 행동에 집착하게 된다. 따라서 오히려 "~하라."고 행동을 부추기게 되면 아동의 사고에 혼란을 일으켜 아동은 그러한 행동에 흥미를 잃게 되고 변화를 위한 가능성이 생길 수 있다.

---

5) 이윤주 · 양정국(2007), 『은유와 최면』에서 인용

무의식적으로 하던 행동 패턴을 의식적으로 하라고 지시하게 되면 사고 패턴에 혼란을 가져와 흥미를 반감시키고 그럼으로써 새로운 변화 가능성이 싹튼다.

문제시되는 행동을 오히려 장려하는 역설적 개입은 인지 수준이 낮은 중증 발달장애 아동에게도 적용할 수 있다. 아동이 의식적으로는 이러한 의미를 이해하지 못할 지라도 잠재의식은 자신의 문제와 연결 지음으로써 기존 행동의 흥미를 반감시킨다.

아무리 인지 수준이 낮더라도 상식적인 방법을 벗어난 중재는 아동에게 혼란을 일으켜 스스로 새로운 변화 가능성을 모색하게 만든다. 다음 중재 사례를 보자.

중재 사례

미정이는 12세이고 중증 자폐성장애 학생이다. 평소에 수시로 개수대에 가서 물을 틀어놓고는 비누를 묻혀서 한참 동안 손을 씻는 버릇이 있다. 그날도 미정이는 오전에 이러한 행동을 하고 있었고, 교사는 옆으로 다가가 이를 잠자코 지켜보고 있다.

잠시 후 교사는 미정이에게 큰 목소리로 "자 물을 더 세게 틀어야지. 비누를 더 많이 듬뿍 묻히고."라고 말하며, 비누를 더 많이 발라 거품을 내게 하고 물을 더 세게 틀어준다. "미정아, 이렇게 손을 더 빡빡 문질러."하면서 교사는 미정이가 손을 더 세게 씻을 수 있게 도와준다. "더 빡빡 씻어 미정아. 이렇게 말야. 비누도 더 듬뿍 바르고 이렇게 빡빡 문질러." 미정이에게 손 씻는 방법을 계속 보여주며, 비누 거품을 더 많이 내게 하고 더 오래 씻을 수 있게 말해준다. "더 많이, 그렇지... 더 오래 씻어."

손 씻기가 끝난 후 교사는 "이제부터 손 씻는 행동은 1시간에 한 번씩 할 거야. 알았지 미정아?"라고 말해 준다. 1시간이 흘렀다. 미정이는 가만히 있었는데 교사가 미정이를 개수대로 불러낸다. "미정아, 아까 약속한 대로 손 씻는 행동 제대로 다시 해보자." 미정이가 오자 교사는 물을 틀고 미정이에게 비누를 묻혀 손 씻는 행동을 계속 하게 한다. 빡빡 씻을 수 있게 교사는 시범도 보여주며 더 열심히 씻게끔 지도한다. 손 씻기 행동이 끝난 후 교사는 1시간 후에 또 할 것임을 말해준다.

1시간이 지나 역시 교사의 지도하에 손 씻는 행동을 시작한다. 미정이는 손 씻기를 잠깐 더 지속하다가 흥미를 잃었는지 이내 그만둔다. 하지만 한 시간 후에 또 손 씻기 행동을 지도한다. 미정이는 손 씻기에 흥미를 잃은 표정을 지었다.

문제 행동을 의식적으로 수행하게 하는 역설적 개입은 일반적인 상담 방법이 통하지 않을 때, 상식적으로 말이 되지 않을 것 같은 상반된 방법으로 개입하여 치료 효과를 노린다.

오히려 문제시 되는 행동을 장려함으로써 이상하게 보일 수 있지만, 그 이면에는 기존의 사고 패턴에 혼란을 일으킴으로써 아동은 스스로 변화를 위한 가능성을 탐색하게 된다.

2. 아동의 문제 행동을 과장되게 따라하기

일반적인 상담 장면에서 아동이 보이는 행동과 습관을 부모나 교사가 더 심하게 모방하게 되면, 아동은 이에 충격과 혼란을 느끼고 증상을 그만두는 경우가 많이 있다.

아동은 의식적으로 상담 또는 중재에 저항하는 경우가 있는데, 이때 부모나 교사가 아동의 증상을 똑같이 또는 더 과장되게 따라하면 아동은 무의식적인 수치심을 느끼고 스스로 기존의 행동과 사고를 다시금 돌아보게 만든다.

다음 상담 사례[6]를 보자.

한 소년이 억지로 끌려와 상담실에 혼자 남게 되자 악을 쓰면서 울어 댔다. 에릭슨은 그 소년이 울음을 멈출 때까지 조용히 기다렸다. 그리고 호흡을 하기 위해서 울음을 멈추는 순간 똑같이 악을 썼다.

소년은 멍하니 앉아 있었다. "처음엔 네가 울었고, 다음은 내가 울 차례야. 이제는 네가 울 차례다." 그와 소년은 몇 번을 번갈아 가면서 울부짖었다. 다음에 그들은 울부짖는 대신에 번갈아 가면서 서로 이야기하기로 결정했다(Erickson, 1980b).

에릭슨은 소년의 행동을 따라함으로써 먼저 소년의 사고 패턴에 혼란을 일으켰다. 그리고 번갈아 울부짖기로 함으로써 소년으로 하여금 의식적으로 문제 행동을 수행하게끔 만들었다. 그러자 소년은 우는 행동에 대한 흥미를 잃고 기존의 행동 패턴을 돌아보는 통찰력을 지니게 되었다.

아동은 자신보다 더 혼란스러운 상대를 만나게 되면 무의식적으로 그 의미를 탐색하고 자신의 문제와 연관 지음으로써 스스로 정상화를 위한 발판을 마련한다.

부모나 교사의 역설적 개입은 아동으로 하여금 사고 체계의 혼란을 일으키고 문제 행동을 계속해야 할 이유를 잃어버리게 함으로써 자신의 참모습을 돌아보게 만든다.

내담자의 행동을 모방함으로써 경직된 행동 패턴을 깨고 증상이 치료되는 사례들[7]을 더 살펴보자.

---

6) 고기홍·김경복·양정국(2010), 『밀턴 에릭슨과 혁신적 상담』에서 재인용
7) 고기홍·김경복·양정국(2010), 『밀턴 에릭슨과 혁신적 상담』에서 재인용

에릭슨이 로드아일랜드의 정신병원에 처음 근무할 때, 키가 180cm나 되고 힘이 센 여성 환자가 있었다. 그녀의 취미는 혼자 근무하는 파출소를 찾아가서 경관에게 행패를 부리는 일이었다. 병원에서도 한 달에 한 번 정도 행패를 부려서 독방에 감금되곤 했다.

이런 이야기를 들은 에릭슨은 그녀에게 자신을 소개하면서 한 가지 청이 있다고 했다. 그녀가 다음에 다시 행패를 부리기 전에 면담실의 벤치에 앉아서 자신과 15분만 이야기를 나눌 것을 요청했다. 그녀는 의심스러운 듯 반응했다. "선생님과 이야기하는 동안 남자 간호사들이 나를 옴짝달싹 못하게 하면요?" 에릭슨은 결코 그렇게 하지 않겠다고 약속했고, 그녀는 마지못해 동의했다.

어느 날 그녀로부터 만나자는 연락이 왔다. 그가 면담실로 찾아갔을 때, 그녀는 안절부절 못하면서 말했다. "이제 남자 간호사들을 불러서 나를 감금할 거죠?" 그러자 에릭슨이 대답했다. "아니오. 그때 약속했던 대로 난 단지 당신과 15분간만 이야기를 나눌 겁니다. 그리고 15분 후에는 당신이 원하는 대로 행패를 부려도 됩니다. 아무도 당신을 방해하지 못하게 할게요."

에릭슨은 뉴잉글랜드 지역의 봄 날씨에 대해 그녀에게 물어보았다. 그녀는 계속해서 면담실 문을 쳐다보았다. 10분이 지났을 때, 그는 대기하던 간호사에게 신호를 보냈고 그 간호사는 밖으로 나갔다.

잠시 후 갑자기 10여 명의 간호 실습생들이 면담실로 들어왔고, 그들은 즐겁게 웃고 떠들었다. 그러다 그들 중 한 명은 의자로 서쪽 유리창을 깼다. 다른 학생은 동쪽 유리창을 깼다. 네 명의 학생은 테이블 다리를 부쉈다. 실습생들은 과거에 그녀가 했던 것처럼 난장판을 만들도록 미리 지시받은 것이었다.

이러한 모습들을 지켜보던 그녀는 애원하기 시작했다. "그만두세요. 이러지 말아요. 이러면 안 돼요." 그녀는 자신이 했던 행동을 다른 이들이 하는 것을 볼 수가 없었다. 소동이 끝나고 방이 정리되었을 때 그녀는 간청했다. "박사님, 다시는 제게 이러지 마세요." 에릭슨은 엄숙하게 반응했다. "그럼요, 만약 당신이 이렇게 할 필요를 만들지 않는다면, 다시는 이런 일이 없을 거라는 것을 약속합니다."

두 달 후에 에릭슨이 회진 중일 때 그녀가 다가와서 부탁했다. "여기 미친 여자들로 가득 찬 병동에서 벗어날 수 있다면 무슨 일이라도 하겠습니다. 제게 병원 휴게실에서 할 일을 주실 수 없을까요?" 그는 그녀를 휴게실로 보냈고 일을 잘 해냈다. 그리고 두 달 후에 퇴원했다(Erickson, 1980a).

부모나 교사의 대처 방식이 상식적이지 않으면 아동은 혼란스러움을 느낀다. 이때부터 아동의 사고 패턴에 균열이 생기고 잠재의식은 그 의미를 찾느라 분주해진다.

상식적인 중재를 벗어난 대처는 아동을 당황스럽게 하면서 고착화된 사고방식에 균열을 일으켜 새로운 사고가 확립될 수 있는 기회를 제공한다.

다음 사례 역시 상담자의 역설적 개입이 내담자를 효과적으로 치료한 사례[8]이다.

한 젊은 여성 내담자가 상담실을 찾아왔다. 그녀는 전형적으로 정신분열증 환자의 모습을 하고 있었다. 머리는 헝클어졌고, 허리선이 없는 긴 원피스를 입고 있었으며, 헝겊으로 만든 슬리퍼를 신고 있었다.

상담자가 말을 걸려고 하자, 그녀는 그에게 소리를 질러대기 시작했다. 상담자가 더 큰 소리를 지르면서 개입했다. "여보세요. 도대체 왜 그렇게 소리를 지르는 거예요? 당신도 다른 사람처럼 말할 수 있어요." "당신이 그걸 어떻게 알아요?" "미친놈이 미친년을 알아보죠." 그녀는 조금 놀란 표정을 짓더니 정상적으로 말하기 시작했다.

---

8) 고기홍·김경복·양정국(2010), 『밀턴 에릭슨과 혁신적 상담』에서 재인용

몇 달이 지나서 상태가 대단히 호전되었을 때, 상담자는 상담 과정에서 어떤 것이 가장 도움이 되었는지를 질문했다. 그녀가 대답했다. "간단해요. 전 드디어 저보다 더 미친 인간을 만났던 거죠"(Greenwald, 1985, p.239).

아동이 문제 행동을 할 때 부모나 교사가 더 심한 증상을 일으키면 그들은 의식적으로 혼란스러움을 느끼며 자신의 행동에 의문을 품게 되고, 조금씩 증상을 중단할 확률이 높아진다.

다음 사례는 내담자의 행동이나 태도에 문제가 있다면 말로 '그만하라.'고 다그치는 것보다 똑같은 행동으로 보여주는 것이 내담자의 행동을 변화시키는 데 효과적임을 보여주는 사례[9]이다.

한 부인은 남편이 옷을 입지 않고 집 안을 돌아다니는 습관 때문에 미칠 지경이 되었다. 이 습관은 그녀의 기분을 무척 상하게 했다. 남편을 설득해보고, 간청도 해보고, 위협도 해보았으나 아무 소용이 없었다.

어느 일요일 아침에 남편은 평상시처럼 팬티만 걸친 채 식탁에 앉았다. 그녀는 남편을 바라보다가 갑자기 식탁에서 일어나 욕실로 가서는 옷을 전부 벗고, 실오라기 하나도 걸치지 않은 채 걸어 나와서는 태연하게 남편과 마주 앉았다.

남편은 기겁을 했고 재빨리 안방으로 들어가서는 옷을 차려입고 나왔다. 그 이후로 남편이 발가벗고 집 안을 돌아다니는 습관은 말끔히 사라졌다(Weiner-Davis, 1998, p.174).

9) 고기홍·김경복·양정국(2010), 『밀턴 에릭슨과 혁신적 상담』에서 재인용

이러한 역설적 개입 역시 발달장애 아동의 문제 행동 중재에 적용할 수 있다. 아동의 행동과 관련된 상황극을 연출하거나 행동을 과장되게 흉내 내는 것은 아동을 혼란스럽게 하여 문제 행동을 계속하고자 하는 잠재의식(마음)을 긍정적인 방향으로 변화시킨다.

아동의 행동을 과장되게 따라하는 것은 아동에게 혼란을 일으켜 고착화된 사고방식에 균열을 가져온다. 그리고 아동의 인지 수준에 관계없이 행동 변화에 효과적인 수단으로 작용한다.

중재 사례

선아는 14세인 자폐성장애 학생이다. 무슨 일이든 자기 뜻대로 되지 않으면 소리를 지르며 물건을 집어던지는 행동을 한다. 교사는 사물 모양의 말랑말랑한 교구들을 준비하고, 미리 특수교육지도사와 함께 상황극을 준비해 놓는다. 상황극은 교사와 특수교육지도사가 기분 나쁜 상황을 연출하고 그때 말랑말랑한 교구들을 집어던지고 소리 지르는 행동을 하는 것이다.

그날 2교시 후 선아는 학습과제가 뜻대로 되지 않자 특유의 소리를 지르며 책상에 있는 물건을 집어던진다. 교사가 다가와 지켜보다가 큰 목소리로 "선아야, 더 세게 집어던져야지."하면서 말랑말랑한 교구를 쥐어준다. 몇 개를 집어던지게 한 후 "선아야, 이것밖에 안 돼? 더 세게 이렇게 하란 말야! 이렇게!" 교사는 시범을 보여준 후 또 교구를 던지게 한다.

5교시 후 교사와 특수교육지도사는 상황극을 시작한다. 특수교육지도사가 실수로 물을 쏟는 상황을 연출하자 교사는 크게 소리를 지르며 "왜 물을 쏟아요? 똑바로 하세요."라면서 말랑말랑한 교구들을 집어던진다(안전에 유의).

선아가 어리둥절한 표정을 짓자 선아를 향해 외친다. "우리 선아 <u>잘 참는</u> 구나." "우리 선아 <u>차분해</u>졌구나." (밑줄 그은 부분은 조금 더 강조하여 말함)

교사는 아동의 문제 행동을 장려하고 과장되게 따라하는 역설적 개입을 통해, 아동의 사고 패턴에 균열을 일으키고 행동을 뒤돌아보게 할 수 있다. 이러한 방법은 아동의 인지 수준과 상관없이 잠재의식에 직접 영향을 끼침으로서 조금씩 긍정적 행동 변화를 유도한다.

물론 역설적 접근에는 주의가 필요하다. 이러한 중재를 하는 부모나 교사의 모습을 주변 사람들이 이해하지 못하면 아동학대로 비춰질 수도 있기 때문이다.

따라서 아동에게 적합한 역설적 개입을 위해서는 잠재의식의 기능과 치료 원리를 이해하여야 하며, 충분한 사례를 접해봄과 동시에 연습을 해야 한다.

역설적 개입은 일반적인 중재 방법으로는 효과가 없거나 아동이 치료에 저항 심리를 보일 경우, 또는 아동이 지나치게 보호자에게 의존적일 경우에 매우 유용하다.

역설적 개입은 아동이 유지해 온 사고 패턴의 혼란을 가져오게 하여 스스로 통찰하는 원리를 이용하는 것이므로 행동 변화에 효과적인 수단으로 작용한다.

6장

역경치료

6장

역경치료

역경치료는 상담 전략으로 아동에게 일련의 시련, 고통, 역경을 부여하여 행동 변화를 유도하는 기법이다. 즉, 문제 행동이 나타날 때마다 의도적으로 아동에게 고통이 되는 일을 수행하도록 하여 문제 행동을 감소시키고 바람직한 행동을 늘리는 방법이다.

앞에서 역설적 개입이 아동의 심리를 역으로 이용해서 스스로 자신을 돌아보게 하는 방식이라고 하였는데, 역경 또한 같은 맥락에서 이해할 수 있다.

역경을 활용한 치료 역시 일반적인 상담 틀에서 벗어나 아동을 오히려 고통 속에 넣고 단련시킴으로서 스스로 통찰하게 하는 원리를 이용한다.

1. 역경 부과 전략

역경치료는 문제 행동을 포기하는 것이 문제 행동을 유지하는 것보다 더 쉽게 만들면, 내담자가 더 쉬운 쪽인 문제 행동을 포기하는 방법을 선택한다는 원리를 이용한다.

May(1969)는 고통의 활용이 변화의 요인 가운데 하나라고 주장했다[1]. 부모나 교사는 고통을 제거해 주는 것이 아니고, 오히려 고통을 부여함으로써 아동으로 하여금 그 고통의 의미를 깨닫고 건설적인 방향으로 나아가게끔 돕는다.

역경치료는 아동으로 하여금 역경을 겪게 해야 하므로 가정과 부모의 도움이 필수적이다. 다음은 역경을 부여하여 늦게 귀가하는 딸의 습관을 고친 상담 사례[2]이다.

> 밤늦게까지 집에 들어오지 않는 딸이 상담실에 오는 것을 거부해서, 부모만 상담을 받게 되었다. 부모의 이야기로는 최근에 딸이 친구들과의 어울림이 많아졌다는 것이었다. 밤늦게 돌아다니는 것 외에는 별 문제가 없었다. 엄마는 딸을 대단히 깔끔한 성격으로 묘사했다.
>
> 상담자는 이 사실에 착안해서 역경을 부과하는 전략을 세웠다. 즉, 정해진 시간 내에 딸이 집으로 돌아오지 않을 경우, 엄마로 하여금 그녀의 속옷을 냉장고 속에 넣어 놓으라고 지시하였다. 만약 딸이 자기 속옷이 어디에 있는지 물으면 냉장고 속에 있다고 대답하고, 왜 그렇게 했는지 묻는다면 상담자가 시켜서 그렇게 했다고 대답하기로 계획을 세웠다.
>
> 이 계획을 실행에 옮기자 딸은 무척 화를 냈고 엄마를 추궁했다. 엄마는 아마도 상담자가 네가 열이 나서 돌아다니게 하는 무슨 귀신에 씌운 것으로 생각하고 그 열을 내리기 위해서 이런 처방을 한 것 같다고 대답했다. 딸은 무식한 상담자에게는 약이 없다면서 불평했지만, 늦게 돌아다니는 습관은 사라지게 되었다.

위의 사례는 깔끔한 성격을 가진 딸의 습성을 이용하여 딸의 옷을 냉장고에 넣어 놓는 역경 전략을 이용하였다. 딸이 깔끔한 걸 좋아하지

---

1) 고기홍·김경복·양정국(2010), 『밀턴 에릭슨과 혁신적 상담』에서 재인용
2) 고기홍·김경복·양정국(2010), 『밀턴 에릭슨과 혁신적 상담』에서 인용

않았다면 이러한 전략은 효과가 없었을 것이다.

이처럼 역경을 부과할 때에는 아동의 특성을 활용하여 중재 전략을 짜는 것이 매우 중요하다.

아동은 자신의 습관화된 행동이 고통을 불러온다는 것을 알면 여기에서 벗어나고자 어떤 행동이라도 하려고 하기 때문에 기존의 행동을 수정하게 된다.

중요한 것은 기존의 문제 행동을 유지하려는 욕구보다 역경으로 주어지는 고통이 더 커야 한다는 것이다. 기존의 문제 행동보다 역경으로 주어지는 고통이 더 클 때 비로소 행동을 수정하고자 하는 동기가 생긴다.

시련이나 고통을 부과하는 것뿐 아니라, 아동이 좋아하는 것을 빼앗는 것도 역경 전략이다. 다음 사례[3)]를 보자.

> 가출청소년 쉼터에서 규칙을 어기고 파괴적인 행동을 하는 소녀가 있었다. 상담자는 그런 행동을 할 때마다 한 시간 동안 상담 받을 것을 약속했다. 다음에 파괴적인 행동을 하자, 그녀가 가장 좋아하는 컴퓨터 게임을 하는 시간에 상담을 받도록 했다.
>
> 상담자는 그녀가 파괴적인 행동을 할 때를 전후해서 어떤 느낌과 생각을 했었는지를 작성하게 했다. 어떻게 행동하라고 지시하지는 않았다. 이런 방법으로 5회기를 검토하자 파괴적인 행동은 사라지게 되었다.

아동에게 부여하는 역경은 유익한 것으로 설정하는 것이 좋다. 위의 사례에서는 컴퓨터 게임을 할 시간을 빼앗는 것으로 설정하였다.

이처럼 역경은 문제 행동을 할 경우 운동을 하게 하거나, 학습을 하

---

3) 고기홍·김경복·양정국(2010), 『밀턴 에릭슨과 혁신적 상담』에서 인용

게 하거나, 일을 하게 하거나, 좋아하는 활동을 포기하게 함으로써 긍정적인 행동 변화를 유도할 수 있다.

다음 사례 역시 긍정적인 역경 부과를 통해 불면증을 치료한 상담 사례[4]이다.

마룻바닥 광내기를 통한 불면증 치료

에릭슨에게 어느 날 불면증 환자가 왔다. 에릭슨은 그와의 사전 상담을 통해 그가 집안일 중에서 마룻바닥 광내는 것을 제일 싫어한다는 것을 알아냈다. 그리고 그에게 현재 8시간(그는 보통 정해진 취침 시간에 침대에 누워, 불면 상태에서 아침까지 계속 누워있었다)으로 잡혀 있는 수면시간을 줄이라고 했다. 남자는 지금도 불면증으로 2시간 밖에 자지 못하고 있다고 불평을 하면서, 그러면 안 자는 시간 동안 무엇을 해야 하냐고 물었다.

에릭슨은 그에게 그 시간 동안 마루의 광을 내라고 했다. 그것도 3일을 반드시 연이어서 하라고 했다. 그리고 오라고 했다. 3일 후에 남자가 왔다.

남자가 말하길, 어제는 마루광을 내기 전에 잠깐 눈을 붙였는데 그만 8시간을 자버렸다고 했다. 에릭슨은 남자가 마루바닥 광내는 것을 너무나 하기 싫어해서 그 외의 일은 무엇이든 다 할 것을 알았기에(심지어 '자는 것'까지), 그에게 그러한 과제를 주었던 것이다. 결국 남자는 마룻바닥 광내기가 싫어 '잠'을 자게 되었던 것이다.

다음은 내담자의 특성을 잘 이해하고 그의 직업적 특성을 활용한 에릭슨의 역경치료 사례[5]이다.

---

4) 출처: 김정규 교수 게슈탈트하일렌 홈페이지(http://www.gestalt.co.kr/info/professor.php)
5) 고기홍·김경복·양정국(2010), 『밀턴 에릭슨과 혁신적 상담』에서 재인용

퇴직한 경찰관이 에릭슨을 찾아왔다. 그는 고혈압에 뚱보였다. 과식, 음주, 흡연이 계속되었기 때문에 상담을 받으러 왔다. 에릭슨은 그에게 음식이 먹고 싶을 때 1마일을 더 가서 음식을 사고, 술을 마시고 싶을 때는 1마일을 더 걸어가서 30분 후에 마시고, 담배를 피우고 싶을 때도 그렇게 하라고 지시했다.

그 남자는 에릭슨의 사무실에서 화를 내면서 나갔다. 그런데 한 달 후 새로운 내담자가 그 경찰관의 이야기를 하면서 찾아왔다. 그 경찰관이 말하기를 '나의 문제를 아는 유일한 상담자'라고 했다는 것이었다.

에릭슨은 혐오, 부정, 저항과 같은 부정적인 생각까지도 관계로 이해했고 다음과 같이 설명하였다. "내가 왜 이런 방식으로 치료했는가? 그는 퇴직한 경찰관이고 훈련이 무엇인지를 알고 있다. 이러한 지시는 전적으로 훈련의 문제이고 훈련은 그의 강점이다. 따라서 그는 어떠한 방법으로든 거절할 수 없었을 것이다"(Gordon & Myers-Anderson, 1981, pp.111~2).

다음 사례 역시 내담자의 기본적 특성이라 할 수 있는 신앙을 잘 활용한 에릭슨의 역경치료 사례[6]이다.

한 여인이 살을 빼고 담배를 끊기 위해서 에릭슨을 찾아왔다. 그녀는 "나는 식탐을 어떻게 할 수 없어요. 그리고 담배를 끊을 수도 없어요."라고 호소했다. 그는 그녀가 매우 신앙심이 깊어서 하느님 앞에서 한 약속을 반드시 지키리라는 것을 알았으므로 그녀에게 다음과 같이 지시했다.

그녀는 2층 집에 살고 있었으므로 담배를 피우고 싶을 때마다 성냥을 숨겨 둔 지하실로 가서 성냥 하나를 성냥갑 위에 올려놓고, 다음은

6) 고기홍·김경복·양정국(2010), 『밀턴 에릭슨과 혁신적 상담』에서 재인용

담배를 숨겨 둔 2층 다락으로 가서 담배 한 개피를 꺼내 다시 지하실로 내려가서는 성냥불을 붙이고 담배를 피운다.

만약 케이크를 먹고 싶으면 얇게 썬 다음, 먹기 전에 밖으로 나가서 집 주위를 한 바퀴 돈다. 만약 두 번째 조각을 먹고 싶으면, 다시 밖으로 나가서 이번에는 두 바퀴를 돈다. 그러고는 하느님 앞에서 맹세하라고 요구했다. 그녀는 맹세를 했고, 곧 담배를 끊었으며 몸도 날씬해지기 시작했다(Zeig, 1980, p.195).

에릭슨은 내담자의 특성 및 성격, 기호, 심지어는 상담에 저항하는 심리까지도 치료에 활용하였다. 에릭슨은 누구에게나 공통적으로 적용될 수 있는 치료 기법은 없다고 하였다. 내담자 모두는 각각의 개성을 지니고 있고 자라온 환경이 다르고 직업이 다르기에, 내담자 특성과 상황에 맞는 각각의 치료 전략을 수립하였다.

시련을 부과하여 극적으로 무의식적인 변화를 가져오는 에릭슨의 다음 사례를 보자.

70세된 노모가 정신분열증이 있는 아들을 데리고 에릭슨을 찾아왔다. 아들은 나이가 50세였지만 무위도식하며 어머니의 인생을 힘들게 하고 있었다. 노모는 도서관에 가서 책을 읽으면서 소일하고 싶은데, 아들이 힘들게 하기 때문에 그렇게 할 수가 없다고 하였다.

에릭슨은 그녀에게 도서관에 가서 책을 빌린 후에 아들을 차에 태우고 사막으로 나가서 그를 내려놓고 다시 고속도로를 따라 되돌아오라고 시켰다. 그리고 적당한 곳에 앉아서 아들이 화를 내면서 걸어올 때까지 신경 쓰지 말고 책을 읽으라고 하였다.

노모는 그렇게 할 수 없다고 했다. 그러자 에릭슨이 반박했다.

"생각해 봅시다. 이제 곧 당신의 아들은 쓰러져 기어 다닐 것이고 당신의 동정심을 자극하려고 무슨 짓이든 할 것입니다. 그럼 지금과 같은 상태가 계속되겠죠. 아들을 사막으로 데려가세요. 그러면 아들은 처음에는 그냥 거기에 앉아서 당신을 원망하고 욕할 것입니다. 그러나 아들은 그 시간 동안 사막에 있어야만 하겠죠. 덥고 나중에는 배도 고프겠죠."

아들은 어머니가 이러한 역경을 시도하지 못하도록 여러 가지 애를 썼으나 결국 노모는 에릭슨의 지시를 따르게 되었다. 사막에 버려진 아들은 어쩔 수 없이 걸어야만 했다. 그런데 며칠이 지나자 아들은 점점 활기차게 되었고 자원해서 걷겠다고 했다. 노모는 아들이 좋아지는 것을 보고 크게 놀랐다(Haley, 1985).

에릭슨은 노모가 처음 상담실에 들어올 때 아들의 목덜미를 붙잡고 들어오는 것을 유심히 관찰했다. 그렇기 때문에 에릭슨은 노모가 아들의 치료를 위해 굳은 의지가 있음을 알 수 있었고 시련 또한 능히 감당할 수 있으리라 판단했다. 어머니의 의지력을 보았을 때 아들의 자립심을 키워주기 위해 이러한 방식을 따를 수 있을 것이라 판단한 것이다.

다만 그동안 해왔던 것처럼 아들의 의존을 받아주는 방식이 아니라 시련을 부과함으로써 스스로 통찰을 할 수 있는 방식으로 도와준 것이다. 아들은 그러는 사이 어머니에게 의존하는 패턴에서 벗어나 스스로 생존하는 방식을 터득할 수 있었다.

아들은 어렸을 때부터 생존의 방법으로 어머니에게 무의식적으로 의존해 왔다. 어머니 또한 아들의 의존을 대부분 받아주었기에 아들의 문제 행동 패턴이 유지될 수 있게 도와준 셈이었다. 아들은 자신의 생존을 위해 최선의 방법을 택한 것이고 어머니의 동의하에 무의식적으로 자신이 보호받는다는 것을 느꼈을 것이다.

하지만 이제 아들은 의존적인 사고 패턴에서 벗어나 더 나은 생존 방식이 있음을 통찰하게 되었고 스스로 독립하여 생활할 수 있는 길을 열게 되었다. 통찰은 경직된 사고 패턴을 깨부수는 데 효과적인 역할을 한다.

위의 방식은 에릭슨의 전형적인 치료 기법 가운데 하나이다. 에릭슨이 대학 시절 카누 여행을 하며 스스로 시련을 극복하고 지팡이를 이용해 걸을 수 있게 된 것처럼, 그는 내담자들에게 경우에 맞는 시련을 부과함으로써 새로운 통찰의 기회를 제공하였다. 그리고 상담이 끝난 후에도 자연적인 환경에서 그 영향력이 지속될 수 있도록 힘을 길러주고자 하였다.

이러한 역경치료 전략을 의존성의 강하고 자기결정 능력이 부족한 발달장애 학생들에게도 충분히 적용할 수 있다. 아무리 중증이고 중도 중복 장애가 있다고 하더라도 잠재의식은 언제나 본능적으로 몸을 보호하기 위해 기능한다.

따라서 아무리 인지 수준이 낮다고 하더라도 생존과 안위에 관계된 문제는 잠재의식이 스스로 생존 전략을 갖추고 아동의 의식과 행동에 영향을 미친다.

중재 사례

진희는 14세이고 중증 자폐성장애 학생이다. 눈맞춤이 거의 불가능하고, '화장실', '아이스크림' 등 기초적인 발화만 가능하다. 기본적인 일상생활은 혼자서도 할 수 있으나 뒤처리가 미숙해 부모님이 도와주고 있다. 학교까지의 거리는 걸어서 20분 정도지만 등·하교는 초등학교 때부터 쭉 부모의 도움으로 하고 있다.

교사는 진희를 관찰한 결과 등·하교는 혼자서도 충분히 할 수 있다고 판단되어, 부모에게 먼저 혼자서 하교하기 위한 아이디어를 제시하였다. 먼저 교사와 부모는 이제부터 진희가 혼자서 하교해야 한다고 며칠 동안 계속 이야기를 해준다. 진희가 알아듣지 못하는 것 같더라도 틈틈이 이야기해 준다. 그리고 실제 혼자서 하교하는 날이 되면 엄마는 진희가 보는 앞에서 차로 먼저 집에 와버리고, 교사는 진희를 몰래 뒤따라간다.

드디어 혼자서 하교하는 시간이 되었다. 엄마가 진희에게 "엄마는 차타고 먼저 갈테니 진희가 혼자서 집에 와라."라고 말하자, 진희는 소리를 지르고 엄마를 못 가게 붙잡는다. 그래도 엄마는 차타고 출발하였다. 진희는 울음을 터뜨린다. 교사는 "진희야, 집까지 잘 찾아갈 수 있지? 엄마가 집에 가셨으니 진희 혼자 가야해"라고 말하며 교실로 돌아오는 척하다가 몰래 숨는다.

진희는 당황해하는 듯 하다가 울음을 그치고 혼자서 가기 시작한다. 교사는 몰래 뒤따라간다. 가는 도중 멈칫하기도 하고 주변 물체에 관심을 보이기도 했지만, 집을 향해 천천히 나아간다(안전에 유의하고, 혹시나 다른 길로 새거나 하면 뒤에서 숨은 상태에서 소리를 질러 준다). 진희가 집 근처에 오자 엄마가 환하게 맞아준다. "우리 진희가 다 컸네. 혼자서도 잘 찾아왔구나."하며 행동을 칭찬해 준다.

위의 예처럼 훈련 계획을 세우면 나중에는 등교도 혼자서 할 수 있다. 발달장애 학생들은 의존적이고 자립심이 떨어지는 경우가 많다. 그것은 단지 아이의 능력을 과소평가하고 보호자나 교사가 모든 것을 해줬기 때문이다. 부모나 교사가 기다려주지 않고 대부분의 일들을 해결해주면 의존적인 습관 패턴이 고착화될 수 있다.

하지만 발달장애 학생들은 눈으로 보이는 것보다 훨씬 똑똑하고 혼자서도 할 수 있는 일들이 많다. 특히 생존과 관련된 본능적인 일들은 더욱 그렇다. 시련을 부과하는 것은 아이가 보호자에게 의존하는 패턴에서 벗어나 스스로 생존하는 방식을 통찰할 수 있게 하는 것이다.

역경치료는 기존의 행동 패턴에 균열을 가져오게 하여 스스로 새로운 변화 가능성을 모색하게 한다. 부모는 아이가 자기결정 능력을 기르고 혼자서도 할 수 있게 인내심을 가지고 지켜본다면, 생각 이상으로 발전하는 모습을 볼 수 있을 것이다.

2. 역설과 역경의 결합

중재 시 역경 단독으로 쓰이는 경우도 있지만, 역설과 역경의 치료 원리가 비슷하기에 역설적 개입과 같이 치료에 이용되는 경우가 많다.

예를 들어, 폭력적인 성향이 있는 아이에게 매일 특정 시간 간격으로 폭력적인 행동을 하게 하는 것은 역설적 개입이다. 그리고 이러한 행동을 아이가 좋아하는 활동 시간(예를 들어, 게임하는 시간, 텔레비전 보는 시간)에 하게 한다면, 아이에게서 좋아하는 활동 시간을 빼앗는 것이 되므로 역경이 된다.

다음은 역설적 개입과 역경을 결합한 중재 계획의 예이다.

중재 사례

수민이는 지적장애와 자폐성장애를 갖고 있는 11세 아동으로, 소리를 지르며 종이를 찢는 행동을 자주 한다. 특별히 게임 나오는 화면을 좋아해 하루에 2시간씩 게임 나오는 컴퓨터 화면을 쳐다본다.

교사는 중재 계획으로 수민이가 소리 지르고 종이 찢는 행동을 매시간 정각마다 하게 하고, 직접 종이 찢는 시범을 보여주며(또는 교사가 더 과장되게 행동을 흉내 내며) 더 잘 할 수 있도록 개입한다. 하기 싫어할 때도 매시간 마다 이러한 행동을 규칙적으로 하게 한다.

익숙해지면 수민이가 소리 지르고 종이 찢는 행동에 갈수록 조금씩 흥미를 잃어갈 확률이 높다. 그러면 교사는 이제 시각적 도식화를 이용하여 문제 행동을 하는 그림과 수민이가 게임 화면 보는 그림을 그려서, 이제부터는 수민이가 게임 화면을 보는 시간에 문제 행동을 하게 된다는 규칙을 여러 번 설명해 준다.

게임 화면을 볼 시간이 되었으나 교사는 수민이에게 소리를 지르고 종이 찢는 행동을 하게 한다. 교사 역시 과장된 행동으로 이를 흉내 내기도 한다. 이렇게 수민이가 좋아하는 활동을 할 시간에 문제 행동을 의도적으로 수행하게 한다. 이것이 규칙임을 교사는 시각적 도식화한 그림을 매번 보여주며 수민이에게 상기시킨다.

위의 중재에선 아동으로 하여금 소리 지르고 종이 찢는 행동을 매일 의식적으로 하게 하고, 교사도 행동을 따라함으로써 역설적 개입을 하였다. 그 후에는 아동이 좋아하는 게임 보는 시간을 뺏어서 문제 행동을 하게 함으로써 아동에게 역경이 되게 하였다.

이러한 역설적 개입과 역경의 조합은 아동으로 하여금 문제 행동에 대한 흥미를 잃게 하고, 문제 행동을 유지하고자 하는 동력을 꺾음으로써 문제를 더 효과적으로 해결할 수 있게 한다.

다음 역시 역설적 개입과 역경치료 전략으로 아동의 게임중독을 고치는 중재 사례이다.

중재 사례

경수는 게임에 빠져있어 매일 새벽 4시까지 게임을 하다가 잔다. 너무 졸려서 그만하고 싶어도 재미있으니 늦게까지 하게 된다고 했다. 아침에 깨우면 겨우 일어나서 바로 학교에 가는 날이 계속되었다.

교사는 경수에게 “고치기 쉬운 방법이 있다. 경수야.”라고 말하며 궁금하게 만들었다. 치료가 어렵지 않음을 계속 말하며 호기심이 들게 만든 후, “선생님이 제안하는 방법 할 수 있겠지?”라고 묻자 경수는 꼭 실행하겠다고 다짐했다.

"내일부터는 무슨 일이 있어도 꼭 새벽 5시까지 게임을 하고 자라."라고 지시하자 경수는 "네?"라며 어리둥절해 했다. "내일부터는 매일 무조건 새벽 5시까지 게임을 해야 한다. 알았지?"라고 하자 경수는 "정말요? 그거야 거의 매일 그렇게 하고 있었는데요."라며 의아해했다. "약속이니 정말 꼭 지켜야 한다. 안 그럼 선생님한테 혼날 거야." 라고 말하자 경수는 "네 알겠어요. 정말 쉽네요."라면서 집으로 돌아갔다.

그런데 그 다음날 경수에게 물어보니, 어제는 너무 졸려서 그냥 새벽 2시쯤 잠들었다고 했다. 교사는 경수가 약속을 어겼다며 크게 혼내고 약속을 지킬 것을 다시 한번 강력하게 요구했다. 다음날이 되어 경수에게 또 물어보니 이번에는 새벽 1시쯤 잠들었다고 했다. 이유를 묻자 어제는 체육활동을 열심히 해서 그런지 몹시 피곤했다고 했다. 하지만 교사는 또 경수를 혼내며 약속을 지키지 않으면 치료가 되지 않는다고 화를 내었다.

다음 날 영수는 학교에 와서 어제는 12시에 잠들었다고 했다. 그 동안 피로가 쌓였는지 도저히 참을 수 없었다고 핑계를 댔다. 교사는 경수를 또 혼내며 다시 한번 약속을 꼭 지킬 것을 요구했다. 하지만 경수는 다음날에는 집에 가서 밥먹고 씻자마자 잠들었다고 말하며 스스로 놀라워했다. 그러면서 게임중독은 서서히 사라졌다.

교사는 아이의 증상을 역이용하여 오히려 새벽 5시까지 게임을 하라고 역설적으로 개입하였다. 이것은 늘상 하는 패턴이었지만 이제는 의식적으로 하라고 지시한 것이다. 또한 5시까지 일부러 깨어있는 것은 비록 게임하기 위해 깨어있는 것이라 할지라도 졸음을 무조건 참아야 하는 것이므로 역경에 해당한다.

교사가 문제 행동을 "~하지 마라."라고 말하면, 아이는 의식적으로는 '하지 말자.'라고 다짐하면서도, 무의식적으로는 저항이 일어나 거부감을 갖게 된다.

아이의 잠재의식에는 문제 행동을 계속 유지하고자 하는 패턴이 형성되어 있기 때문에, '~하지 마.'라고 하는 부정적인 언어에 부정적으로 반응하기 마련이다. 역설적 개입과 역경은 쉽게 말해 이러한 부정적 패턴을 깨뜨리기 위해 잠재의식에 혼란을 일으키는 방법이다.

역경은 또한 치료의 효과를 높이기 위해 아동 뿐 아니라 부모에게도 같이 부과되는 경우가 있다. 다음은 역설적 개입과 함께, 부모와 아동에게 같이 역경을 부과함으로써 문제 행동을 개선한 사례[7]이다.

부부가 12세 된 아들 때문에 상담을 받으러 왔다. 아이는 5년 동안 시도 때도 없이 불장난을 하는 문제를 가지고 있었다. 엄마는 집에 불이 날지도 모른다는 두려움 때문에 아이를 5분 이상 혼자 놔둘 수 없는 지경이 되었다. 아빠는 바쁜 부서에 근무하는 공무원으로 아들과 자주 접촉할 수 없었다.

첫 회기에 상담자는 아들이 방화를 제대로 하는지 알아보기 위해서 시범을 보여줄 것을 요구했다. 이를 위해 빈 캔과 성냥, 종이, 물 등이 준비되었다. 소년이 성냥을 긋고 종이에 불을 붙이자, 상담자는 방화를 제대로 할 줄도 모르는 초보자라면서 소년을 심하게 비난했다. 아이는 5년 동안 이 짓을 해 왔으므로 자기가 전문가라고 우겼지만, 상담자는 조목조목 반박했다. 방화에 사용한 물건들을 정리하기 위해서 잠시 상담자가 밖으로 나왔을 때, 아이는 부모에게 상담자가 미친 사람이라고 속삭였다.

상담자는 부모에게 아이가 방화하는 방법을 제대로 배울 때까지 가르쳐야 한다고 주장했다. 그리고 그 책임을 아빠가 떠맡는 것이 좋겠다고 말했다. 그런 뒤 상담실에서 시범을 보여주라고 제안했다. 아빠는 어쩔 수 없이 방화하는 방법들을 아이에게 가르쳤다. 상담자는

7) 고기홍 · 김경복 · 양정국(2010), 『밀턴 에릭슨과 혁신적 상담』에서 재인용

매일 집에서 여섯 차례 이러한 연습을 함께할 것을 지시했다. 그리고 엄마는 제대로 가르치고 배우는지 감독관 역할을 맡기로 했다.

부모는 몇 주 동안 이 작업을 했다. 아빠는 저녁 늦게 퇴근할 때도 있었으므로 한밤중에 아들을 깨워서 이 작업을 해야만 했다. 아이는 상담자가 미친놈이라고 계속 투덜댔지만, 혼자서 방화하는 습관은 사라졌다. 그리고 곧 아빠와 자기가 좀 더 재미있고 건설적인 일을 할 수 있는지 제안했다. 상담자는 이 제안을 심각하게 고려한 다음 받아들였고, 부자는 서로에게 보다 유익하고 재미있는 활동들을 찾게 되었다(Madanes, 1985, pp.36~7).

위 사례에서 상담자는 아이에게 방화하는 법을 제대로 배우게 하고 의식적으로 방화를 수행하게 하는 역설적 개입을 하였다.

또한 아이뿐 아니라 아빠와 엄마에게도 각각 방화를 가르치고 감독관의 역할을 수행하게 함으로써 역경을 부과하였다. 이처럼 역경치료를 역설적 개입과 같이 사용하면 효과를 더 극대화시킬 수 있다.

역경 전략을 사용할 때에는 아이에게 변화와 치료에 대한 강력한 동기를 부여하는 것이 매우 중요하다. 그러기 위해서는 치료가 어렵지 않고 쉬울 것이라는 기대감을 갖게 하고, 치료에 대한 호기심을 가질 수 있도록 잘 유도하는 것이 좋다.

또한 역경은 아이에게 도움이 되는 생산적인 것으로 설정되어야 하고, 역경치료의 특성상 부모와 가정의 도움도 필수적이다.

역경치료는 아동에게 문제 행동에 대항하는 유익한 고통의 상황을 부여함으로써 아동이 역경을 피하기 위해서라도 문제 행동을 그만둘 수밖에 없게 만드는 독특한 치료 전략이다.

역설적 개입과 더불어 역경치료는 문제 행동에 대한 마음의 관점을 근본적으로 바꿔주기에 치료 효과가 크고 영구적이다.

7장

은유(메타포)

7장

은유(메타포)

은유(메타포, metaphor)는 전달하고자 하는 바를 직접적으로 말하지 않고 비슷한 상황이나 대상에 빗대어 간접적으로 표현하는 방법이다. 즉, 한 개념을 설명하거나 전달할 때 무언가 다른 것에 비유해서 설명하는 것이 은유다.

예를 들어, "내 마음은 호수 같다."라는 표현은 직유지만, "내 마음은 호수요."라는 표현은 은유다. 즉, 관련성 없는 A와 B를 "A는 B같다." 라고 표현하면 직유이고, "A는 B이다."라고 표현하면 은유다.

다른 예로, "하늘이 운다."라는 표현은 "비가 온다."라는 말의 은유적 표현이다. 이처럼 은유는 직접적 비유가 아닌 '은근한 비유'로 하나의 사물을 다른 말로 이해하는 개념이다.

밀턴 에릭슨과 가족치료로 유명한 사티어(Satir)는 심리치료 시 은유를 즐겨 사용하였다. 사티어는 가족치료 과정에서 구성원들이 서로에게 표현하고자 하는 것을 직접적으로 하지 않고 은유를 사용하여 간접적으로 의사소통이 일어나는 기법을 즐겨 활용하였다.

에릭슨도 환자에게 직접적으로 메시지를 전하거나 변화를 지시하는 대신에, 은유나 관련되는 예 또는 이야기를 들려줌으로써 간접적으로 그의 변화를 유도하고 문제 해결에 대한 지혜를 제공하였다.

은유는 보호자가 아동에게 비유적인 이야기를 들려주는 것인데 그 이야기는 의식에게는 하나의 단순한 비유적인 이야기로 전달되지만 의식을 넘어 무의식 차원에서는 강력한 암시로 작용한다.

왜냐하면 비유적 이야기의 내용 속에는 아동의 문제 해결에 열쇠가 될 만한 지혜와 암시가 내포되어 있기에 아동이 이야기를 듣고 있는 동안에 무의식 차원에서는 그 암시를 받아들임으로써 치료의 효과가 발휘된다.

1. 은유의 활용

은유법은 특성상 문학작품에 많이 활용된다. 시조집『청구영언』에 실린 시조작품 “나비야 청산가자 범나비 너도 가자/가다가 저물거든 꽃에 들어 자고 가자/꽃에서 푸대접하거든 잎에서나 자고 가자.”에서는 ‘남자’를 ‘나비’에, ‘여자’를 ‘꽃’에 비유(은유)하여 남녀 간의 애정을 노래하고 있다.

이육사의 시 ＜절정＞ 맨 마지막에 나오는 “겨울은 강철로 된 무지갠가 보다.”라는 표현은 전부 은유적인 표현이다. 겨울은 ‘일제 치하’를 뜻한다. 겨울은 시립고 차갑고 강철처럼 단단해 보인다. 때려도 부숴지지 않을 것 같다. 하지만 그 고난의 이면에는 겨울은 언젠가 끝난다는 사실이 있다. 그렇기에 지금은 강하고 단단하고 깨질 것 같지 않은 강철이라고 해도 본질은 무지개로, 해가 따뜻하게 비칠 때 무지개처럼 사라질 것이라는, 즉 광복이 올 것이라는 내용을 암시하고 있다.

명작『바람과 함께 사라지다』의 마지막 구절 “내일은 내일의 태양이 떠오를 테니까”는 은유적 표현의 백미다. 절망적 상황에 빠진 스칼렛은 희망을 잃을 수도 있었지만, 아침마다 떠오르는 해를 상기하며 어떤 절망적인 상황에서도 희망이 솟아오를 수 있음을 마지막에 암시하였다.

은유적 표현은 광고에도 많이 쓰인다. 은유를 광고에 사용하면 기억을 오래 남게 하여 판매 효과를 극대화시킬 수 있다.

옛날 에이스 침대 광고인 “침대는 가구가 아닙니다. 과학입니다.”는 은유법을 사용한 대표적인 예이다. ‘침대=과학’이라고 함으로써, 침대에 누웠을 때 아주 편안한 느낌이 들게 과학적 공법으로 제작한다는 암시를 심어주어 제품의 신뢰도를 높이고 있다.

시중에 파는 음료수 비타민 워터 광고를 보면, ‘음료수계의 멀티플레이어’라고 표현한 점이 눈길을 끈다. 비타민 워터를 ‘잘 나가는 아이돌’로 비유하였는데 이것은 비타민 워터가 비타민 뿐 아니라, 칼슘, 엽산, 아연까지 다 들어가 있어, 노래, 연기, 춤, 예능, 거기다 예쁘고 잘생기기까지 한 잘 나가는 아이돌처럼 여러 기능을 한다는 점을 암시하고 있다. 즉, 영양이 풍부하다는 것을 은유법을 써서 표현함으로써 이미지 각인 효과를 노리고 있다.

이뿐만이 아니다. 대한펄프의 생리대 광고에는 “한 달에 한번 여자는 마술에 걸린다.”라는 문구가 있다. 한 달에 한 번씩 생리하는 것을 마술에 걸린다고 은유적으로 표현하였다. 여자들이 감추고 싶은 비밀인 생리를 마술이라는 은유를 통해 표현함으로써 생리대의 거부감을 없애는 효과가 있다.

이처럼 브랜드 전략에 은유를 이용하면 원래의 단어가 가진 고정관념을 헐어버리고 새로운 의미와 기능을 부여함으로써 제품의 새로운 측면을 알게 되고 기억에 오래 남게 하는 효과가 있다.

▼ 표 7.1 광고에 나타난 은유

광고 표현	은유 내용	효과(암시된 내용)
"침대는 가구가 아닙니다. 과학입니다."	침대=과학	침대를 인체공학적 설계로 편안하게 만들었다는 내용을 암시함으로써 신뢰도 제고
"최소한 노래, 연기, 춤, 예능, 거기다 예쁘고 잘생기기까지 해야 잘 나가는 아이돌이란 소리를 듣는다고요. 우리가 이 병에 비타민 a, b, c에 칼슘, 엽산, 아연까지 이것저것 챙겨 넣은 건 다 이유가 있는 거죠."	비타민 워터=잘 나가는 아이돌	비타민 워터의 영양소가 아주 풍부하고 여러 기능을 한다는 내용을 암시
"한 달에 한 번 여자는 마술에 걸린다."	생리=마술	생리에 대한 거부감을 없애고, 생리대에 대해서는 기대감을 갖게 함.

예로부터 위대한 성인(聖人)이나 사상가들은 은유를 즐겨 사용하여 사람들에게 교훈을 주었다. 이윤주·양정국의 『은유와 최면』에서는 예수의 은유 사용에 관해 다음과 같이 설명하고 있다.

예수, 부처, 마호메트, 공자, 노자 등 인류의 위대한 스승은 사람들에게 의미를 전달하기 위해 은유를 사용해 왔다. 그들은 말의 내용뿐 아니라 그 전달 방식을 통해서도 유용한 메시지를 전달한 위대한 스승이다.

예수에게는 전직 어부인 제자 등이 있었다. 예수는 이들을 제자로 삼기 위해 이들의 삶의 터전인 바닷가로 가서 이들에게 '사랑을 낚는 어부'가 되기를 원한다고 말했다. 예수가 이런 은유를 사용한 순간 어부들은 자신들이 해야 할 일을 깨달았다. 예수의 은유를 통해 어부들은 다른 사람을 믿음으로 인도하는 일 또한 고기 잡는 일과 마찬가지로 차근차근 해 나아가야 한다는 사실을 알게 되었다.

예수는 설교를 할 때 복잡한 생각을 누구든지 가슴속 깊이 새겨들을 수 있도록 간단한 이미지로 풀어 설명했다. 예수는 위대한 이야기꾼(storyteller)이었을 뿐만 아니라, 신이 지닌 사랑의 힘과 구원의 약속을 설명하기 위해 자신의 삶 전체를 은유적으로 활용했다.

은유가 갖는 힘은 메시지의 내용이 사람들의 의식적인 저항을 피해 그 사람의 내면에 직접 영향을 끼친다는 데 있다. 은유를 사용하면 무의식적 차원에서 그것의 의미를 자신과 연결시키고자 하므로 스스로 변화를 위한 계기가 마련되고 통찰하게 된다.

2. 동·식물이나 무생물의 의인화

동·식물이나 무생물을 의인화하여 이들이 감정이나 생각을 가진 것으로 표현(암시)하는 것은 훌륭한 은유 기법이다.

예를 들어, "바람이 말을 하네. 자기처럼 부드럽게 다른 친구를 감싸 주라고."라는 암시는 다른 친구를 감싸 주라고 말하는 직접적인 지시보다 아동의 저항을 줄일 수 있다. 아동의 무의식은 이러한 은유를 이해하고 받아들이기 때문이다.

동물이나 무생물을 의인화하여 아동에게 교훈과 통찰을 주는 대표적인 이야기는 우화이다. 우화는 동·식물에 인간의 감정을 부여해 사람처럼 행동하게 함으로써 그들이 빚어내는 기지와 유머 속에 교훈과 지혜를 전해 주는 이야기이다.

그 중에서도 『이솝 우화』는 훌륭한 은유 기법을 통해 오랜 세월을 두고 수많은 학생들에게 지혜와 교훈을 안겨주었다.

▼ 표 7.2 이솝 우화에 담긴 은유[1]

북풍과 태양	내용	거리를 지나가는 나그네의 상의를 벗길 수 있을 지를 놓고 북풍과 태양이 힘겨루기 승부를 벌였다. 먼저 북풍이 바람을 힘껏 불면서 상의를 벗기려고 했다. 그렇지만 추위를 싫어했던 나그네가 자신이 입고 있던 상의를 눌렀기 때문에 북풍은 나그네의 옷을 벗기지 못했다. 다음에는 태양이 햇빛을 쨍쨍 내리쬐었다. 그러자 나그네는 더위를 견디지 못하고 자신이 입고 있던 상의를 벗는다. 이렇게 해서 태양이 힘겨루기에서 승리한다.
	교훈	차갑고 엄한 태도로 사람을 움직이려고 하면 사람은 오히려 완강해진다. 반면 따뜻하고 다정한 태도로 사람을 움직이면 사람은 스스로 행동하게 된다.
양치기 소년	내용	양을 치는 소년이 장난으로 "늑대가 나타났다!"라고 거짓말을 하고 소란을 일으킨다. 동네 어른들은 소년의 거짓말에 속아 무기를 가져오지만, 헛수고로 끝난다. 양치기 소년은 이런 거짓말을 몇 번 더 반복했다. 결국 어느 날에 정말 늑대가 나타났지만 어른들은 더 이상 양치기 소년의 말을 믿지 않았고, 아무도 도우러 가지 않았다. 결국 양치기 소년의 모든 양이 늑대한테 잡아먹혔다.
	교훈	사람은 여러 번 거짓말을 계속하면, 나중에 진실을 말해도 타인이 믿을 수 없게 된다. 평소에 정직하게 생활하면 필요할 때 타인으로부터 신뢰와 도움을 얻을 수 있다.
시골 쥐와 도시 쥐	내용	어느 날 도시에 사는 쥐가 시골에 살던 쥐를 초청했다. "시골쥐야, 내가 사는 도시에서는 신기한 음식들을 배불리 먹을 수 있어." 시골 쥐가 도시에 도착하자 도시 쥐는 시골 쥐가 본 적이 없던 음식들을 보여주었다. 음식을 조금 먹자, 누군가가 문을 열었다. 시골 쥐와 도

1) 위키백과 ＜이솝 우화＞에서 발췌하여 재구성

		시 쥐는 좁은 구멍을 찾기 위해 쏜살같이 달아나 버린다. 쥐들이 다시 음식을 먹으려고 하자 또다시 누군가가 들어온다. 시골 쥐는 도시 쥐에게 "이렇게 훌륭한 성찬을 준비했지만 위험이 너무 많은 것은 질색이야. 나는 밭에서 음식을 편하게 먹는 것이 좋아. 그 곳은 무서운 것도 없고 안전하니까."라고 말하면서 급히 돌아갈 준비를 한다.
	교훈	각자 스스로 가지고 있는 것에 감사하자. 행복은 본인이 스스로 만족한 곳에 있다.
여우와 두루미	내용	심술을 좋아하는 여우가 두루미에게 맛있는 음식을 대접한다며 자신의 집으로 초대했다. 여우는 두루미에게 일부러 납작한 접시에 담긴 수프를 내밀었다. 두루미는 부리가 길기 때문에 수프를 먹을 수 없었다. 며칠 후 두루미는 이번에는 자신이 음식을 대접한다며 여우를 집으로 초대했다. 두루미는 여우에게 일부러 입이 긴 병에 고기를 담아 내밀었다. 여우는 부리가 없기 때문에 고기를 먹을 수 없었다. 이 모습을 본 두루미는 맛있게 고기를 집어먹었다.
	교훈	남에게 상처를 준 자는 언젠가 자신도 똑같이 상처를 입는다.
고양이 목에 방울 달기	내용	고양이가 쥐들을 쫓아다녀, 쥐들이 고양이를 어떻게 해야 좋을지 의논하였다. 많은 방법들이 제안되었지만, 채택되지 않았다. 마침내, 고양이 목에 방울을 다는 방법이 제안되었다. 모든 쥐들이 좋은 생각이라고 이야기하였다. 그때 한 쥐가 고양이 목에 방울을 달 방법을 물었으나, 아무도 답하지 못하였다.
	교훈	아무리 좋은 생각이라도 아무도 실행할 수 없다면 헛된 의논에 불과하다.

가령 아이에게 사물의 다른 면을 보게 하고 싶으면 <북풍과 태양> 이야기를 들려줄 수 있을 것이고, 거짓말을 잘하는 아이에게는 '거

짓말을 하지 마라.'라고 말하는 대신에 <양치기 소년>이야기를 각색하여 들려줄 수 있을 것이다.

또한 상대방의 입장을 헤아리게 할 때에는 <여우와 두루미> 이야기를 들려주고, 욕심을 부리거나 만족을 못하는 아이에게는 <시골 쥐와 도시 쥐> 이야기를 빗대어 들려줄 수 있을 것이다.

여기서 주의할 점은 너무 뻔한 이야기거나 아이가 이미 잘 알고 있는 이야기는 효과가 없으므로, 아이 상황과 비슷한 이야기를 각색하여 만드는 것이 좋다.

우화는 재미도 있지만, 그 이면에는 동물을 빗대어 인간의 나약함과 어리석음을 꾸짖고 깨우침을 주는 은유적인 이야기들로 가득 차 있다. 짧고 여운을 주는 이야기지만 그 속에 담긴 교훈적인 이야기는 잠재의식에 강력한 암시로 작용하여, 지혜와 깨달음을 얻게 하고 변화를 위한 발판을 마련하게 한다.

의인화를 활용한 은유는 아동의 잠재의식에 강한 영향을 끼칠 수 있다. 특히 문제를 의인화할 때 은유 대상을 아이한테 떠올리라고 하는 것이 좋다.

아이가 은유 대상을 직접 선택하면 이를 자신의 문제에 바로 내면화시키기 쉽기 때문이다. 다음은 의인화를 활용한 상담 사례[2]이다.

아이들을 제대로 다루지 못해서 고민하는 초등학교 여선생님에게 학급 아이들을 연상할 때 무엇이 떠오르냐고 묻자, 귀찮은 파리나 모기와 같다고 대답했다. 이 선생님이 아이들을 이런 은유로 보는 한 아이들과의 관계가 좋아질 수는 없다.

그러나 아이들을 긍정적으로 바라볼 수 있었던 예외를 찾아내고

2) 이윤주·양정국(2007), 『은유와 최면』에서 인용

그때 아이들이 무엇으로 보였느냐고 묻자 '귀여운 병아리'와 같았다고 대답했다. 이 선생님은 단지 아이들에 대한 은유를 바꾸기만 해도 관계를 개선할 수 있었다.

문제의 대상을 아이가 의인화할 수 있게 질문하는 방법에는 다음과 같은 것들이 있다.

- 철수야, 네가 이 문제에 대해 이름을 붙인다면 뭐라고 붙일래? 어떤 단어가 떠오르니?
- 철수가 이 문제를 떠올릴 때 머릿속에 떠오르는 동물(식물)은 뭐가 있을까?
- 철수를 힘들게 하는 문제에 대항할 수 있는 새로운 대상의 이름은 뭐라고 부를까?
- 영수를 볼 때마다 화가 난다 그랬지? 화가 날 때 영수에게 붙일 수 있는 별명엔 뭐가 있을까?
- 영수와의 갈등을 해결하기 위해 영수에게 붙일 수 있는 별명은 무엇이 있을까?

3. 동·식물을 활용한 은유

아이로 하여금 문제의 대상에 이름을 붙이게 하는 것은 매우 큰 변화의 힘을 갖게 한다. 또한 문제에 대항하는 새로운 대상에 직접 생각한 긍정적 이름을 부르게 하는 것도 아동 자신의 잠재의식에 영향을 미쳐 행동을 변화시킨다.

다음은 이에 관한 간단한 상담 사례이다.

상담 예

교사: 철수야, 영수를 볼 때마다 화가 난다고 했지? 영수를 보면 뭐가 떠오르니? 동물로 표현해 볼까?

철수: 음... 검은 상어?

교사: 영수가 검은 상어 같구나! 그런데 영수가 옛날에 널 한번 도와준 적도 있지 않니?

철수: 옛날에 한번 있었죠...

교사: 그때 느낌이 어땠니? 눈을 감고 느껴볼까?

철수: 그땐 따뜻하고 괜찮았어요.

교사: 그럼 그때의 영수 모습은 무슨 동물 같니?

철수: 음... 귀여운 돌고래?

교사: 맞아. 영수는 귀여운 돌고래의 모습을 지금도 가지고 있어. 오해하고 있었을 뿐이지.

철수: 아...

교사: 이제부터 영수를 볼 때마다 돌고래를 떠올려봐. 감정 상태가 어떻니?

이처럼 동물(식물)을 활용하여 다양한 은유를 만들어낼 수 있다. 다음은 김영우 정신건강의학과 원장의 저서 『전생여행』에 나오는 내용이다. 겸손할 줄 모르고 자만심이 넘치는 사람에게는 다음과 같이 빗대어 들려줄 수 있을 것이다.

코끼리 배설물을 보면 코끼리의 흔적을 알 수 있습니다. 코끼리가 배설물을 싸놓으면 그것은 사람에게 코끼리가 지나간 흔적임을 보이게 됩니다. 그것이 태양에 의해 마르고 부서지고 흔적조차 사라지더라도 코끼리가 존재한다는 사실 자체가 중요한 것입니다. 코끼리가 아닌 것이 자기 허세를 위해 그런 커다란 덩어리들을 뭉쳐만 놓는다고 해서 자기가 정말 코끼리가 될까요? 원래 자기의 것이 아닌 허상들을 커다랗게 내놓고 자기의 생산능력이 아닌 것들을 거짓으로 내놓는다면 시간이 흘러서 그것이 사라질 때에, 결국 아무 의미가 없게 됩니다. 즉, 코끼리 똥에 집중할 것이 아니라 코끼리가 실제로 존재하는 것이 중요합니다...

개구리가 목젖을 힘껏 부풀려서 끄르륵끄르륵 울 때, 그 소리는 산을 진동시키지만 개구리를 아는 사람들은 아무도 두려워하지 않고 아무도 신경을 쓰지 않습니다. 그러나 개구리를 모르는 사람이라면 호기심을 가지게 되겠지요. 그 소리의 주인공을 알고 나면 실망하게 될 것입니다. 이전에 보였던 관심조차 가지지 않는다는 것이지요. 많은 사람들이 자기가 개구리지만 자기 몸보다 몇 배나 더 큰 울음소리를 내려고 애를 씁니다. 자기는 그 큰 소리를 내면서 만족할지 모르지만, 듣는 이들은 그것이 개구리 소리라는 것을 압니다.

많은 정치인들이 그런 개구리와 같은 사람들입니다. 그러나 세속의 권력을 장악하려는 사람들 뿐만 아니라 내 모습을 보십시오. 내 안에 개구리는 없습니까? 우리는 인생의 거품을 없애야 합니다. 영혼의 거품들을 걷어내야 합니다. 많은 성직자들이 자기도 코끼리인 양 착각하고 지내지만 결국 쇠똥구리입니다.

산이 울린다는 것 때문에 자기 울음을 호랑이 울음으로 착각하지만 결국 개구리 울음입니다. 많은 사람들이 그 사실을 잊어버렸기 때문에 더 크게 울부짖으려 하다가 자기를 찢어버리게 되는 것이지요. 자신을 찾아야 합니다.

동·식물은 은유적 이야기를 위한 훌륭한 도구로 활용된다. 특히 동물은 감정을 지니고 다양한 행동을 한다는 점에서 그 자체가 사람에 대한 은유이다. 동물의 감정과 행동을 통해서 아동의 잠재의식은 그것의 의미를 자신의 상황과 연결지어 이해하고 잘 받아들이게 된다.

동물을 은유적 도구로 활용한 다음 상담 사례[3]를 보자.

초등학교 1학년이며 세 자매의 막내인 은지는 불끈 화를 내는 것 때문에 엄마와 언니들과 함께 상담실에 오게 되었다. 엄마는 다른 형제가 은지를 잘 놀려서 그녀가 화를 내게 된다고 설명했다.

상담자는 양팔을 벌리면서 은지에게 "화가 너를 정말로 괴롭힐 때 그 화가 얼마나 크니?"라고 질문했다. 은지는 자신의 양팔을 벌리면서, "이만큼요."라고 대답했다. 상담자는 다시 "지금은 화가 얼마나 크지?" 라고 물었다. 은지는 어깨 넓이로 팔을 벌리면서 "이만큼요."라고 대답했다.

상담자는 동물 인형들을 은지에게 보여주면서 화를 잘 내는 동물과 조용한 동물을 선택해 보라고 했다. 그녀는 주저 없이 화를 잘 내는 동물로 뱀을 선택했고, 조용한 동물로 코끼리를 선택했다.

상담자는 은지에게 뱀을 쥐어 주고 눈을 감게 했다. 그리고 뱀은 욕심쟁이여서 그녀가 가진 화나는 성질을 모두 빼앗아 간다고 암시했다. 다음은 코끼리를 쥐어 주고는 착한 코끼리는 나누어 주는 것을 좋아해서 착한 마음을 은지에게 나누어주며, 앞으로도 코끼리를 손에 꼭 잡고 있으면 화를 내는 일이 없을 것이라고 설명했다.

그러고 나서 상담자가 "지금은 화가 얼마나 크니?"라고 묻자, 양손을 포개며 "이만큼요."라고 대답했다. 상담자는 은지에게 어떻게 하면 화를 줄일 수 있는지 질문하자 코끼리를 잡으면 된다고 대답했다.

상담자는 은지의 화가 들어 있는 뱀은 상담실 금고에 보관하여 화가 빠져나가지 못하도록 하고, 코끼리는 은지에게 늘 가지고 다니라고 선물로 주면서, 언니들에게 은지가 코끼리를 잡고 있는 동안은 조용하겠다는 신호이므로 결코 놀려서는 안 된다고 경고했다.

---

3) 이윤주 · 양정국(2007), 『은유와 최면』에서 인용

이 규칙에 가족이 동의하자, 상담자는 엄마에게 딸들이 이러한 규칙을 가끔 잊어버릴 때마다 상기시켜 주라고 조언했다.

4. 비유적 이야기와 상징

일반적인 심리치료에서의 은유는 상담자가 내담자에게 증상과 관련한 비유적인 이야기 즉, 동화, 속담, 사물, 동·식물, 들은 이야기, 지어낸 이야기 등을 빗대어서 들려주는 것이다. 즉, 내담자의 경험이나 증상을 직접 표현하지 않고 다른 매개적인 이야기나 대상을 통해 표현하는 것을 통칭해서 말한다.

은유적 이야기의 힘은 은유 속에 내포된 암시가 상대방의 의식을 우회하여 잠재의식에 바로 영향을 끼쳐 궁극적으로 생각과 행동을 변화시키는 동력으로 작용한다는 것이다. 경직된 마음을 움직일 수 있는 것은 직설적 제안이나 지시보다 은유 같은 비유적 표현이 효과적이다.

예를 들어, 좌절하고 있는 학생에게 "괜찮아, 기운 내라. 힘 내!"라고 하는 것보다, 『바람과 함께 사라지다』에 나오는 유명한 문구를 인용하며 "스칼렛은 이별을 겪는 아픔 속에서도 '내일은 내일의 태양이 떠오른다'고 말했단다..."라고 말하는 것이 학생을 좌절에서 빠져나오게 할 확률이 더 높다.

왜냐하면 직접적인 지시나 제안은 의식적 차원의 저항을 불러올 확률이 높지만, 간접적 표현은 잠재의식에 바로 영향을 끼치기 때문이다. 무의식적 마음, 즉 잠재의식은 개방성과 가능성, 은유 및 상징에 훨씬 더 잘 응답한다.

밀턴 에릭슨은 치료적 상황에서 은유의 강력한 힘을 증명하였다. 그는 은유가 무의식을 발현하는 매개체가 되기 때문에 내담자의 숨겨진 욕구나 자원을 찾아내는 데 매우 유용하며, 내담자의 경험에 대한 새로운 이해를 줄 수 있어서 내담자의 과거, 일상적 활동, 당연하다고 믿고 있던 모든 것에 대해서 새롭고 변화된 의미를 부여할 수 있다고 하였다.

또한 내담자가 자신의 경험을 은유적 관점으로 이해할 때, 새로운 실재 혹은 현실을 창조할 수 있는 힘이 생길 수 있다고 하였다. 에릭슨은 목표설정, 감정패턴의 재구조화, 내담자에 대한 이해, 관계맥락 파악 등에서 은유를 활용할 수 있다고 하였다. 그는 많은 스토리텔링이나 이야기들이 지닌 은유적 성격을 치료에 활용하였다.

은유법은 결코 아동에게 문제 해결을 지시하거나 강요함이 없이 아동 스스로 문제의 해결책을 찾게 한다. 은유(비유)를 활용해 야뇨증을 고친 다음 에릭슨의 치료 사례[4]를 보자.

사례 1

어느 날 야뇨증으로 고생하는 소년이 엄마와 함께 찾아왔다. 에릭슨은 그에게 "음식을 먹으면 잘 씹어서 삼키고 그 음식이 내려가면 위장에 잘 담았다가 다시 창자로 내보내서 잘 소화를 한 다음 적당한 시간이 되면 다시 내보낸다."고 설명해주었다. 야뇨증에 대해서는 한 마디도 하지 않았다. 그런데 그 말을 들은 소년은 얼마 안 가서 야뇨증이 없어졌다.

사례 2

한 12세 소년이 야뇨증 때문에 에릭슨에게 치료를 받으러 왔다. 에릭슨은 부모를 나가게 한 후에 야뇨증과 관련해서는 어떤 직접적인

4) 설기문(2009), 『에릭슨최면과 심리치료』에서 인용

이야기도 하지 않고 다른 주제에 대해서만 이야기를 하기 시작했다. 그는 마침 소년이 야구를 좋아하고 형은 축구를 좋아한다는 사실을 알았다.

그래서 그는 야구를 하기 위해서는 축구보다 더 많은 몸의 근육이 잘 조절되어야 한다는 사실에 대해 깊이 있게 이야기해 주었다. 에릭슨은 소년에게 야구 선수가 자기에게 날아오는 공을 잡기 위해서 정확한 시간에 글러브를 벌려 공을 낚아채는 정확한 근육의 운동을 몸이 어떻게 정확하게 알아서 자동적으로 조절하고 운용하게 하는지에 대하여 설명하였다.

또한 다른 선수에게 공을 던지는 과정에서도 정확한 근육의 움직임이 필요하다고 설명하였다. "공을 너무 빨리 던져도 안 되고 느리게 던져도 안 된다. 어느 경우든 그렇게 하면 상대 선수가 잡는 과정에서 문제가 생길 수 있다. 그러니까 정확한 시간에 정확한 방향으로 공이 날아갈 수 있도록 근육 조절을 잘 하는 것이 성공적인 야구 게임의 기본이다."

에릭슨은 소년과의 치료를 이런 식의 이야기를 하면서 총 4회기를 하였다. 이 과정에서 그는 또 다른 스포츠뿐만 아니라 보이스카우트 활동과 음악에 대해서도 이야기를 계속하였다. 야뇨증에 대해서는 일체 언급하지 않았다. 그런데 소년의 야뇨증은 얼마 지나지 않아 사라졌다.

위의 사례에서 에릭슨은 모든 활동에는 적절한 근육 조절이 필요한데, 이것은 자동적으로 이루어지기도 하고 때론 필요한 힘을 정확하게 조절하여 분배하여야 한다는 것을 소화와 스포츠, 보이스카우트 활동, 연주를 통해 은유적으로 설명하였다.

소년의 잠재의식은 몸의 움직임에 필요한 근육 조절이 의식하지 않아도 자동적으로 이루어진다는 것과, 적절한 근육 조절을 통해 필요한 기능을 달성할 수 있다는 암시를 비유를 통해 받아들였다. 이러한 방식은 에릭슨이 즐겨 사용했던 은유를 활용한 치료 방식이다.

잠재의식은 상징적인 의미를 잘 받아들이기 때문에 이렇게 간접적으로 비유를 들어 설명해도 그 의미를 잘 전달 받는다. 선인장을 은유(상징)로 활용하여 알코올 중독을 치료한 다음 사례를 보자.

한번은 알코올 중독 환자가 찾아와서 말했다. "제 조부모 양쪽 집안이 다 알코올 중독자들이었고, 제 부모가 알코올 중독자였고, 제 아내의 부모가 알코올 중독자였고, 제 아내가 알코올 중독자이고, 나는 열한 번이나 완전히 맛이 갔었는데요, 나는 알코올로 몸이 안 좋습니다. 그리고 제 형도 알코올 중독자이죠."

그의 직업을 물어보자 정신이 멀쩡할 때는 잡지사에서 일한다고 말했다. 그래서 그에게 보타니칼 가든에 가서 **선인장이 보이거든 3년 동안 물도 없이 그리고 비도 없이 살아날 수 있는 선인장에 대해서 경외감을 품고 많은 생각**을 해보라고 했다. **그저 선인장을 바라보며 어떻게 그렇게 잘 버틸 수 있는지 여러 가지 생각**을 해보라고 했다.

그 후 몇 년이 지나서 어떤 젊은 아가씨가 찾아와서 말했다. "도대체 어떤 사람이 알코올 중독자를 보타니칼 가든에 가서 주위를 돌아보게 하고 술 없이도 살아가는 법을 배우고 그것이 효과를 내게 했는지 알고 싶어서 왔어요. 당신이 아빠를 그곳으로 보낸 후 나의 엄마와 아빠가 완전히 술을 끊었거든요." 그리고 아빠는 지금 잡지사에서 일한다고 말했다.

경계선 지능을 가진 발달장애 아이들에게도 상징을 통한 은유는 잠재의식에 강력한 영향을 끼친다. 시각적 요소에 강한 발달장애 아이들은 어떤 이야기나 설명보다도, 사물이나 그림, 사진, 동·식물 등의 관찰을 통해 직접 영감을 얻고 깨달음을 얻을 수 있기 때문이다.

지적 수준이 낮다면 상황에 대한 설명을 살짝 덧붙여서 이해를 도와준 후 대상을 관찰하게 한다. 아이 상황과 관련된 생물이나 무생물을 선정한 후 이것이 고난을 이겨낸 바를 간접적으로 설명하고 관찰하게 하면 강한 통찰을 불러온다.

다음 사례 역시 아기를 잃은 중증 우울증 여성에 대해 상징을 활용한 은유로 치료한 사례[5]이다.

자살을 수시로 생각할 정도로 우울증이 심한 젊은 여성이 있었다. 그리고 그녀는 아이를 갖고 싶어 했다. 관절염 등 몸이 많이 약했음에도 그 바람이 있었는데 우선 에릭슨은 다른 의사 한 명과 함께 그녀가 육체적으로 아기를 실제 가지고 나을 수 있는지 확인했고 가능하다는 결론을 얻었다. 결국 그녀는 아기를 낳았으나 그만 6개월 후에 아기가 '돌연사'로 죽고 만다.

여성은 그 이후 더욱 심한 우울증 상태가 되고, 아주 공공연하게 자살을 말하기 시작했다. 또 실제 가능성도 있어 보였다. 그러자 에릭슨은 어느 날 상담 중에 그녀에게 상당히 가혹하고 혹독하게 다음의 말을 했다.

"당신이 어떻게 감히 그 아름다운 삶의 기억들을 파괴하려 할 수 있습니까? 9달 동안의 그 아름다웠던 임신 기간과 그리고 6개월 동안 아기와 함께 했던 그 소중한 삶의 기억들을 어떻게 그렇게 마음대로, 함부로 파괴하려 하는 것입니까? 그건 정말 옳지 못한 생각이고 행동입니다!"

이런 내용의 이야기를, 실제 아주 강력하게 말해 준 후에 에릭슨은 그녀에게 상담 후에 집의 정원에 '나무'를 하나 심으라고 했다. 그것도 아주 빨리 자라는 나무로. 그리고 얼마 전에 죽은 아기의 이름을 따서 그 나무 이름을 지으라고 했다. 여성은, 그 후에 나무를 키우면서 점점 마음의 안정을 찾았고 마침내 우울증에서 회복되었다. 나무가 죽은 아기에 대한 일종의 '상징'이 되어 여성의 마음의 안정을 도왔던 것이다.

---

5) 출처: 김정규 교수 게슈탈트하일렌 홈페이지(http://www.gestalt.co.kr/bbs/view.php?board=etc&type=&no=1115&page=2&keyfield=&key)

5. 아동의 문화적 배경, 취미, 흥미를 고려한 은유

은유를 활용할 때에는 아동의 문화적 배경, 취미, 기호, 관심과 흥미 등을 고려하여 적절한 대상과 이야기를 선정하면 훨씬 더 효과적이다.

학생의 흥미를 고려한 은유로 게임 중독에 빠진 학생을 치료하는 다음 사례[6)]를 보자.

상담자는 초등학교 남학생 10명과 집단상담을 하고 있었다. 상담자가 이들에게 장래 희망을 묻자 9명이 컴퓨터 게이머라고 대답했다. 아이들은 마침 야구를 좋아하였다.

상담자는 게이머가 되려면 게임을 잘해야 되는데, 하루에 몇 시간씩 게임을 하는지 들어보았다. 모든 아이가 3~6시간 정도는 게임을 한다고 하였다. 6시간 게임을 한다는 아이에게 어떻게 하루에 6시간씩 게임을 할 수 있는지 질문하자, 그 아이는 저녁 9시에 잠을 자고 부모님이 잠든 새벽 1시에 일어나서 아침 식사를 할 때까지 계속한다는 것이었다.

상담자는 박찬호 선수가 미국 메이저리그에서 뛰기 위해 야구를 잘 하는 것 외에 무엇이 필요한지를 질문했다. 아이들은 영어도 잘해야 하고, 지난번 상대편 선수와 싸워서 출장금지 당하고 벌금도 물었는데 인간관계가 좋아야 하고, 두뇌 피칭을 하기 위해서 머리도 좋아야 하고, 패전 투수가 되었을 때 좌절하지 않기 위해서 인내심도 있어야 한다는 등의 말을 했다.

이런 이야기가 오간 다음 상담자는 너희도 훌륭한 컴퓨터 게이머가 되기 위해서 지금 무엇을 준비해야 하는지를 들어보았다. 아이들은 모든 게임이 영어로 되어 있기 때문에 영어를 잘해야 하고, 에너지를 계산하기 위해서 수학을 잘해야 하고, 삼국지와 같은 게임을 잘하려면 역사를 잘 알아야 하고, 물론 과학은 필수라고 떠들어댔다.

6) 이윤주·양정국(2007), 『은유와 최면』에서 인용

한참 후에 상담자는 아이들에게 지금까지 게임을 하는 데 투자한 시간을 변경할 것인지를 질문했다. 하루에 6시간을 게임하는 데 보냈다는 아이가 이제는 하루에 2시간만 하겠다는 것이었다. 그럼 나머지 시간에 무엇을 할 것인지 질문하자 잠을 자야겠다고 대답했다. 잠을 충분히 자서 수업시간에 졸지 않고, 모든 과목을 열심히 공부하겠다는 자신의 포부를 이야기했다.

상담자는 학생들이 야구를 좋아한다는 점에 착안해, 박찬호 선수를 은유적 도구로 활용하였다. 학생들에게 게임 중독의 폐해나 다른 공부의 중요성을 직접 알려주는 대신, 이렇게 은유를 써서 이야기하면 잠재의식은 거부감 없이 메시지의 내용을 훨씬 더 잘 받아들인다.

아이가 좋아하는 활동이나 과거 행복했던 순간을 은유로 활용해 현재의 관계를 개선시킬 수도 있다. 아이와 관계 개선에 어려움을 겪는다면 다음과 같이 이야기해 줄 수 있을 것이다.

상담 예

철호야, 우리가 봄에 OO놀이공원으로 체험학습 갔던 거 기억나니? 친구들하고 바이킹도 타고, 하늘자전거도 타고, 제트열차도 타고... 신나게 놀았던 거 기억하지? 선생님도 그때 일을 생생히 기억하고 있단다. 철호가 제트열차 타며 신나게 소리 지르던 모습이 지금도 생각나.

그런데 철호가 탄 그 제트열차가 요즘엔 자꾸 저 멀리 달아나는 것 같은 느낌이 드는 구나. 철호는 소리 지르지도 않고 무심하게 타고만 있고... 선생님은 제트열차가 다시 내 앞으로 왔으면 좋겠는데, 철호가 탄 열차는 저 멀리 떠나가고 있는 것 같구나.

어떻게 하면 열차가 다시 출발지로 돌아 올 수 있을까? 어떻게 하면 될까? 선생님은 예전처럼 철호가 밝게 웃으면서 신나게 놀이기구 타는 시절로 돌아가고 싶은데... 그땐 정말 재밌었는데... 하지만 멀리 떠나가던 열차는 다시 출발선으로 돌아올 거란 걸 선생님은 알고 있어.

아동의 문화적 배경이나 취미, 기호 등을 고려한 은유는, 무의식적으로 하던 문제 행동을 의식적으로 수행하게 하는 역설적 접근과 같이 활용할 수도 있다.

이와 관련한 다음 에릭슨 치료 사례[7]를 보자.

자이크 박사의 금연

자이크 박사가, 에릭슨 문하에서 배우던 중에 실제 경험했던 일이다.

어느 날 자이크 박사가 아침에 에릭슨을 찾았다. 마침 상담 손님이 있었고, 상담을 마친 후 자이크 박사가 에릭슨과 이야기를 하게 되었다. 당시 자이크는 파이프 담배를 피우고 있었다. 그것을 일종의 멋으로 생각하기도 했었다. 그런데 에릭슨은 이전에 파이프 담배를 피웠던 자신의 한 내담자 이야기를 하기 시작했다.

그 남자는 평소 자신의 행동을 계속 의식하면서 거의 모든 행동이 어색하다고 느끼는 경우였다. 에릭슨은 심지어 그 사람은 파이프 담배를 피울 때조차도 그런 어색함을 느꼈다고 했다. 가령 파이프를 입 오른쪽에 물 것인가, 왼쪽에 물 것인가 혹은 가운데 물 것인가를 결정하

---

7) 출처: 김정규 교수 게슈탈트하일렌 홈페이지(http://www.gestalt.co.kr/bbs/view.php?board=etc&type=&no=1115&page=2&keyfield=&key)

는 것도 상당히 어색했고 또 실제 어느 쪽으로 물어도 어색하고 꼴사납다고 스스로 느꼈다고 했다. 그리고 파이프를 무는 깊이에 대해서도 몇 밀리 정도로 입술 속으로 넣어야 하는지도 그렇게 느꼈다고 했다. 그리고 그 후에 연기를 어떻게 내 뿜을 것인가... 등등해서 그 남자가 자신의 담배 피우는 모든 행동과 그 순서와 절차에 대해 일일이 의식하면서 어떻게 할 줄 모르고, 또 어색하고 꼴사납게 느꼈다는 이야기를 계속 했다. 자이크 박사는 제법 긴 시간동안(약 1시간) 그런 내용의 이야기를 계속 들었다.

며칠 뒤, 자이크 박사는 휴가 차 자신의 고향(뉴욕)으로 가는 중이었다. 그런데 한 휴게소에서 파이프 담배를 피우려 하다가, 갑자기 자신의 행동이 모두 의식되기 시작하면서 그리고 동시에 '담배=어색함, 꼴사나움'이라는 느낌이 들기 시작하는 것을 알게 되었다. 그리고 스스로 이제 다시는 담배를 피우지 않겠다고 결정내렸다. 그리고 그것은 '자기 자신의 결정'이었으므로, 이 일에 대해서는 에릭슨에게 이야기하지 않겠다고 생각했다.

에릭슨의 환자 이야기를 통해, 자이크는 담배 피우는 행위를 더 이상 무의식적으로 하지 않고 그것을 의식적으로 자각하게 되었고(그래서 더 이상 무의식적 중독의 행동을 하지 않게 되고), 그리고 이전에 '흡연=일종의 멋'이라고 느꼈던 '감정적 배경'이 이제는 '담배=어색함, 꼴사나움'이라는 식으로 바뀌어 버렸기 때문에 그런 결정을 내릴 수 있었던 것이다. 당시 자이크는 젊은 나이의 도시(뉴욕)출신 이었기에 '어색함, 꼴사나움'은 제일 싫어하는 것 중에 하나였다.

'흡연'이라는 어떤 카테고리가 있었다면, 그 흡연의 구성요소(여기서는 파이프 담배를 피우면서 하게 되는 일련의 연속 동작과 순서들)를 일일이 나누었고, 그리고 모두 의식적으로 수행하게 만들어서 '현재의식'이 '무의식'을 이기게 만들었던 것이다.

또 이 경우, 에릭슨은 특이하게도 '흡연'이라는 문제 자체는 전혀 건드리지 않았다. 그 뒤의 배경이 되는 '감정적 배경'을 바꾸었고, 자이크가 무의식적으로 그러한 반응(흡연=어색함)을 보일 때까지 계속 옛 환자의 이야기를 했던 것이다.

에릭슨은 예전 환자 치료에 관한 은유적 이야기를 통해 자이크가 무의식적으로 담배 피는 행동을 의식적으로 수행하게끔 만들었고, 담배에 대한 가치관을 변화시켜서 금연에 성공하게끔 만들었다.

이처럼 아동과의 상담 시 비슷한 유형의 치료 사례를 흘리듯이 반복적으로 언급하면 아동의 잠재의식에는 습관적으로 해오던 행동 패턴에 대한 의문이 생기고 더 이상 행동을 유지하고자 하는 동력이 떨어진다. 아이와의 상담 시 가상으로 다음과 같이 이야기해 줄 수 있을 것이다.

상담 예

선생님이 가르쳤던 학생 중에 철호와 비슷한 아이가 있었단다. 아주 예전이지. 철호처럼 3학년이었어. 그 학생도 철호처럼 자주 자리에서 일어나 밖으로 나가려고 했었어. 그때마다 선생님은 그 아이에게 눈을 감고 '차분해진다.'를 되뇌게 했어. 선생님도 그렇게 말해 주고 말야. 그러면 정말로 차분해질 거라고 말했지. 선생님이 철호한테 얘기해주는 것처럼 말야.

그리고 4학년이 되기 전에 정말로 그 아이가 자리에 일어나지 않고 잘 앉아있을 거라고 자주 얘기해 줬단다. 그랬더니 정말로 4학년이 되기 전에 얌전해졌지 뭐니. 정말로. 선생님은 철호도 4학년이 되기 전에 선생님 말 잘 듣고 수업시간에 잘 앉아있을 거라는 걸 알고 있어. 철호는 할 수 있어.

밖에 나무들을 한번 보자. 나무들을 자세히 한번 바라보렴. 나무들은 언제나 그 자리에 서 있지? 비가 오나 눈이 오나 항상 그 자리에 있어. 불평 한마디 없이.

아동의 증상이나 상황과 관련된 가상의 이야기를 만들어서 꾸준하게 들려주면, 잠재의식은 언젠가는 그 의미를 잘 받아들인다. 아동은 이야기 속에 나타나는 인물과 동일시하거나 아니면 적어도 변화가 가능하다는 것을 무의식적으로 이해하게 된다. 한번 변화된 잠재의식은 의식과 행동에 영향을 미치고 그 효과는 반영구적이다.

6. 스토리텔링

에릭슨이 내담자에게 즐겨 사용했던 치료적 은유 중 하나로 스토리텔링(storytelling)이 있다. 스토리텔링은 말 그대로 '이야기 만들기'로써, 아동의 문제와 관련된 상황들을 하나의 긴 이야기로 만드는 것이다.

이야기 속의 문제 해결 과정을 통해 아동은 자신의 문제와 이야기 속 상황을 연관 짓게 되고 다른 은유 기법과 마찬가지로 스스로 통찰하게 되는 원리를 이용한다.

예로부터 이야기는 동·서양을 막론하고 아이들에게 흥미를 느끼게 하고 귀를 솔깃하게 만들었다. 어렸을 적 화롯가에 모여앉아 옛날이야기를 듣거나, 엄마, 아빠에게서 전래동화를 통해 여러 교훈을 얻은 적이 있을 것이다.

이야기 속에는 다양한 은유와 암시가 숨어있어서 이야기를 듣는 동안 잠재의식은 그 메시지의 내용을 자신의 문제와 연관 짓고 문제를 끊임없이 해결하려고 한다. 그리고 은유 속에 담긴 내면의 의미를 이해하여 상황을 다르게 바라볼 수 있는 힘이 생긴다.

치료적 은유를 위한 스토리텔링의 주요 구성 요소는 다음과 같다[8].

1. 내담자의 문제 상황과 유사한 이야기를 만들거나 인용하고, 등장인물들을 내담자의 주변 인물들과 관련시켜 구성하라.
2. 내담자의 문제 상황을 반영하는 유사한 상황의 이야기를 만들어서 내담자가 공감할 수 있게 하여라.
3. 이야기 속 주인공들이 문제를 해결하고 바람직한 성과를 달성하는 것으로 끝이 나도록 하라.

에릭슨은 자녀들이 잠자리에 드는 시간에 은유가 담긴 이야기를 자주 해주었다. 그 이야기는 자녀들이 살면서 배웠으면 하는 삶의 교훈과 가치에 대한 것이었다. 에릭슨이 은유로 활용한 이야기의 주된 등장인물은 '하얀 배(White Tummy)'라는 이름을 가진 개구리였다[9].

"옛날 옛적에 커다란 연못에 개구리 한 마리가 살고 있었단다. 그 개구리는 초록색 등과 하얀 배를 가지고 있었는데, '하얀 배'가 그 개구리의 이름이었어. 하얀 배는 연못 가운데 있는 연꽃 속에 앉아 따뜻한 햇볕을 받으면서 행복했지. 그리고 밑에는 시원한 물이 있었고, 앞에는 윙윙거리며 지나가는 파리들이 있었어. 큰 파리, ...작은 파리, ...빨간 파리, ...초록색 파리, ...파란색 파리, ...노란색 파리, 그리고 이따금 하얀 배가 가장 좋아하는 아주 크고 뚱뚱한 자주색 파리가 옆을 지나가곤 하는 거야...

그런데 어느 날 하얀 배는 따뜻한 햇볕을 받으면서 파리를 기다리고 있었는데..."

---

8) 설기문(2009), 『에릭슨최면과 심리치료』에서 재인용
9) 출처: https://cafe.naver.com/mindcultivating/52

이런 식의 이야기가 계속 이어지면서, 때로는 개구리의 삶에서 가장 즐거운 순간도 있었고, 때로는 아이들이 직면하고 있는 어려움을 이겨내는 순간도 있었다.

만약 그날 하루를 보내면서 자녀 중에 누군가가 상처를 입으면, 개구리는 친구에게 상처를 받지만 결국에는 그 상처로 인해 예기치 못했던 좋은 일이 생기는 이야기로 채워졌다. 한 자녀가 힘든 날을 보냈다고 말한 날의 이야기는 개구리가 연못 진흙탕의 소용돌이 속에서 고생을 하지만 결국에는 빠져나오는 이야기로 이어지게 만들었다.

에릭슨에게 개구리는 자녀들이 배웠으면 하는 삶의 교훈과 가치를 은유적으로 가르치는 도구였다.

이러한 이야기는 주로 잠자리에 드는 시간이나 집중이 잘 되는 조용한 시간에 하는 것이 효과적이다. 무언가에 집중할 때나 평화로울 때, 잠이 살짝 오는 시간이 잠재의식이 활성화되는 때이기 때문이다.

자신의 외모를 비하하고 자신감이 없는 학생에게는 내면의 아름다움을 일깨워주기 위해 다음과 같은 이야기를 들려줄 수 있을 것이다[10].

아름다운 여성을 사랑하는 한 못생긴 남성이 하느님께 빌었습니다. “저 여성을 사랑할 수 있을 만큼 저를 미남으로 만들어 주세요.” 하느님은 그 남자의 부탁을 들어주겠다고 했습니다. “다만 네가 미남이 되면 그 대가를 치러야 하는데 그래도 괜찮겠냐?”라고 물었습니다. 그 남자는 저 아름다운 여인만 사랑할 수 있다면 어떤 희생도 치르겠다고 대답했습니다. 그래서 하느님은 이 남자를 잘생긴 미남으로 만들어 주었습니다.

10) 이윤주 · 양정국(2007), 『은유와 최면』에서 인용

그 남자는 아주 기뻐하며 당당하게 아름다운 여성에게로 달려갔습니다. 그런데 이게 어찌된 일입니까? 그 아름답던 여성이 너무나도 추한 여성으로 변해 있었습니다. 그 남자는 너무 실망해서 하느님께 호소했습니다. 하느님께서는 이게 네가 치러야 할 희생이라고 말했습니다. 그는 호소했습니다. "제가 추남이라도 좋으니, 제발 이 여인을 다시 아름답게 만들어 주세요." 이렇게 해서 그 여인은 다시 아름다운 여성이 되었습니다. 그리고 결국에는 자신을 아름답게 만들어 준 이 추한 남자를 사랑하게 되었습니다.

스토리텔링은 학부모 상담 시에도 활용할 수 있다. 어른 수준에 맞게 내용과 스토리를 조금 더 복잡하게 구성하면 충분히 원하는 메시지 전달을 할 수 있다.

학부모가 눈치 채지 못하도록 학부모 상황과 아이 문제에 맞는 이야기를 구성하는 것은 시간과 노력이 들어가는 일이지만, 잘 만들어진 이야기는 은유를 통해 보다 강력하게 잠재의식에 영향을 끼칠 수 있다.

어느 학부모는 아이에 대한 사랑이 너무 강해 집착하는 경향이 있었다. 자기 아이 말만 믿고 다른 사람을 의심하는 경우가 심해져서 점점 가족 이외에는 못 믿게 되었다. 이러한 상황에서 교사를 제발 믿으라고 학부모를 설득하는 것은 서로 감정만 상하게 한다. 설득이 학부모에게는 강요로 여겨지기 때문이다.

이 경우 학부모의 사고방식 패턴에 혼란을 일으킬 수 있는 좋은 방법은 은유를 활용한 스토리텔링을 하는 것이다. 예를 들어, 다음과 같은 이야기를 들려줄 수 있을 것이다.

옛날에 왕이 살고 있었어요. 왕은 왕비, 그리고 하나뿐인 공주와 함께 살고 있었지요. 왕은 공주를 어렸을 때부터 아주 많이 예뻐했어요. 왕은 하나뿐인 딸인 공주를 위해 공주가 하고 싶은 대로 다 하게 해주고 애지중지 키웠어요. 공주가 원하는 것은 뭐든지 다 들어주었지요. 공주는 왕의 사랑을 듬뿍 받고 자랐어요.

그런데 공주에게는 한 가지 문제가 있었어요. 그것은 티 안 나게 가끔 거짓말을 한다는 거였죠. 공주는 왕과 왕비를 기분 좋게 해주기 위해 공부도 언제나 열심히 했다고 하고, 언제나 바른 행동만 했다고 말했어요. 간혹 게으름을 부리거나 신하들에게 화를 냈을 때도 왕에게는 안 그랬다고 했지요.

왕은 공주를 너무나 예뻐한 나머지 공주가 말하는 것은 다 사실이라고 생각했어요. '이렇게 예쁜 우리 딸이 거짓말을 할 리가 없지.'라고 생각하며, 공주가 가끔 거짓말을 하는 것 같다고 왕비가 말해도 믿지 않았어요. 이러한 믿음은 날로 강해져서 나중에는 누가 거짓말을 하는 것 같다고 말만 해도 화를 버럭 냈어요. "우리 딸은 절대 거짓말을 하지 않아. 다 나를 모함하기 위해서라고."라고 말하며 공주를 절대적으로 신뢰했지요.

궁전에는 신하들이 공주를 가르치러 공주방에 출입했어요. 그런데 어느 날부터 왕은 공주방에 출입하는 신하들을 조금 의심하기 시작했어요. '신하가 우리 공주에게 무슨 짓을 한 건 아닐까?', '저 신하가 공주를 열심히 가르친 게 맞을까?' 이런 의심들이 어느 날부터 들기 시작했고, 이런 의심은 날이 갈수록 점점 커졌지요.

특히 공주가 누구 신하를 싫다고 말하면 이를 그대로 믿고 그 신하를 추궁했어요. 신하는 공주에게 밉보일 만한 행동을 하지 않았는데도 공주가 싫다고 말하면 왕은 신하를 크게 혼내곤 했어요. 공부도 신하는 열심히 가르쳤는데 공주가 제대로 안 가르쳤다고 말하면 왕은 공주 말만 믿고 신하를 크게 혼냈어요. 신하들은 억울했지만 왕은 그 어떤 변명도 받아들이지 않았어요. 신하들이 항변하면 오히려 자신과 공주를 모함하려 한다고만 생각했지요.

왕의 의심 증세는 갈수록 심해졌어요. 나중에는 신하들이 공주의 교육에 전혀 도움이 못 된다고 생각하기에 이르렀지요. 그래서 이제는 신하들을 아예 못 오게 하고 왕이 직접 공주를 가르치기 시작했어요. 왕비가 옆에서 "이건 오해예요. 제가 볼 때 신하들은 최선을 다하고 있다구요. 제발 신하들의 말도 좀 들으세요."라고 말해도 왕은 그럴수록 더 신하들을 의심했어요. 왕은 공주에게 교육도 직접 해야 마음이 놓였어요. 왕은 오로지 자신의 생각과 공주 말만 믿으며 그 누구의 조언도 들으려 하지 않았어요.

왕은 공주의 신변처리를 도와주는 극히 일부분의 신하들만 공주를 만나게 하였어요. 나머지 신하들은 다 믿을 수 없었기 때문이지요. 왕비가 이건 잘못된 거라고 여러 번 조언을 해도 믿지 않았어요. 그러는 사이 왕에게는 간언하는 충신들이 하나둘씩 빠져나가고 옆에는 좋은 말만 해대는 간신들만 남았어요. 간신들은 왕과 공주에게 환심을 사려고 거짓말을 일삼았어요. 왕은 아부하는 간신들의 말을 믿고 자신이 하는 모든 행동이 옳다는 점점 더 확고한 신념을 가지게 되었어요.

그러는 사이 공주는 점점 성격이 비뚤어지게 되어갔어요. 공주는 왕에게 거짓말을 하여 몰래 놀러 나가기도 하고, 힘들다는 핑계로 툭하면 쉬었어요. 이를 걱정하는 사람은 왕비밖에 없었어요. 그치만 왕은 왕비의 말 역시 전혀 귀담아듣지 않고 자신만의 방식이 옳다고 믿었어요. 공주의 불평과 투정도 나날이 심해져 갔지만, 왕은 그 이유를 모두 다른 사람 탓으로만 돌렸어요.

그러던 어느 날, 왕은 공주가 왕비에게 하는 말을 우연히 듣게 되었어요. "어마마마, 아바마마는 제가 하는 말을 무조건 다 믿어서 너무 좋아요. 그래서 제가 하고 싶은 대로 다 할 수 있죠. 놀고 싶을 때 놀고, 먹고 싶을 때 먹고, 자고 싶을 때 자고... 제 맘대로 할 수 있으니 너무 좋아요. 아바마마는 모르시겠죠? 저를 가르쳤던 신하들도 정말 열심히 하는 분들이었는데 공부하기 싫어서 제가 싫다고 한 것을요."
왕비는 공주에게 그러면 안 된다고 정신 차리라고 얘기했지만, 공주는 오히려 왕에게 이르겠다고 으름장을 놓았어요.

이 말을 들은 왕은 크게 한 대 얻어맞은 기분이었어요. 공주를 철석같이 믿어왔는데 그게 다 거짓말이었다니... 왕은 믿을 수가 없었어요. 정신이 퍼뜩 들며, 그동안 자신이 굳게 믿어왔던 신념이 한꺼번에 허물어지는 것을 느꼈어요.

그제서야 왕은 그동안 자신에게 간언했던 충신들의 말이 하나둘씩 떠올랐어요. "폐하, 공주님의 교육은 신하들에게 맡기셔야 합니다. 저희들을 믿지 못하면 누구를 믿사옵니까?", "폐하, 간신들의 아첨을 멀리하십시오. 그들은 폐하의 환심을 사고자 거짓말을 일삼고 있습니다.", "폐하, 공주님이 공부하기 싫어서 가끔 거짓말을 한다는 사실을 알고 계십니까?"... 이런 말들이 왕의 귀에 맴돌았어요. 왕비가 눈물로 호소했던 진심 어린 조언들도 하나둘씩 생각나며 귓가에 맴돌았어요.

왕은 자신이 그동안 공주 말만 믿고 다른 사람들 말은 전혀 믿지 않았음을 깨닫고 깊이 후회했어요. 공주 말이 틀리고 다른 사람들 말이 맞을 수 있음을 처음 깨달았어요. 공주의 투정이 늘고 짜증이 늘었던 이유는 왕이 혼자 가르치고, 공주 말만 믿고 충신들을 멀리했기 때문이었음을 이제야 깨닫게 되었어요.

그 다음 날, 궁에서 쫓겨난 충신들에게서 상소문이 왔어요. 상소문에는 멀리서도 충신들이 공주를 진심으로 걱정하는 내용과 간신들을 멀리하라는 내용이 적혀있었어요. 그리고 공주의 미래와 나라의 앞날을 위해서 최선을 다한 충신들을 다시금 등용해줄 것을 요청하는 내용이었어요.

"내가 내쫓았는데도 나를 미워하지 않고 이렇게 또 상소문을 올리다니..." 왕은 충신들이 나라를 진심으로 걱정하고 있음을 느낄 수 있었어요. 왕은 충신들을 의심했던 과거를 떠올리며, 왜 더 빨리 깨닫지 못했을까 후회하며 울먹거렸어요. 그리고는 바로 간신들을 내쫓고 충신들을 불러들여 사과했지요.

왕은 이제 충신들의 말을 귀담아듣고 이를 믿으며 나라를 다스렸어요. 그리고 왕비 뿐 아니라 다른 신하들의 좋은 의견을 공주의 교육과 정치에 반영함으로써 백성들로부터 존경받는 왕이 되었습니다.

은유에 사용된 이야기는 의식적으로는 단순한 비유적 내용으로 전달되지만, 잠재의식 차원에서는 상황 해결을 위한 강력한 암시로 작용한다.

은유적 표현은 아동의 내면에서 그것의 의미를 자신의 상황과 연결짓기 때문에 무의식적으로 강한 통찰을 불러일으킨다. 아동에게 은유가 들어간 이야기를 해주는 것은 습관화된 문제 행동 패턴에 균열을 일으켜 새로운 틀로 상황을 바라보게 하는 기회를 제공한다.

8장

잠재의식을 변화시키는 일반적인 방법들

8장

잠재의식을 변화시키는 일반적인 방법들

컴퓨터 하드에 내장된 프로그램들이 그대로 모니터 화면에 인출되듯이, 우리의 행동도 잠재의식에 새겨진 프로그램대로 나타난다. 문제시되는 행동, 패턴화된 습관, 얼굴 표정 등 겉으로 드러나는 모든 것은 그러한 행동을 만드는 잠재의식, 즉 마음이라는 소프트웨어가 겉으로 실행되어 나타나는 것이다.

우울한 표정을 짓는 것은 우울한 마음이 있기 때문이며, 불안한 모습을 보이는 것도 마음이 불안하기 때문이다. 내 마음이 즐겁고 행복한데 겉모습만 우울한 모습, 불안한 모습으로 나타날 수가 없다.

장애 아동이 보이는 여러 가지 도전적 행동, 습관, 모습 등도 결국 그러한 마음이 있기 때문에 그러한 행동을 하는 것이지, 절대 그냥 하는 행동이 아니다. 겉으로 보이는 모든 행동과 모습은 우리 마음 즉, 잠재의식에 입력된 대로 나타나는 것이다.

장애 아동이 보이는 특이한 습관, 부정적인 행동 패턴 등도 그냥 하는 행동이 아닌 결국 의식하지 못한 사이에 형성된 잠재의식에 따라 나타나는 행동들이다. 습관적으로 하는 행동은 아동의 의식적인 생각과는 무관하게 무의식적으로 입력된 프로그램에 따라 자동적으로 표출되는 행동 패턴이다.

부정적인 습관이나 행동은 모두 잠재의식에 저장된 부정적인 프로그램에 따라 자동적이고 무의식적으로 표출되는 것이다. 예를 들어, 아이가 욕을 많이 한다면 이것은 마치 녹음기에 녹음된 말과 같이 습관화되어 자동적으로 나오는 것이다.

자신이 욕을 많이 한다는 것을 알아차리고 '고쳐야겠다.'라고 마음먹어도 그 습관은 쉽게 고쳐지지 않는다. 또는 교사나 부모가 각종 행동수정 기법들을 써서 고치려고 해도 기존의 패턴화된 습관을 고치기란 정말 쉽지 않다. 이미 욕이 녹음되어 있는 녹음기에 대고 '말투야 예쁘게 나와라.'라고 말한다고 해서 좋은 소리가 재생되어 나올 수가 없는 것과 같은 이치이다.

따라서 겉으로 드러난 행동에 문제가 있다하여 행동만 긍정적으로 바꾸려고 하면, 결코 진정한 문제 해결을 할 수 없다. 그 근원에 숨어있는 잠재의식적 마음을 바꾸어야 궁극적으로 행동을 변화시키고 현실을 변화시킬 수 있다.

잠재의식을 변화시키는 방법은 잠재의식적 마음을 다시 긍정적인 프로그램으로 리프로그래밍하는 것이다. 앞에서 말한 혼란 기법, 역설, 역경, 은유 기법 등이 모두 기존의 행동 패턴에 혼란을 일으켜 잠재의식을 재셋팅하기 위한 방법이다.

예를 들어, 예상치 못한 행동이나 말을 하면 아동이 그 의미를 탐색하는 동안에 잠재의식이 잠깐 활성화되므로, 이때를 이용해 치료적 제안이 되는 말들을 꾸준히 해주면 아동의 잠재의식에 언젠가 이를 각인시킬 수 있다.

평상시 의식이 깨어있을 때에도 긍정적인 원하는 메시지들을 반복적으로 자주 얘기해주면 언젠가는 이를 잠재의식에 각인시킬 수 있다.

예를 들어, 주의가 산만한 아동에게는 “OO는 차분하다.”, “OO는 수업 시간에 얌전히 있는다.” 등의 메시지를 수시로 얘기하고 이러한 장면이 담긴 사진이나 그림을 보여주면 언젠가는 잠재의식을 변화시킬 수 있다.

물론 잠재의식이 조금이라도 활성화되는 트랜스 상태에서 말할 때가 잠재의식에 각인시키는 시간을 조금이라도 더 단축시킬 수 있다. 잠재의식이 바뀌면 의식과 행동은 그에 따라 자연스럽게 바뀐다.

1. 잠재의식 효과(subliminal effect)

잠재의식 효과는 지각하기 어려울 정도의 짧은 시간 동안 노출되는 자극을 통하여 잠재의식에 영향을 미치는 현상을 말한다[1].

즉, 의식하지는 못할 정도의 어떤 감각 자극을 순간적으로 군데군데 제시하면, 어느 순간 제시한 감각 자극의 내용대로 잠재의식이 영향을 받아 의식과 행동이 변화되는 것을 말한다.

대뇌가 감각기관을 통해 수용한 감각 자극의 의미를 파악하는 데 필요한 시간보다 더 짧게 자극을 노출시킬 경우, 사람은 의식적으로 이를 지각할 수 없다[2]. 따라서 잠재의식 효과는 의식적으로 알아차리기 어려울 정도의 짧은 순간에 자극을 노출하여 사람들에게 영향을 미치는 것을 말한다.

1959년 샌프란시스코 주립대학의 심리학자 돈 바이른(Donn Byrne)은 피험자들에게 16분짜리 단편영화를 보여주면서 그 중간 중간에 수차례에 걸쳐 ‘beef’라는 영어 단어를 천분의 5초 동안 보여주었다. 영화 상영이 끝난 후 피험자들에게 얼마나 배가 고프냐고 물었더니, ‘beef’

1) 서브리미널 효과(subliminal effect) (두산백과)
2) 잠재의식 메시지(subliminal message) (두산백과)

단어에 노출된 피험자들이 그렇지 않은 대조군보다 훨씬 더 배가 고프다고 응답하였다[3].

미국 예일대 심리학과 존 바그(John Barg) 교수는 1999년 저서 『참을 수 없는 존재의 자동성(The Unbearable Automaticity of Being)』을 통해 무의식적으로 제시되는 단어가 피험자들에게 어떻게 영향을 미쳤는지를 설명하며, 무의식적인 자극이 강력한 힘을 가진다고 주장하였다[4].

잠재의식 효과를 유발하는 자극은 단어 뿐 아니라, 사진 등 시각적 자료, 음성메시지 등이 모두 포함된다. 순간적으로 들려주는 소리, 음악 등도 모두 잠재의식 효과를 유발할 수 있다.

1992년 존 크로스닉(Jon Krosnick)과 동료들은 피험자에게 다양한 작업을 하고 있는 사람들 사진을 보여준 후, 이들의 인상에 대해 평가해보도록 하였다. 그런데 각각의 사진을 보여주기 전에 극히 짧은 시간 동안 한 그룹에는 편안하고 행복한 장면을, 다른 그룹에는 무섭거나 끔찍한 장면을 보여주었다. 결과를 분석해보니 두 그룹 모두 동일한 사람들 사진을 보았음에도 불구하고, 잠재의식적으로 행복한 장면에 노출되었던 그룹은 사진 속의 일하는 사람들에 대해서 훨씬 긍정적으로 평가하였다[5].

1969년 인류 최초로 달착륙에 성공한 아폴로 11호의 우주인들은 잠재의식 효과를 활용한 정신강화 훈련을 받은 것으로 알려져 있으며, 훈련이 상당히 효과적이었다고 언급한 바 있다.

2010년에는 세계적인 과학잡지인 『사이언스』지에서 네덜란드 위트레흐트대학교 심리학과 루드 쿠스터스(Ruud Custers)와 헨크 아츠(Henk Aarts) 교수의 '무의식 의지'에 대한 논문이 실리며, 잠재의식 효과가 다

---

3) 정성훈(2011), 『사람을 움직이는 100가지 심리법칙』에서 인용
4) 서브리미널 효과 [Subliminal effect] (두산백과)
5) 정성훈(2011), 『사람을 움직이는 100가지 심리법칙』에서 인용

시금 주목받고 재평가되는 계기가 되었다[6].

그 밖에도 수험생을 위한 집중력 강화 상품, 만성 질환 환자들의 고통 경감 등에도 잠재의식 효과가 사용되고 있다.

아동의 잠재의식에 영향을 미쳐서 의식과 행동을 변화시키는 잠재의식 효과를 발달장애 아동의 행동 지원에 효과적으로 활용할 수 있다. 발달장애 학생들이 보이는 특이한 행동이나 문제들은 겉으로 볼 때는 행동적인 문제들로 보여도 사실은 잠재의식에서 기인하는 문제들이다.

따라서 행동에 문제가 있다라고 하여 행동을 고치려고만 하면 안 되고, 그 근원에 숨어있는 마음의 작용을 바꾸어주어야 한다. 즉, 잠재의식을 긍정적 정서로 리프로그래밍(reprogramming) 해주어야 여러 행동적 문제들을 근본적으로 고칠 수 있는 것이다.

잠재의식 효과를 이용하여 일상생활 중에 아동이 의식하지 못할 만큼 짧거나 미약한 긍정적인 메시지, 사진, 소리 등을 자주 반복적으로 보여주거나 들려줌으로써, 잠재의식을 긍정적으로 변화시킬 수 있다.

발달장애 아동의 지적 능력이 천차만별이므로 인지 수준의 차이에 따라 들려주거나 보여주는 메시지의 시간을 조절해 줘야 한다.

인지 수준이 높을 경우 메시지의 내용을 인지하지 못하거나 살짝만 인지할 수 있게 짧게 제시하고, 인지 수준이 낮은 아동일수록 메시지 제시하는 시간을 길게 한다.

다음은 수업시간에 잠재의식 효과를 이용한 행동 중재의 예이다.

---

6) 서브리미널 효과(subliminal effect] (두산백과)

중재 사례

영이는 주의집중력이 떨어지고 자리이탈을 자주 하는 자폐성장애 학생이다. 교사는 그림책을 이용한 내용 파악하기 수업을 하려고 한다. 교사는 바르게 앉아있는 사진과, '잘 앉아 있네'라고 쓴 문구를 미리 여러 장 준비하여 그림책 중간중간에 집어넣었다.

교사는 그림책을 넘겨 가며 이야기를 전개하다가 바르게 앉아있는 사진이나 문구가 나오면 살짝 보여주고 얼른 다음 장으로 넘어간다. 쳐다보지 않으면 볼 때까지 기다렸다가 쳐다보면 1~2초 후에 다음 장으로 넘긴다.

이야기 중간중간에도 그림책 이야기와 상관없이 "영이는 잘 앉아 있을 수 있어.", "영이는 점점 잘 앉아있네.", "영이는 오래 쳐다본다."와 같은 말들을 빠르게 말하고 본래 이야기로 돌아간다. 이런 식으로 변화를 바라는 사진과 문구, 음성메시지들을 그림책 중간 중간에 제시하며 그림책 수업을 이끌어 나간다.

긍정적 메시지가 담긴 사진이나 문구, 소리를 수업 중간 중간에 보여주고 들려주면 어느 순간 메시지의 내용들을 잠재의식에 각인시킬 수 있다.

여기서 중요한 것은 잠재의식 효과의 **지속성**이다. 여러 실험들에서 확인할 수 있었던 잠재의식 효과는 시간이 지나면서 금방 사라지는 것으로 나타났다. 이는 의식하지 못한 메시지들이 실험 시간 동안에만 제시되어 그 순간의 잠재의식에만 살짝 영향을 끼쳤기 때문이다.

제공되는 감각 자극이 단발적이고 한시적 자극에 그치면, 잠재의식을 궁극적으로 변화시킬 수 없다. 따라서 일상생활 중에 꾸준히 긍정적이고 치료적 제안이 되는 메시지들을 은연중에 자주 흘려주어야 한다. 그래야 잠재의식이 바뀌고 행동을 궁극적으로 변화시킬 수 있다.

발달장애 아동이 지각하기에는 모자랄 정도로, 또는 살짝 지각할 정도로 순간순간 감각 자극을 제시하면, 겉으로 의식하지는 못하지만 잠재의식이 이에 조금씩 영향을 받는다.

따라서 이러한 경우가 누적되면 잠재의식이 궁극적으로 변화되어 결국 감각 자극에 맞는 감정 반응이나 행동 변화를 가져올 수 있다. 그러므로 평소에 지속적으로 치료적 제안이 되는 메시지들을 꾸준히 들려주고 보여주어야 한다.

2. 생활 주변 곳곳에 긍정적 메시지를 붙여놓고 말해 주기

이것은 변화를 바라는 상태가 담긴 사진이나 그림, 원하는 메시지들을 큰 글씨로 써서 눈에 잘 띄는 여러 곳에 붙여놓는 방법이다. 그리고 이러한 메시지들을 수시로 말로 표현해 준다.

아동에게 바라는 변화를 담은 사진, 그림, 단어, 메시지 등을 아동이 자주 가는 곳이나 학교, 집안 곳곳에 붙여서 은연중에 볼 수 있도록 해보자. 시각적 자료와 함께 단어를 같이 적어서 붙이면 더 효과적이다. 인지 수준이 낮지 않으면 문장으로만 적어도 좋다.

또한 일상생활 중에 수시로, 아동이 뭔가 하고 있을 때 옆에서 무심결에 치료적 제안이 되는 말들을 툭툭 해보자. 그러면 아동이 의식하지 못하는 사이에 조금씩 이러한 메시지 내용들이 잠재의식에 각인된다.

프랑스의 약사이자 심리치료사였던 에밀 쿠에(1857~1926)는 어느 날 우연히 위약효과(placebo effect)를 발견하고, 자기암시를 치료에 이용하면 큰 효과를 볼 수 있다는 사실을 발견하였다.

자기암시의 놀라운 힘을 알게 된 쿠에는 사람들의 심리치료에도 자기암시를 적극 활용하였고 뛰어난 효과를 거두었다. 그가 자신을 찾아온 환자들에게 주문한 대표적인 암시문은 '**나는 날마다, 모든 면에서, 점점 더 좋아지고 있다.**'였다. 이를 **긍정 확언**이라고도 한다.

쿠에는 모든 시술을 시작할 때와 마칠 때 위의 긍정 확언을 환자들에게 반복하고 각인시켰다. 그리고 집에 가면 벽에다 붙여놓고 자주 들여다보게 하였고, 아침, 저녁으로 20~30회 반복하게 함으로써 실제로 기적적인 치료 결과를 얻을 수 있었다. 그의 치료실은 유럽 각지에서 그를 만나러 오는 사람들로 넘쳐났다고 한다.

긍정 확언을 반복해서 읽고 말하다 보면 어느 순간 잠재의식에 스며들어서 기존의 사고 패턴을 바꿔주는 효과가 있다. 스스로 말할 수 없으면 옆에서 긍정적 메시지들을 수시로 말해 주어라. 인지 수준이 떨어지는 경우에는 바람직한 행동이 담긴 사진이나 그림을 곳곳에 붙여놓으면 된다.

잠재의식에 원하는 메시지를 각인시키기 위해서는 의도적으로 '~해라.'라고 말하는 것보다, 무의식적으로 이를 자각하게 하는 것이 좋다. 그러므로 집안 곳곳, 또는 교실 곳곳에 바람직한 행동이 담긴 그림이나 메시지를 붙여서 다른 일에 집중하고 있을 때나 지나갈 때 스치듯이 보게 하여야 한다.

예를 들어, 아동이 텔레비전을 집중해서 보길 좋아한다면 텔레비전 바로 옆에 이러한 메시지들을 여러 개 붙여서 무의식적으로 자각하게 할 수 있을 것이다.

음성으로 들려주는 메시지도 아동이 특별히 의식하지 못하는 상태에서 자주 "잘하고 있어.", "많이 차분해 졌어.", "잘 앉아있을 수 있어.", "열심히 노력하고 있다는 걸 알고 있어." 등으로 말하여 아동이 흘려듣게 해주어야 한다.

잠재의식을 변화시키는 긍정적 암시문 예시

OO는 갈수록 차분해진다.
OO는 팔을 깨물지 않는다.
OO는 수업시간에 조용히 앉아있을 수 있다.
OO는 친구들과 사이좋게 지낸다.
OO는 종이를 찢지 않는다.

OO는 매일 조금씩 좋아지고 있다.
OO는 모든 면에서 조금씩 나아지고 있다.
OO는 모든 면에서 점점 더 좋아지고 있다.
OO는 매일 조금씩 발전하고 있다.
OO의 마음이 갈수록 평화로워진다.

사랑과 감사의 에너지가 OO에게 넘친다.
우주의 착한 기운이 매일 OO에게 들어온다.
OO는 사람들에게 감사한 마음을 갖고 있다.

모든 사람들이 OO를 사랑한다.
모든 사람들이 OO의 성장을 돕는다.
모든 사람들이 OO가 얌전해질 것을 믿는다.
모든 사람들이 OO를 응원하고 있다.
모든 사람들이 OO가 차분해질 것이라는 것을 알고 있다.
OO 주변에는 OO를 좋아하고 도움을 주는 사람들이 많다.

OO는 무한한 가능성을 가지고 있다.
OO는 점점 더 잘할 수 있다.
OO는 소중하고 귀한 존재이다.
하느님이 OO를 축복해주고 있다.

OO는 밝고 건강한 정신을 회복하고 있다.
OO는 자신만의 속도로 잘 성장하고 있다.
OO는 행복한 삶을 살아간다.

우리가 어떤 기능을 숙달할 때에는 여러 번 연습과 반복이 필요하다. 자전거를 배울 때에도, 수영을 배울 때에도 무수히 많은 연습과 훈련을 통해 배울 수 있다. 구구단을 외울 때도 수많은 연습을 통해 외웠을 것이다. 하지만 한번 배운 기술과 지식은 그 다음부터는 자동적으로 인출이 된다. 한번 숙달이 되면 구구단도 문제를 듣는 즉시 맞힐 수 있고, 자전거도, 수영도 바로 할 수 있다.

이처럼 잠재의식을 변화시킬 때에도 원하는 메시지를 여러 번 반복해서 말하고 보여주어야만 비로소 잠재의식에 각인시킬 수 있다. 잠재의식은 오랜 기간 동안 원하는 메시지의 반복적 입력으로 변화시킬 수 있다. 그리고 아이가 하는 행동은 잠재의식에 프로그램된 대로 나오기 때문에, 변화된 잠재의식은 그대로 아이의 의식과 행동에 영향을 끼친다.

3. 자연스러운 트랜스 상태를 이용한 긍정적 메시지 주입

잠재의식을 변화시킬 때 평상시 의식이 깨어있는 상황에서 원하는 메시지들을 자주 제시해도 되지만, 조금이라도 잠재의식이 활성화되어 있는 상태, 즉 트랜스 상태에서 하면 조금이라도 더 빠른 효과를 거둘 수 있다.

트랜스 상태는 일종의 몽롱한 상태 또는 혼란함을 느끼는 상태로, 의식 아래에 있는 잠재의식이 활성화되는 상태라고 하였다. 바로 이때를 이용해 원하는 치료적 제안을 재빠르게 말해주면 더 빠르게 좋은 효과를 볼 수 있다.

우리는 일상생활 중에 수시로 트랜스 상태에 있게 된다. 책을 집중해서 읽을 때나 친한 친구와 대화하고 있을 때, 좋아하는 영화나 음악 감상할 때, 게임하고 있을 때 등이 모두 자연스러운 트랜스 상태에 있을 때다.

이 상황에서는 시간 가는 줄 모르고 그 장면에 빠져 주변의 일들에도 무감각해진다. 바로 이때가 잠재의식이 활성화되는 상태이므로 이 상태에서 원하는 메시지들을 주입하면 더 좋은 효과를 볼 수 있다.

앞에서 언급하였듯이 발달장애 아동이 특유의 상동행동, 반복적인 행동, 집착행동을 할 때도 일종의 자연스러운 트랜스 상태에 있는 것이다. 그러한 활동에 몰입해 있으면서 주변의 일들에 무감각해지기 때문이다. 따라서 이때를 이용해 원하는 메시지들을 자주 이야기해 주면 언젠가는 잠재의식을 변화시킬 수 있다.

예를 들어, 무언가의 활동이나 행동에 몰입해 있을 때 주의집중력이 짧은 아동에게는 "~잘 하고 있어", "~잘 할 수 있어.", "OO가 많이 집중하고 있다는 걸 알고 있어.", "많이 차분해 졌어." 식으로 은연중에 툭툭 던지듯이 말해 보자.

아동이 게임에 몰입해 있거나 텔레비전을 집중해서 볼 경우, 또는 특정 사물에 집착할 경우에도 일종의 자연스러운 트랜스 상태에 있는 것이므로 이때에도 원하는 메시지들을 옆에서 조용하게 말해 보자. 아동의 내면에서는 겉으로 의식하지(알아차리지) 못하더라도 이러한 메시지를 조금씩 받아들이게 된다.

주의할 것은, 자연스러운 트랜스 상태에 있을 때는 몰입하고 있는 상태를 깨뜨리면 안 되기에 귓속말이나 조용하게 살짝 말해주어야 한다는 것이다. 여기에 대해서는 앞에서도 자세히 설명하였다.

두 번째는 졸릴 때나 잠들기 직전, 또는 잠에서 깨기 직전의 자연스러운 트랜스 상태를 이용하여 원하는 메시지를 던지는 방법이다.

잠에 들기 직전이나 잠에서 깨기 직전의 약간 몽롱한 상태가 바로 의식이 약간 변형된 상태인 트랜스 상태에 있는 것이다. 잠에 들기 직전, 또는 잠에서 깨기 직전이야말로 아주 훌륭한 자연스러운 트랜스 상태이다.

따라서 이때를 이용해 아동에게 바라는 메시지, 긍정적 메시지, 원하는 상태 등을 말해 주면 이를 아동의 잠재의식에 더 빨리 각인시킬 수 있다. 매번 들려주기가 힘들면 잔잔한 음악과 함께 메시지를 녹음해서 아동이 잠자리에 들 때 흘려듣게 하고 또 일어나는 시간 즈음에 틀어주면 잠재의식에 더 빨리 각인시킬 수 있다.

예를 들어, 주의집중력이 짧고 산만한 학생에게는 "점점 차분해진다.", "자리에 잘 앉아 있는다.", "넌 잘 하고 있어.", "~잘 할 수 있어.", "주의집중 시간이 조금씩 길어지고 있어.", "오늘 하루도 차분하게 지낼 수 있어.", "많이 차분해졌어." 식으로 귓속말을 살짝 속삭여주거나 녹음한 내용을 틀어주면, 아동의 잠재의식에는 이러한 메시지가 언젠가는 각인된다.

어느 활동에 몰입해 있을 때보다, 잠들기 직전과 잠에서 깨기 직전이 하루 중 가장 잠재의식이 활성화되어 있을 때이다. 잠재의식을 변화시킬 수 있는 가장 좋은 타이밍은 바로 이때인 셈이다.

신생물학의 세계적 학자인 브루스 립튼(Bruce Lipton)은 평소에는 1년 동안 매일 100번씩 말해야 효과가 있다면, 잠이 들 때나 잠에서 깰 때는 녹음을 듣는 것만으로도 비교할 수 없이 빠르게 잠재의식이 바뀌게 된다고 하였다. 그리고 잠재의식에 한번 각인된 이미지나 생각은 어떻게든 아동의 의식과 행동에 자동적으로 영향을 끼치게 된다.

따라서 잠들기 전에 변화를 바라는 메시지들을 조용히 속삭여주고 깨기 전에도 이러한 메시지들을 옆에서 지속적으로 들려주면, 그 내용이 신기하게도 잠재의식에 새겨진다.

매일 말로 하기는 번거롭고 힘들므로, 잔잔한 명상 음악과 함께 "OO는 차분하다.", "OO는 주의집중을 잘한다.", "OO는 팔을 깨물지 않는다." 등의 원하는 메시지들을 녹음해서 매일 들려주는 것이 좋을 것이다.

잠들 때와 아침에 일어날 때 이러한 메시지들을 들려줘보자. 그러면 메시지의 내용을 아이의 잠재의식에 훨씬 더 빨리 각인시킬 수 있다. 그리고 한번 잠재의식에 새겨진 내용들은 어떻게든 의식과 행동에 자연스레 영향을 끼치게 된다. 세계적으로 성공한 사람들, 유명한 사람들 중에도 이러한 잠재의식 변화 기법을 잘 활용한 사람들이 많다.

아이의 인지 수준이 떨어져서 이러한 말들을 이해하지 못하는 듯 보이지만 잠재의식은 본능에 따라 움직이고 자신의 몸을 보호하기 위해 존재하므로 이러한 말의 뜻을 다 이해하고 조금씩 변화하려고 한다.

따라서 아이가 어떤 활동에 심취해 있을 때나 잠들기 직전, 잠에서 깨기 직전 등 자연스러운 트랜스 상태에 있을 때, 이를 놓치지 말고 원하는 메시지, 긍정적 메시지들을 넌지시 강조하며 말해 보자. 긍정적인 행동 변화가 일어날 것이다.

4. 혼란스러운 상황을 연출하여 긍정적 메시지 주입

인위적으로 트랜스 상태를 유도하여 치료적 제안이 되는 긍정적 메시지를 말할 수 있다. 이렇게 트랜스 상태를 이용하여 긍정적 메시지를 제시하는 이유는 앞서 말한 대로 원하는 상태를 더 빨리 실현하기 위한 것이다.

먼저 아동과 라포를 형성[7]한 후 일상적인 활동을 할 때, 교사가 갑

7) 라포와, 라포 형성 방법에 대해서는 11장에서 자세히 설명하였다.

자기 아동이 예상치 못한 행동을 하거나 돌발 행동을 하면 아동은 잠시 혼란스러운 상황에 빠진다. 이 혼란스러운 상태가 잠시 잠재의식이 활성화되는 상태이므로 이때 치료적 제안이 되는 원하는 메시지를 큰 소리로 재빠르게 말하면 된다. 이 부분에 대해서는 앞에서 자세히 설명하였다.

깜짝 놀래키는 상황을 만들어 메시지를 주입하는 것도 좋은 방법이다. 어디 숨어있다가 갑자기 소리 지르며 나타난다거나, 조용한 대화 도중 갑자기 "웍"하고 크게 소리 지르면 아동은 깜짝 놀랄 것이다. 바로 이때 큰 목소리로 재빠르게 "이제 팔 안 깨문다.", "엄마 말 잘 듣는다.", "점점 착해진다." 식으로 짧고 간결하게 외치면 조금씩 이러한 내용들을 잠재의식에 입력시킬 수 있다.

아동이 자연스러운 트랜스 상태에 있을 때는 그 상황이 깨지지 않게 부드럽고 조용하게 말해야 하지만, 혼란스러운 상황 또는 깜짝 놀래키는 상황을 연출한 때에는 아동이 이미 어리둥절해 하고 있는 상황이므로 큰 소리로 재빠르게 해야 효과적이다.

이 밖에도 교사가 아동에게 역경을 부과하거나 갑자기 역설적 개입을 쓸 경우에도 아동은 일시적으로 내적 패턴이 붕괴되며 트랜스 상태에 들어간다.

또한 말을 중언부언하거나 횡설수설 말하면 이때에도 아동은 그 의미를 탐색하느라 혼란스러움을 느끼며 트랜스 상태에 들어간다.

이때를 이용해 재빠르게 치료적 제안이 되는 말들을 해주면 언젠가는 치료적 제안의 내용으로 아동의 잠재의식을 변화시킬 수 있다. 트랜스 상태에서 긍정적인 메시지들을 해주는 것이 잠재의식을 조금이라도 더 빨리 변화시킬 수 있는 것이다.

5. 심장호흡법

심장호흡법에 앞서 먼저 심장에 대해 바르게 인식할 필요가 있다. 오랫동안 심장은 피를 돌게 하는 펌프라고만 인식되어 왔지만, 최근 30년간의 연구에 의하면 심장은 그보다 훨씬 더 중요한 의미를 지니는 독립적인 기관이며 또 하나의 두뇌임이 밝혀졌다.

심장을 신경기관의 하나로서 연구하는 신경심장학은 이미 하나의 학문 분야로 확실히 자리 잡았다. 신경심장학에 따르면, 심장은 마치 뇌처럼 일종의 지각 능력이 있는 기관이며, 신경 정보를 인코딩하고 처리하는 고유한 독립적 신경시스템을 유지하고 있다.

심장은 뇌와는 별도로 독립적으로 학습하고, 기억하고, 독자적으로 기능적 결정을 내리기도 하는 기관이기 때문에 '하트 브레인(heart brain)'이라고 불리기도 한다[8].

신경심장학에 따르면 심장과 뇌는 서로 정보를 밀접하게 주고받으며 커뮤니케이션한다. 두뇌의 판단에 따라 심장박동수가 달라지기도 하지만 거꾸로 심장에서 보내는 특정한 신호가 감정이나 인지 능력에 영향을 미치기도 한다.

특히 감정의 변화는 심장박동수 변화에 민감하게 영향을 받는다. 신경질적이고 짜증을 많이 내는 사람은 심장이 약해서 심장의 박동수가 불규칙하기 때문인 경우도 많다. 즉, 화가 나서 심장박동수가 불규칙하다기보다 불규칙한 심장박동수가 그 사람을 불안하고 짜증나게 만드는 것이다[9].

이처럼 심장은 뇌에서 내려오는 신호(명령)만 받고 전달하는 것이 아니라, 뇌에 명령을 주기도 한다는 것이 밝혀졌다. 심장이 뇌처럼 독립적인 판단도 하는 것이다. 예로부터 '마음은 심장에 있다.'라고 하는데

8) 김주환(2019), 『회복탄력성』에서 인용
9) 김주환(2019), 『회복탄력성』에서 인용

이 말이 맞다.

심장호흡법은 미국 하트매스 연구소의 롤린 맥크러티(Rolline McCraty) 박사가 개발한 검증된 호흡법으로, 심장호흡을 하면 우리가 자연 속에 있는 것 같은 편안한 파동을 느껴서 가장 창의력 있는 상태(정합 상태)가 된다고 한다. 그 방법은 다음과 같다[10].

1. 눈을 감고 두 손을 심장에 대고 심장 주변으로 마음을 집중한다.
2. (심장 주변으로 숨을 들이마신다는 생각으로) 편안하게 약 5초 동안 천천히 들이마신다.
3. (심장 주변으로 호흡을 내보낸다고 생각하며) 약 5초 동안 천천히 숨을 내쉰다.

평소보다 약간 깊고 약간 고르게 호흡하는 것이 요령이며, 이런 밸런스를 유지하며 3~4회 실시한다. 별거 아닌 것 같지만 이렇게 하면 우리 심장이 가장 편안함을 느끼는 상태(정합 상태)가 되어 순간적인 화나 스트레스가 해소된다.

이러한 심장호흡법을 이용하여 아동의 잠재의식을 변화시키기 위한 에너지를 아동에게 보내줄 수 있다. '**마음 햇살 보내기**'는 심장호흡을 한 후 상대방에게 의식의 에너지를 전달하여 상대방의 정서를 변화시키는 방법이다.

롤린 맥크러티는 연구에서 우리가 타인을 위해 좋은 에너지를 보내면, 에너지가 두 배 이상 강력해진다는 사실을 발견했다. 아동에게 마음

---

10) 이진식(2020), 『정서행동장애 학생 심리치료 및 상담(최면상담과 NLP 중심으로)』에서 발췌

햇살을 보내는 방법은 다음과 같다.

1. 심장호흡을 3~4회 하여 몸을 정합 상태로 만든다.
2. 호흡하면서 변화를 바라는 아동을 향해 긍정적인 에너지(사랑, 감사, 배려, 원하는 메시지 등)를 보낸다.

심장호흡과 마음 햇살 보내기는 반복하면 할수록, 또 여러 사람이 같이 할수록 그 효과는 강력해진다. 따라서 정해진 시간에 교사의 도움을 받아 부모가 같이 마음 햇살 보내기 훈련을 지속적으로 하면 학생의 긍정적인 감정 변화와 잠재의식의 변화가 조금씩 일어난다.

8장에서 소개한 방법들은 모두 잠재의식에 메시지를 각인시켜 원하는 효과를 얻고자 하는 방법들이다. 원하는 메시지나 치료적 제안이 되는 말들을 살짝 강조하며 말하면 더 좋다. 중요한 것은 여러 번 반복해서 해야 효과가 좋다는 것이다.

그리고 평상시 의식이 깨어있는 상태에서 원하는 메시지들을 주입하기보다는 조금이라도 잠재의식이 활성화되어 있는 상태, 즉 트랜스 상태에서 해야 더 효과적이다.

아이와 라포를 형성한 상태, 무언가 활동에 몰입한 상태, 반복적인 행동에 집중할 때, 살짝 졸린 시간, 잠에서 깨기 직전 등이 모두 자연스러운 트랜스 상태에 있을 때이다.

또한 깜짝 놀라게 하거나 기대되는 행동을 하지 않을 때, 역경 전략, 역설적인 개입을 하는 것도 혼란스러운 상황을 연출하여 트랜스 상태에 들어가게 하는 방법이다.

이때를 이용해 원하는 메시지들을 자주 보여주거나 이야기 해주면 원하는 방향으로 잠재의식을 더 빨리 변화시킬 수 있다. 그리고 잠재의식이 변화되어야 여러 행동적 문제들을 근본적으로 해결할 수가 있다.

위의 기법들을 일상생활에서 꾸준히 실천한다면 중증 발달장애 아동이나 중도중복장애 아동에게도 분명 효과가 있을 것이다. 꾸준히 해주면 언젠가는 아이의 잠재의식을 변화시킬 수 있다. 잠재의식이 변화하면 긍정적인 학습 태도와 원하는 행동 변화가 자연스레 따라온다. 그리고 그 효과는 반영구적이다.

9장

잠재의식을 변화시키는 밀턴 에릭슨 대화법

9장

잠재의식을 변화시키는 밀턴 에릭슨 대화법

밀턴 에릭슨이 내담자의 행동을 변화시키기 위해 즐겨 사용한 대화 패턴을 '**밀턴 모델**'이라고 한다. 밀턴 모델 화법(話法)은 밀턴 에릭슨이 사용한 언어를 NLP 창시자인 벤들러와 그린더가 분석해(모델링) 만든 기술이다.

에릭슨은 대화 상황에서 의도적으로 모호하고 추상적인 언어를 사용하였다. 그렇게 함으로써 포괄적이면서도 임의적인 해석이 가능하도록 하여 듣는 사람으로 하여금 자연스러운 트랜스 상태로 들어가게 하였다.

에릭슨의 언어 패턴을 특수교육에 적용하여 아동을 가벼운 트랜스 상태로 유도하는 데 사용할 수 있다. 밀턴 모델로 말을 하여 아동을 트랜스 상태로 유도한 후, 치료적 제안이 되는 말을 갑작스럽게 함으로써 아동의 행동 변화를 촉진할 수 있다.

밀턴 모델은 내용의 왜곡, 삭제, 그리고 일반화를 통한 비논리적인 문장으로 되어 있어 아동으로 하여금 비판적 사고를 못 하게 만드는 언어 패턴이다. 밀턴 모델은 아동 의식의 논리적인 면을 충분히 혼란스럽게 하는 특정 단어와 단어들의 조합을 사용함으로써 마음의 무의식적인 부분에 직접 영향을 끼친다.

모든 학습과 변화는 무의식적으로 일어나기 때문에, 무의식적인 마음의 변화를 위해 이렇게 말하는 것은 아동을 변화시키는 강력한 힘이 될 수 있다.

본 장에서는 잠재의식을 활성화시켜 아동의 행동 변화를 유도하는 에릭슨 대화법의 언어 패턴에 대해 소개하도록 한다.

1. 마음 읽기, 가치 판단, 복문 등식, 인과관계로 연결

마음 읽기

마음 읽기는 아이의 마음을 이미 부모나 교사가 알고 있었던 것처럼 말하는 것이다. 즉, 부모 자신이 아이에게 바라는 내용을 마치 아이가 바랬던 것처럼 기정사실화하여 말하는 것이다.

부모가 아이의 마음을 바람직한 방향으로 유도하기 위해 실제 아이의 마음과 상관없이 그러리라고 짐작해 사실처럼 말해 버리면, 아이는 무의식적으로 자신도 이미 그랬던 것처럼 받아들인다.

다음은 마음 읽기에 관한 예이다. 변화를 바라는 부분에 박수를 쳐 주면서 강조를 하며 크게 말한다.

예시

"영수도 잘 알겠지만 너는 이미 차분해졌어."
"네가 잘 알고 있듯이 너는 많이 착해졌어."
"나는 영수가 지난해에 비해 많이 차분해졌다는 것을 알고 있어."
"네가 이제 손을 덜 깨문다는 사실을 너도 알고 있었지?"
"영수가 이제 엄마 말을 잘 듣는구나. 너도 알고 있었지?"

"우리 영수가 이렇게 착해졌구나. 우리 영수가 이렇게 의자에 잘 앉아 있구나."
"우리 영수가 작년보다 훨씬 더 차분해졌구나."
"선생님은 영수가 의자에 앉아 있기 위해 열심히 노력하고 있다는 사실을 잘 알고 있어."
"선생님은 영수가 이렇게 의자에 잘 앉아 있을 것을 알고 있었어."
"선생님은 영수가 중학생이 되면 이렇게 차분해질 것을 알고 있었어."
"선생님은 영수가 어제보다 오늘 더 차분해진 것을 알고 있어."
"나는 영수가 선생님한테 칭찬받아서 기분이 좋다는 것을 알고 있어."

실제 아이의 행동과는 상관없이 아이가 이미 바람직하게 행동해 왔던 것처럼 부모가 알고 있었다고 말하면, 아이는 무의식적으로 이에 영향을 받아 자신도 변화하려는 관념이 싹튼다. 아이는 무의식적으로 부모나 교사가 바라는 방향으로 영향을 받게 된다.

가치 판단

가치 판단은 "~하는 것은 옳다.", "~하는 것은 좋다.", "~하는 것은 바람직한 일이다.", "~하는 것은 잘하는 행동이다.", "~하는 것은 대단한 일이다." 등으로 표현하는 것이다.

부모나 교사가 이렇게 긍정적으로 판단을 내려 말하면 아이는 잠재의식적으로 "~한" 내용들을 사실로 받아들여 스스로 변화 가능성을 탐색하게 된다.

가치 판단에 관한 다음 예를 보자. 역시 변화를 바라는 부분에 박수를 쳐 주면서 강조를 하며 크게 말한다.

예시

"선생님 말을 듣고 있는 것은 아주 잘하고 있는 행동이야."
"영수가 점점 차분해지고 있다는 사실은 아주 대단한 일이야."
"손등을 깨물지 않은 것은 아주 잘한 행동이야."
"우리 영수가 점점 완벽해지고 있어."
"우리 영수가 아주 잘 앉아 있네."
"지금처럼 얌전히 앉아 있는 것은 아주 대단한 일이야."

복문 등식

복문 등식은 'A는 B를 의미한다.', 'A는 B를 뜻한다.'로 표현하는 것이다. 즉, 두 개의 사실을 같은 것으로 등식화하는 것이다.

설사 두 개의 사실이 별로 관련성이 없더라도 A와 B를 같다고 표현해 버리면 마치 그럴 거라는 인식을 무의식적으로 심어주게 된다.

예시

"영수가 교실에 있다는 사실은, 영수가 착하다는 것을 의미해."
"영수가 점심을 먹는다는 것은, 오후에도 열심히 공부할 것임을 뜻하지."
"지금까지 잘 앉아 있네. 그것은 이미 행동이 차분해지고 있다는 것을 뜻해."
"그렇게 행동한다는 것은, 네가 씩씩해졌다는 것을 의미해."
"학교에 지각하지 않는다는 것은, 네가 아주 부지런하다는 것을 의미해."
"영수가 자리에 앉는다는 것은, 영수가 많이 차분해졌음을 의미해."

인과관계로 연결

이것은 두 문장 사이에 아무 관련성이 없음에도 마치 관계가 있는 것처럼 연관 지어 말하는 것이다. 즉, 앞 문장과 뒷 문장이 논리적 상관 관계가 없어도 '왜냐하면, 그렇기 때문에' 등 **인과관계**로 설명하여 무의식적으로 믿음을 갖게 만드는 언어 패턴이다.

인과관계 형식으로 말하면 아이는 무의식적으로 결과에 해당하는 내용을 사실로 받아들이게 된다.

로버트 치알디니(Robert Cialdini)의 저서 『설득의 심리학』에는 이와 관련한 실험이 나온다. 도서관 복사기 앞에 줄 서있는 학생에게 복사를 먼저 해도 되는지 부탁을 하는 실험이었는데, 다음과 같은 세 가지 방식으로 물어보았다.

① "죄송합니다. 제가 먼저 복사기를 사용해도 될까요?"
② "복사기를 먼저 사용해도 될까요? 왜냐하면 제가 지금 몹시 바빠서요."
③ "복사기를 먼저 사용해도 될까요? 왜냐하면 제가 복사를 좀 해야 되거든요."

부탁을 하는 방법에 따라 승낙하는 확률이 얼마나 달라졌을까? ①번과 같이 이유를 말하지 않고 양해만 구했을 때는 약 60%만 승낙을 했지만, ②번과 같이 정당한 이유를 말하고 먼저 사용해도 되는지 물었을 때는 94%나 승낙을 하였다고 한다.

그럼 ③번에 대한 승낙 확률은? ③번은 엉터리 같은 이유를 대고 양해를 구한 것이라 승낙 확률이 낮게 나올 것 같지만 놀랍게도 93%나 승낙을 하였다고 한다. 승낙을 할 만한 어떤 실제적인 이유가 없고 단지 이유를 밝힌 것만으로 이러한 반응을 나타낸 것이다.

이것은 '왜냐하면, 그렇기 때문에'와 같은 접속사를 사용하면, 인과관계가 부족한 이유를 제시하더라도 쉽게 청취자의 비판적 사고를 우회하여 무의식적인 마음에 개입함으로써 순간 최면에 걸리게 하는 효과가 있기 때문이다.

이처럼 인과관계로 표현하면 아이의 무의식에 영향을 미쳐 행동의 변화를 도모할 수 있게 된다.

예시

"나랑 하이파이브 했기 때문에, 이제 자신감이 100배 상승할 거야."
(이후 하이파이브할 때마다 자신감이 100배 상승한다고 말해 준다.)
"내 말을 들으면 들을수록 점점 더 차분해질 거야. 왜냐하면 선생님은 능력자거든."
"이 의자에 앉으면, 영수는 아주 차분해질 거야. 이 의자는 신비의 의자거든."
"영수는 이곳에 있기 때문에, 자신감이 점점 더 높아질거야."
"네가 그러한 행동을 하는 것은, 네 마음을 아무도 몰라주기 때문이야. 선생님은 네 마음을 알고 있어."
"크게 심호흡을 하는 순간, 마음이 안정되기 시작할 거야."
"영수가 내 말을 잘 듣고 있구나. 그렇기 때문에 이제 점점 더 차분해질 거야."

2. 가능성의 표현, 비구체적 명사, 간접적 제안, 돌려 말하기

가능성의 표현

이것은 "~할 수 있다.", "~할 지도 몰라."와 같은 가능성을 암시하는 표현으로써 **서법 기능어**라고도 한다. **가능성의 표현**은 상황이 발생할 수 있는 가능성을 내포하는 표현법이다.

"~할 수 있다.", "~할 지도 몰라."와 같은 가능성의 표현은 아동의 의식적인 저항을 피하고 마음에 무의식적으로 변화 가능성을 싹트게 한다. 가능성의 언어는 의식적인 저항을 피해 간접적으로 영향을 끼친다는 점에서 간접적 제안(암시)에 해당한다.

밀턴 에릭슨은 무의식적인 마음의 작용을 의식적으로 가르치는 것은 불가능하다고 하여 권위적인(직접적인) 제안은 저항에 부딪힐 가능성이 높다고 말했다.

예를 들어, "너는 얌전해질 것이다."라는 말은 무의식적 수준에서 "너는 얌전한 사람이 될 수 있다."보다 영향력이 적다. 전자는 직접 명령이고, 무의식적으로 반발을 불러온다. 하지만 후자는 개방적이고 억압되지 않은 지속 가능한 변화에 대한 초대이기에 저항을 일으킬 가능성이 작다. 무의식적 마음은 개방성, 가능성, 은유, 상징적인 표현에 반응한다.

예시

"숨을 쉴 때마다 점점 더 차분해 짐을 <u>느낄 수 있을 거야.</u>"
"선생님을 보고 있으면 영수는 내면의 평화의 소리를 <u>들을 수 있어.</u>"
"영수는 마음이 편안해지는 현상을 <u>경험할 수 있어.</u>"
"어제보다 더 나은 오늘의 너를 <u>볼 수 있어.</u>"
"영수는 이른 시일 내에 <u>변할 수 있어.</u>"
"너무 급하게 <u>변할 필요는 없어.</u>"
"덧셈 문제를 더 잘 <u>이해할 수 있어.</u>"
"영수는 이 내용을 쉽게 <u>이해할 수 있어.</u>"
"영수가 얼마나 빨리 기분이 좋아지는지 <u>놀랄지도 몰라.</u>"

비구체적 명사

비구체적 명사란 누가 또는 무엇을 구체적으로 이야기하는지 모르는 명사(사람 또는 사물)를 말한다. 즉, 구체적으로 누군지 또는 무엇인지 밝히지 않고 표현하는 것을 의미한다.

누가 또는 무엇을 말하는지 알지 못하면 오해를 일으킬 수 있다. 누군지 또는 무엇인지 구체적으로 표현하지 않으면 듣는 사람은 '그게 누구지? 구체적으로 무엇을 말하는 거지?'라고 생각하며 혼란스러움을 느끼게 된다. 그때 잠재의식이 활성화되는 상태가 되므로 필요한 암시를 주입하기 쉬운 상태가 만들어진다.

예를 들어, "그들은 나를 좋아하지 않는다."라고 표현하면 그들이 구체적으로 누군지 설명하지 않았기에 전혀 알 수가 없다. 또한 "그들은 나보다 낫습니다."라는 표현도 그들이 구체적으로 누군지 모르기에, 듣는 사람은 '그들이 누굴까'를 순간적으로 생각하다가 내면을 탐색하게 되고 이때 잠시 암시를 받아들이기 쉬운 상태가 된다.

예시

"학생들은 뛰어나요." (구체적으로 어떤 학생들인지 설명이 없음)
"사람들이 영수를 좋아해요." (구체적으로 어떤 사람들인지 알 수 없음)
"그들도 똑같은 과정을 거쳤어요." (그들이 구체적으로 누군지 밝히지 않음)
"사람들은 그것을 잘 모를 거예요." (어떤 사람들인지, 무엇인지 설명이 없음)
"영수가 그렇게 하면 아주 좋은 거야." (그렇게가 구체적으로 무엇인지 설명을 안 함)
"영수는 잘 할 수 있어." (무엇을 잘 할 수 있는지 설명이 없음)

간접적 제안

간접적 제안은 가능성의 표현과 비슷하다. 직접적인 명령 또는 제안은 아동의 저항이나 반발을 불러올 수 있다. 앞서 말했듯이 직접적인 표현이나 권위적인 제안은 저항에 부딪힐 가능성이 높다.

하지만 가능성의 표현으로 간접적인 제안을 하면, 아동의 의식적인 저항을 피하고 우회적으로 잠재의식에 영향을 끼칠 수 있다.

간접적 제안의 표현 방식은 "~할 수 있어.", "~할 수 있을지 궁금하다.", "~할 수도 있어.", "~해도 좋아." 등이다.

예를 들어, "영수는 자리에 잘 앉아있는 사람이 될 수 있어."라는 말은 무의식적인 수준에서 "영수는 자리에 잘 앉아있을 거야."보다 더 강한 영향을 끼친다.

후자는 막연한 추측이고, 자리이탈에 대한 주의를 이끈다. 하지만 전자는 개방적이고 지속 가능한 변화에 대한 초대이기에 저항을 일으킬 가능성이 훨씬 적다.

간접적 제안은 표면적으로 지시의 느낌이 들지 않기에 훨씬 부드럽게 전달되며 아동의 저항 가능성을 줄인 상태로 내적 지시의 효과를 거둘 수 있다.

예시

"**연필을 가져다줄 수** 있을지 궁금하구나."
→ "연필을 가져와라."의 간접적 표현

"**자리에 앉고** 싶어 질 수도 있어.", "**자리에 잘 앉는 사람**이 될 수 있어."
→ "자리에 앉아라."의 간접적 표현

"**왜 그렇게 했는지** 생각난다면 **말해도** 좋아."
→ "왜 그렇게 했는지 말해 봐."의 간접적 표현

"**너는 비흡연자가 될 수** 있어."
→ "너는 담배를 끊을 거야."의 간접적 표현

"**너는 글을 읽고 쓸 줄 아는 사람이 될 수** 있어."
→ "너는 글을 읽고 쓸 줄 아는 사람이 될 거야."의 간접적 표현

"대부분의 학생들은 **학교에 오면 편안해지는 현상**을 경험할 수 있어."
→ "학교에 오면 편안해 진다."의 간접적 표현

"대부분의 학생들은 **햇볕의 따사로움을 느낄 수** 있어.", "**햇볕의 따사로움을 느껴보고** 싶어질 수도 있어.", "**햇볕의 따사로움을 느껴 봐도** 좋아.", "**햇볕의 따사로움을 느낄 수** 있는지 궁금하구나."
→ "햇볕의 따사로움을 느껴라."의 간접적 표현

진하게 쓴 글씨체는 말할 때도 더 강조하며 말한다.

돌려 말하기

이것은 말하고자 하는 바를 직접적으로 표현하지 않고 다른 사물, 대상에 빗대어 **돌려서 표현**하는 것이다. 에릭슨은 치료를 위해 찾아온 내담자에게 "긴장을 푸세요."라고 말하지 않고, "다리를 푸세요." 또는 "팔을 푸세요."라고 말했다.

여러 개의 단어가 연결된 경우 사람의 뇌는 본능적으로 더 강렬한 단어에 꽂히는 경향이 있다. 이것은 생존을 위한 본능의 결과물이다.

위의 표현에서는 "푸세요."라는 말보다 "긴장"에 주목하게 된다. 내담자도 긴장을 풀어야 할 것을 알고 있는데 긴장을 풀라고 말하면 오히려 긴장이라는 단어에 주목하게 되어 '긴장이 안 풀리면 어쩌지.'라는 걱정과 함께 긴장이 풀리지 않는다.

에릭슨은 이러한 점에 주목하여 다른 신체 부위를 풀라고 함으로써 자연스레 마음의 긴장이 풀릴 수 있도록 유도하였다.

"다리를 푸세요."라고 말해도 "푸세요."가 잠재의식에 입력되면서 의식하지 못하는 사이에 마음의 긴장도 풀릴 확률이 높아진다. 이를 위해 에릭슨은 실제로 말할 때 "푸세요(uncross)."라는 단어를 더 강하게 발음하였다.

또 다른 예로, 밤에 잠이 안 올 때 영어권 국가에서는 잠이 스르르 오게 하기 위해서 양(sheep)을 세는 경우가 많다. 이것은 양(sheep)의 발음이 잠(sleep)과 비슷함으로써, 양(sheep)을 이용해 계속 숫자를 세다 보면 sheep이 무의식에선 sleep로 각인되면서 스르르 잠에 들게 되는 행동의 변화로 이어지기 때문이다.

우리도 잠이 안 올 때 양 한 마리, 양 두 마리, 양 세 마리... 이렇게 세어본 경험이 있을 것이다. 그런데 '양을 세면 스스르 잠이 온다고 들었는데 왜 잠이 안 오지?'라고 느껴본 적도 있을 것이다. 이것은 양과 잠이 우리말로는 아무런 관계가 없기 때문이다. 따라서 잠이 오게 하려면 잠과 발음이 비슷한 단어, 예를 들어 '점'을 센다거나, '잠자리', '잠옷' 등을 하나씩 세어 나간다면 잠이 올 확률은 훨씬 높아진다.

이처럼 아동에게 바라는 행동을 직접적으로 표현하지 않고 다른 사물이나 대상에 빗대어 표현하면 아동의 의식적 저항을 피하고 잠재의식에 바로 영향을 끼칠 수 있다.

예시

(긴장하고 있는 아동에게) "자 다리를 풀고, 팔도 **풀어보자**."
(자해하는 아동에게) "다른 친구를 **때리지 않네**."
(팔을 자주 깨무는 민지가 있고, 민지 옆에는 영수가 있는 상황) "(민지를 보며) 영수는 이제 손가락을 **깨물지 않네**."
(자리이탈 하는 아동에게) "밥 먹을 때 **잘 앉아 있네**."

진한 글씨체가 전달하고자 하는 메시지이므로 더 강하게 발음한다.

3. 부가의문문, 비교대상 생략, 이중 구속, 숨겨진 명령어

부가의문문

부가의문문은 진술문 끝에 "그렇죠?", "그렇지 않나요?", "~지 않나요?", "맞지요?", "~지 않겠죠?" 등으로 한번 더 부정할 수 없는 확인 질문을 하는 것을 뜻한다.

이것은 아동으로 하여금 의식적인 저항을 방지하고, 바로 앞 문장의 진실을 확인하도록 격려하는 밀턴 모델 질문이다. 부가의문문으로 물어보면 앞의 진술문의 내용을 강조하는 효과가 있어 아동으로 하여금 의견 불일치(의식적인 저항)를 막을 수 있다.

또한 부가의문문으로 물어보면, 듣는 아동은 앞의 진술을 다시 생각하게 되어 메시지를 더 깊이 기억하고 무의식적으로 이를 활용하려고 하게 된다.

부가의문문을 효과적으로 활용하려면 진술문과 질문 사이에 일시 중지하는 것이 중요하다. 즉, 진술이 끝나고 약간 쉬었다가 부가의문문을 붙여야 효과가 좋다.

아동의 잠재의식은 확인 질문을 듣고 이전에 진술된 내용을 다시 되새기고 고려하기 위해 시간을 거슬러 올라간다.

예시

"영수가 점점 더 발전하고 있네요... 그렇지요?"
"선생님 수업에 집중한다는 것은... 모범생이 되었다는 것을 의미하지... 그렇지 않니?"
"영수가 듣고 있는 동안 영수는 배우고 있는 거야... 그렇지?"
"학교 수업은 정말 즐거워요... 그렇지 않나요?"
"영수는 정말 편안하게 쉬는 것을... 좋아하지 않나요? 그렇죠?"

"영수가 선생님 말을 아주 잘 들었네요... 맞죠?"
"오늘 아주 잘 했어요... 또 잘할 수 있겠죠? 그렇죠?"

비교대상 생략

이것은 비교하는 말을 할 때 비교 대상을 생략하고 말하는 것이다. 즉, 비교의 한쪽을 의도적으로 생략함으로써 모호하게 비교하는 것이다.

비교대상 생략은 비교의 대상을 구체적으로 밝히지 않은 채, "더 좋고, 더 강하고, 더 빠르고, 더 향상되고, 더 많고, 더 적고, 더 크고, 더 작고, 더 건강하고, 더 우수하고, 가장 좋은, 최악의, 가장 많게, 가장 적게" 등으로 표현함으로써 아동의 내면을 혼란스럽게 만드는 데 일차적인 목적이 있다.

예시

"이 작품이 훨씬 더 마음에 든다." (무슨 작품보다? 또는 누가 한 것 보다?)
"영수가 두 배나 빠르구나." (누구보다? 또는 무엇이?)
"이것은 약간 덜 녹색이다." (무엇보다 덜 녹색인가? 또는 덜 친환경적인가?)
"그는 덜 듣는다." (누구보다 적게? 또는 언제 덜 듣는가?)
"너는 이제 더 잘하고 있어."
"지금처럼 있는 것이 더 나은 거야."
"영수는 최고로 기분 좋은 상태가 될 거야."
"영수는 가장 오래 앉아 있네."

이중 구속

이중 구속은 아동에게 여러 선택 사항을 제시하여 겉으로는 그가 자유롭게 선택을 하도록 하는 것처럼 보이지만, 사실은 특정한 치료적 제안을 받아들이게 만드는 화법이다.

교사나 부모는 아동에게 선택할 수 있는 질문들을 던지지만, 아동이 무엇을 선택하든 특정한 내재된 기본 가정을 암묵적으로 받아들이게 한다.

예를 들어, 공부하기 싫어하는 아동에게 "우리 공부할까?"라고 묻는다면 공부를 안 한다고 대답할 확률이 높을 것이다. 그런데 "우리 5분 있다 공부할까, 아님 10분 있다 공부할까?"라고 묻는다면 둘 중 하나를 선택하는 문제로 귀결되어 둘 중에서 하나를 선택할 확률이 높아진다.

즉, 이 경우 아동이 무엇을 선택하든지 '공부를 한다.'는 기본 가정이 깔려 있고 아동은 단지 언제 공부를 할 것인지 선택만 하는 것이다.

이처럼 아동이 어떤 것을 선택하든지 간에 결국 교사나 부모가 원하는 숨겨진 제안을 받아들이게 되는 결과가 나오는데, 이를 이중 구속이라고 한다.

이중 구속은 결국 아동의 착각 심리를 이용한 것이고 아동 입장에서는 교사나 부모의 숨은 의도에 말려든 것이라 할 수 있다. 아동은 어느 쪽을 선택하든 치료적 제안을 수용하게 되는 셈이다.

교사나 부모 입장에서는 아동이 무엇을 선택하든 원하는 방향으로 변화가 일어나게 하는 암시 역할을 한다.

예시

"영수는 지금 편안하게 앉아 있고 싶니, 아니면 잠시 후에 편안하게 앉아 있고 싶니?"

"지금 편안한 상태에 있고 싶은지, 아니면 10분 후에 편안한 상태에 있고 싶은지 모르겠다."

"영수야, 5분 있다 반성문 쓸까, 아니면 10분 있다 쓸까?"

"영수가 바라는 변화는 지금 일어날 수도 있고, 10분 후에 일어날 수도 있어."
"이번 수업시간 동안에 변화를 시작할 거니, 아니면 다음 시간에 변화를 시작할 거니?"
"친구 안 때리는 행동을 오늘부터 할 거니, 아니면 내일부터 할 거니?"
"글씨를 쓰면서 얌전히 있어도 되고, 다른 생각하면서 얌전히 있어도 돼."

이중 구속의 변형된 형태로 미래 구속이 있다. 미래 구속은 미래의 어느 특정 시점에 어떠한 행동을 하게 될 것임을 또는 하지 않게 될 것임을 강력하게 암시함으로써 무의식적으로 이에 따르게끔 만드는 언어 표현이다.

미래 구속에 관한 다음의 사례를 보자.

손톱 물어뜯기 해결에 대한 에릭슨의 사례

"네 아버지와 어머니가 네게 손톱 물어뜯기를 그만하라고 이야기한 것을 알고 있단다. 지미야, 네가 그저 여섯 살짜리 아이라는 걸 모르시는 모양이야. 또 네가 일곱 살이 되기 전에 자연히 손톱 물어뜯기를 그만두리라는 것도 모르시는 것 같구나. 정말 모르시나봐!

하지만 나는 알고 있단다. 지미가 7살이 되면 손톱 물어뜯는 행동을 그만두리라는 것을. 그러니까 엄마, 아빠가 손톱 좀 그만 물어뜯으라고 그러시면, 그저 무시해 버려."

실제 지미는 나중에 일곱 살이 되었을 때 손톱 물어뜯기를 그만두었다고 한다.

지금까지 배운 밀턴 모델을 기초로 아동의 행동 지원에 적용하는 다음 중재 사례를 보자. 연습과 훈련을 통해 자연스럽게 말할 수 있도록 해보자.

중재 사례

11세인 현빈이는 평소에 짜증을 자주 내고, 뜻대로 되지 않으면 버럭 소리를 지른다. 또한 주의가 산만하고 오래 앉아 있지를 못한다.

선생님은 현빈이에게 "우리 현빈이 잘하고 있네. 선생님은 현빈이가 작년에 비해 짜증 내는 횟수가 많이 줄어들었다는 것을 잘 알고 있어(마음 읽기). 그렇지?(부가의문문) 선생님은 현빈이가 이렇게 차분해질 것을 알고 있었어(마음 읽기). 현빈이는 자리에 더 잘 앉아 있는 학생이 될 수 있어(가능성의 표현)"

"그리고 사람들이 모르나 봐. 우리 현빈이가 12살이 되기 전에 얌전하고 모범생이 될 거라는 사실을. 선생님은 현빈이가 열심히 노력하는 것을 알고 있어(비구체적 명사, 마음 읽기). 12살이 되기 전에 현빈이가 조용해질 거라는 사실을 잘 알고 있어(미래 구속). 그런데 사람들은 이 사실을 모르나 봐. 그러니 사람들이 짜증내지 말고 소리 지르지 말라고 하면 그냥 무시해 버려. 아직은 12살이 안 되어서 그러는 건데 사람들이 모르나 봐."

"선생님은 사람들에게 '현빈이가 12살이 되기 전에는 분명히 얌전하게 오래 앉아 있을 건데 자꾸 왜 그래요?'라고 말했어. 선생님은 현빈이가 12살이 되기 전에 얌전하고 차분한 학생이 된다는 사실을 알고 있어(마음 읽기, 미래 구속). 현빈인 잘 할 수 있어(비구체적 명사, 간접적 제안)."

※ 밑줄 그은 부분은 박수를 치며 더 강조하여 말함.

숨겨진 명령어

숨겨진 명령어는 일반적인 대화 문장에 포함되어 있는 명령어 성격의 표현으로 잠입명령어라고도 한다.

이것은 에릭슨 최면이나 NLP에서 많이 활용하는 간접적 암시 화법의 일종으로, 진술문이나 의문문의 중간에 명령적 성격의 표현을 넣음으로써 의식적 차원이 아닌 잠재의식적 차원에서 특정 행동을 유도하는 것이다[1].

지시나 명령이 문장 속에 우회적으로 포함되면 아동의 의식적 저항을 줄이면서 실제적인 효과를 거둘 수 있다. 예를 들어, "나는 영수가 지금 자리에서 일어나 문 쪽으로 가서 문을 닫을 수 있을지 궁금하구나."라는 표현은, '지금 자리에서 일어나 문 쪽으로 가서 문을 닫아라.'라는 지시(명령)가 내포되어 있어 아동으로 하여금 이를 무의식적으로 따르게끔 만든다.

문장 속에 포함된 숨겨진 명령어는 마치 이슬비에 옷 젖는 줄 모르는 것처럼 자연스럽게 아동의 잠재의식에 영향을 끼쳐 행동 변화를 유도한다.

문장에서 숨겨진 명령어, 즉 지시에 해당하는 부분은 특별히 강조해서 큰 소리로 말하고 지시 부분이 끝나면 잠깐 쉬었다가 나머지 진술을 하도록 한다.

예시

"나는 영수가 **자리로 가서** (잠깐 침묵) **의자에 앉아** (잠깐 침묵) **문제를 풀 수 있을지** (잠깐 침묵) 궁금하구나."
→ '문제를 풀어라.'는 의미

"나는 영수가 **손등 물어뜯기를 하지 않고** (잠깐 침묵) **얌전히 앉아 있다** (잠깐 침묵)는 사실을 이제야 알았어."
→ '얌전히 있어라.'는 의미

"영수가 **자리에 잘 앉아있을 수 있다** (잠깐 침묵)고 스스로 생각하는 것은 좋은 일이야."
→ '자리에 잘 앉아있어라.'는 의미

1) 상담학 사전(2016.01.15.), 잠입명령어

"영수는 **자신감이 넘치게 행동한다는 사실** (잠깐 침묵)을 이미 알고 있지?"
→ '자신감 있게 행동하라.'는 의미

"영수는 **이렇게 차분히 앉아 있을 수 있는 것** (잠깐 침묵)이 얼마나 쉽다고 생각하니?"
→ '차분히 앉아 있어라.'는 의미

진한 글씨체는 좀 더 강조하며 말한다. 숨겨진 명령어의 화법은 간접적인 진술문이나 의문문의 형식이지만, 아동에게는 의식하지 못하는 명령으로 작용하여 잠재의식에 영향을 끼친다.

4. 예스 세트(yes set), 과다 인용, 전부 또는 전무(全無)의 표현

예스 세트(yes set)

예스 세트는 아동에게 "네"라고 대답할 수밖에 없는 당연한 질문들을 연이어 던져서 "네"라는 수용적인 대답을 연속으로 받아내는 것을 뜻한다. 그러고 나서 마지막에 치료적 제안이 들어간 질문을 하여 얼떨결에 "네"라는 대답을 이끌어내는 것이 예스 세트의 목적이다.

처음부터 치료적 제안이 들어간 질문을 하면 "아니오"라고 대답할 수 있기에 무의식적 저항을 피하고 긍정적인 대답을 유도하기 위해 앞에서 일련의 당연한 질문들을 한다. 그럼 아동은 당연한 질문들에 대해 "네"라고 대답하고, 마지막에 조금 생각할 수 있는 질문이 들어오더라도 그냥 자연스럽게 이끌려 "네"라고 대답할 확률이 높아지게 되는 원리를 이용한다.

아동은 긍정할 수밖에 없는 교사나 부모의 질문을 들으면서 여러 번

“네”라고 대답하는 가운데 조금씩 마음의 문이 열리면서 잠재의식의 수용성이 높아지게 된다. 그때 아동은 가벼운 트랜스 상태에 들어가게 되어 교사나 부모가 치료적 제안을 하게 되면 아동은 보다 쉽게 제안을 받아들이게 된다. 그리고 무의식적으로 교사나 부모의 제안을 따를 수밖에 없게 된다.

치료적 제안은 결국 아동의 변화를 위한 것이다. 따라서 예스 세트로 앞에 자명한 질문들을 구성하여 아동의 동의를 얻어내면 자연스럽게 뒤에 치료적 제안이 들어오더라도 “네”라고 대답할 확률이 높아짐으로써 치료의 목표를 더 수월하게 달성할 수 있는 가능성이 열린다.

상담 예 1

교사: 오늘 일찍 왔네?
학생: 네.
교사: 오늘 날씨가 좋지?
학생: 네.
교사: 기분 좋아 보이네?
학생: 네.
교사: 그러니 오늘도 열심히 할 수 있겠지? (치료적 제안에 해당하는 질문)
학생: ...네.

상담 예 2

교사: 오늘 학교올 때 걸어왔지?
학생: 네.
교사: 운동화 신고 왔네?
학생: 네.
교사: 책가방도 들고 왔지?
학생: 네.

교사: 준비를 잘 해 왔구나. 그런 마음가짐으로 오늘 차분하게 있을 수 있겠다. 그치? (치료적 제안)

학생: ...네.

상담 예 3

교사: 시간 맞춰서 잘 내려왔네.

학생: 네.

교사: 연필 가지고 내려왔지?

학생: 네.

교사: 실내화 잘 신고 있지?

학생: 네.

교사: 실내화가 흰색이네?

학생: 네.

교사: 그런 성실함의 자세로 오늘 바르게 앉아 있을 수 있겠네. 그렇지? (치료적 제안)

학생: ...네.

처음에 예스 세트로 질문을 구성할 시에는 아동이 반박할 수 없는 객관적 사실을 바탕으로 질문을 만들어야 한다. 그러고 난 후 바람직한 변화나 원하는 행동을 이끌어내는 제안에 해당하는 질문을 하는 것이 중요하다.

과다 인용(extended quotes)

과다 인용은 말을 할 때 '누가 뭐 했다고 하더라.'라는 식의 인용을 많이 넣어서 말하는 화법이다.

우리가 상대방에게 '누군가 어떤 말을 했다.'라고 인용하여 말하면,

상대방의 무의식적 마음은 그 인용 내용을 '자기에게 적용하는 것'이라고 여기게 된다. 예를 들어, 불특정한 누군가에게 욕을 했다면 이 말을 듣는 상대방의 잠재의식은 그 욕을 자기에게도 한 것과 같이 받아들이는 경향이 있다.

따라서 어느 불특정한 한 사람에게 "당신의 무의식은 당신이 필요로 하는 모든 자원을 가지고 있습니다."라고 말하더라도, 이를 듣는 사람의 무의식적인 마음은 그 제안이나 진술을 또한 자기 자신에게 적용하게 된다.

또한 상대방에게 말할 때에도 "어느 학생이 자해행동을 점점 멈춘다고 하더라."라고 인용하여 말하면, 이를 듣는 상대방의 마음은 '자해행동을 멈춘다.'는 인용이 자기 자신에게도 해당되는 것이라 여긴다.

즉, 인용하는 내용이 잠임명령어의 형태로 일종의 치료적 제안 역할을 하게 되는 것이다.

만약 인용을 하는 이야기 속의 사람이 상대방이 존경하거나 본받고 싶어 하는 사람일 때에는 인용의 효과가 더 커져서 잠재의식이 이를 받아들일 가능성이 더 커진다.

이처럼 치료적 제안에 해당하는 인용을 다른 사람에게 말하듯이 하는 것은 아동의 무의식적인 저항을 피하기 위함이다. 아동에게 직접 지시 형태로 말하면 변화를 거부하고자 하는 아동의 심리적 저항을 불러올 수 있기 때문이다.

과다 인용의 또 다른 효과 중에 하나는 인용을 많이 하게 되면 이를 듣는 사람은 상대방이 무슨 말을 하는지 정신을 차리기 어려워지고 이해하느라 혼란스러움을 느껴서 쉽게 트랜스 상태에 들어가게 된다는 것이다.

하나 이상의 인용 수준을 사용하여 말하면, 그 과정에서 무의식적인 마음을 혼란스럽게 하여 상대방이 치료적 제안을 받아들일 가능성이 높아진다.

마음이 혼란스러운 상태, 즉 트랜스 상태에서는 인용의 내용들이 숨겨진 명령어 형태로 암시로 작용하여 아동의 잠재의식에 영향을 미치고 그로 인해 변화의 가능성이 싹트게 된다.

예시

(머리 박는 행동이 있는 소현에게 말할 때) "영수 아버지가 말하길 '**머리 박는 행동을 모두 통제할 필요는 없단다. 안 하려고 하는 노력이 중요**하단다.'라고 말씀하셨어. 이해하겠지 소현아?"

(긴장을 자주 하는 소현에게 말할 때) "선생님 친구는 선생님이 외출할 때 항상 '**긴장을 풀고 마음 편안하게 먹어**.'라고 말한단다. 그럼 마음이 정말 편안해 지는 것 같아."

(외모에 자신감 없는 소현에게 말할 때) "선생님은 오늘 아침에 친구를 만났는데 그가 '**오늘 참 멋져 보인다**.'고 말했어. 그리고는 또 '**누구나 사람은 외모에 자신감을 갖고** 있지. 물론 **외모보다 더 중요한 건 마음**이지만 말야.'라고 말했단다. 정말 멋진 말 아니니, 소현아?"

"선생님은 두 달 전 한 수업시간에 영수가 소현이가 **마음의 힘을 믿고 마음의 힘으로 모든 질병을 치료할 수 있다**고 한 말들에 대해서 인용했던 것을 기억하고 있다고 했는데..."

"밀턴 에릭슨은 한 남자에게 '**당신은 즉시 마음이 편안해지는 법을 배울 수 있다**.'고 말한 이야기를 한 적이 있는데, 그 남자는 그가 즉시 이완할 수 있다는 것을 알았고, '당신은 알고 있습니다. 모든 **사람이 생각보다 빨리 긴장을 풀 수 있다**는 것을 알고 있습니다.'라고 말했다."

"선생님은 어제 친구를 만났는데 친구가 며칠 전 자기 동생과 함께 말했던 이야기를 해 주었어. 그 동생은 얼마 전 감명 깊은 영화를 보았는데 영화에 나오는 대사가 멋지다고 친구에게 말해주었지. 그 대사가 뭐냐면 '내 뜻대로 일이 안 풀리고 스트레스를 받을 때 **하이파이브를 하면 마음이 차분해지고 정서적으로 안정된다.** 그러니 **하이파이브를 해서 심리적으로 안정되고 편안해지길 바란다.**'는 것인데 결국 **하이파이브를 할 때마다 마음이 100배 편안해진다**는 것이지."

위 예에서 보듯이 과다 인용에서는 과다 인용된 문장 자체보다 인용문 속에 내포되어 있는 숨겨진 명령어의 암시 기능(치료적 제안 기능)이 더 중요하다.

과다 인용을 하여 말을 하면 상대방은 무슨 말인지 이해하려고 노력하다가 결국 포기하게 되고 혼란스러움을 느낀다.

이때가 잠재의식이 활성화되는 트랜스 상태이므로, 군데군데 치료적 제안이 되는 말들을 잠입명령어 형태로 강조하여 말하면 상대방의 마음을 조금씩 변화시킬 수 있다. 그리고 마음의 변화는 자동적으로 의식의 변화와 행동의 변화를 가져온다.

전부 또는 전무(全無)의 표현

전부 또는 아무도 아닌 식으로 표현하는 것을 **보편적 수량화**라고 한다. 보편적 수량화는 예외를 인정하지 않고 집단 전체가 동일성을 띄게 표현하는 것이다.

예를 들어, **전부, 모두, 아무도, 항상, 절대** 등이 들어간 표현을 쓰면 모든 집단의 예외를 인정하지 않는 보편적 수량화를 지닌 문장이 된다.

보편적 수량화는 보통 정치인들의 대중 연설 또는 동기 부여 연설에서 많이 사용되는데, 대중들의 무의식에 더 깊은 수준에서 영향을 미쳐 결국 집단 의식에도 영향을 미치게 된다.

일반적인 상황에서도 보편적 수량화를 이용하여 예외를 인정하지 않는 식의 표현을 하게 되면, 상대방의 내면은 혼란을 느끼게 되고 그러는 사이 상대방은 그러한 표현을 무의식적으로 받아들이게 된다.

예를 들어, “NLP에 대해 알고 있는 모든 것이 유용하다.”는 표현에서 “모든 것”이라는 단어를 사용함으로써 이 문장은 보편적 수량화가 된다. 사실 “모든 것”은 하나의 단어로서 보편적인 일반화이고 그것은 매우 구체적이지 않다.

상대방이 이 말을 듣는 순간 의식의 일부가 ‘뭐, 모든 것? 정말 유용하지 않는 것은 하나도 없는가?’라고 내면을 탐색하는 사이 상대방은 혼란을 느끼게 되고 그러면서 이러한 표현을 의식하지 못하는 사이에 사실로 받아들이게 된다.

예시

“영수가 차분해 졌다는 것을 **모두가** 알고 있어.”
“너를 비웃는 사람은 **아무도** 없어.”
“영수 뿐 아니라 우리 **모두**는 인간이기에 **누구나** 화를 내곤 하지.”
“우리 교실에 있는 **모든** 학생들은 엄마, 아빠 말씀을 잘 듣네.”
“우리가 하는 **모든** 말에는 숨겨진 힘이 있단다.”
“**어느 누구도** 완벽한 사람은 없어.”
“네가 **모든** 일을 열심히 하고 있어서 정말 고마워.”
“이 교실에 있는 **모든** 것이 영수가 공부하는 것을 도울 거야.”
“지금처럼 **항상** 열심히 하는 태도가 중요한 거야.”
“선생님은 **항상** 영수가 잘 되길 기도한단다.”

진하게 쓴 글씨체는 좀 더 강조하며 말한다.

5. 식물이나 무생물의 의인화, 모호성(ambiguity), 전제

식물이나 무생물의 의인화

이것은 **식물이나 무생물을 의인화**하여 이들이 사람처럼 감정이나 생각이 있는 것처럼 말함으로써 암시를 주는 기법이다. 이것은 앞에서 설명한 은유적인 화법으로 듣는 사람의 의식적인 저항을 줄이고 잠재의식에 우회적으로 영향을 끼치기 위한 화법이다.

앞에서 설명하였듯이, 은유는 그 사람과 관계된 상황을 직접적으로 말하지 않고 다른 상황에 빗대어 우회하여 표현하는 것이다.

예를 들어, 성급하고 성격이 급한 사람에게 "서두르지 마십시오."라고 직접적으로 말하는 대신, "나비가 고치에서 나오는 과정을 보십시오. 나비는 고치에서 나오는 데 시간이 오래 걸립니다... 하지만 결코 서두르지 않지요."라고 말하거나, "거북이의 움직임을 생각해 보세요. 느리지만 인내하는 한 결국 거기에 도착할 것이라는 것을 알고 계속 움직입니다."라고 말하는 것이 은유적인 표현이다.

은유는 트랜스 상태를 유도하고 잠재의식에 영향을 끼치는 강력한 방법이다.

의인화 또한 잠재의식에 우회적으로 영향을 끼치기 위한 화법이다. 예를 들어, 아동에게 "영수야, 태양이 말을 한다. 자기처럼 따뜻하게 다른 친구들을 보듬어 주라고"라는 표현은 다른 친구들을 보듬어 주라고 말하는 직접적인 지시보다 아동의 저항을 줄일 수 있다. 아동의 의식은 눈치 채지 못하더라도 잠재의식은 이러한 은유를 이해하고 받아들이기 때문이다.

이처럼 사람의 잠재의식 즉, 마음은 가능성, 상징, 은유적인 표현에 더 잘 반응한다. 아동이 의식적으로 알아차리지 못할지라도 이러한 표현을 들은 아동은 이와 같은 진술을 이해할 수 있는 방법을 찾으려고 내면을 탐색한다.

즉, 잠재의식은 의인화 표현의 숨은 의미를 자신과 연결시키려고 하고 적용 가능성을 탐색함으로써 변화의 가능성을 모색한다.

예시

"반짝이는 물결을 보렴. 반짝이는 물결이 우리에게 숨겨진 빛을 발산하라고 응원하고 있네."
"의자는 영수가 긴장을 풀고 앉을 때 영수를 지탱할 수 있는 힘이 있지."
"밖에 있는 토마토를 보렴. 토마토 식물은 아주 더운 여름에도 기분이 좋을 수 있단다."
"선인장을 보자. 선인장은 물이 없는 극한 상황에서도 웃으며 꿋꿋하게 서 있지."
"나무들이 잎사귀를 흔들며 영수에게 미소 짓고 있네."
"태양이 말하기를, 누구에게나 열정이 있고 그 열정으로 어떠한 난관도 헤쳐 나갈 수 있다고 한다."
"땅의 기운이 느껴지니? 땅이 영수에게 오늘도 힘내라고 말하고 있어."

모호성(ambiguity)

모호성 역시 에릭슨이 즐겨 쓴 언어 패턴의 하나로, 애매한 표현과 중의적 표현으로 인지적 혼란을 조성하고 트랜스 상태로 유도하여 치료적 제안을 받아들이기 쉬운 상태로 만든다.

일반적으로 사람들은 논리적으로 이해하기 어려운 모호한 표현을 들으면 순간 당황하게 되고 혼란스러움을 느끼게 된다. 그러한 상황에서 불편함을 느끼기도 하고 때로는 그 의미를 탐색하고자 멍한 상태에 빠지기도 한다.

이러한 상황에서는 이성적인 차원에서의 판단이 멈추어 버리지만, 무의식적 차원에서는 가만히 있지 않고 나름 혼란 속에서 질서를 찾고자 반응하며 스스로 의미를 찾는 노력을 하게 된다. 이처럼 애매한 상황에 빠뜨려 아동의 의식적 판단을 멈추고 잠재의식을 활성화시키고자 하는 화법이 모호성이다.

모호성에는 발음의 모호성, 구문의 모호성, 범위의 모호성이 있다.

1) 발음의 모호성

동음이의어 또는 발음이 비슷한 단어를 활용해서 혼란을 일으키는 방법이다. 즉, 서로 완전히 다른 뜻이지만 소리가 같은(또는 비슷한) 단어를 연속해서 표현함으로써 아동의 내적 패턴을 일시적으로 붕괴시키는 방법이다.

예를 들어, '눈'이라고 하면 사람의 눈도 있고 하늘에서 내리는 눈이 있다. 이 눈을 모호하게 해석되게 섞어 말하면 듣는 사람은 '여기서 눈은 사람 눈인가 하늘에서 내리는 눈인가?' 해석에 혼란을 느끼게 된다. 잠재의식은 눈의 의미를 탐색하느라 분주해진다. 그리고 이때 잠재의식이 순간 활성화되므로 교사나 부모는 이 순간 치료적 제안이 되는 말을 하면 된다.

발음의 모호성을 이용하여 위기를 벗어난 에릭슨의 실제 사례를 보자[2].

Erickson이 인턴 과정을 이수할 때 교수들은 그에게 최면치료를 금지시켰고 늘 그 점을 경고했다. 그런 경고를 들을 때마다 그는 아주 우둔하고 부적절한 대답을 해서 위기에서 벗어나곤 했다.

어느 여름에 한 교수가 그에게, "Milton, 나는 마음에 들지 않아요. 왜냐하면…."이라고 훈계를 시작했다. Erickson이 끼어들었다. "저 역시 눈이 마음에 들지 않습니다." 그러면 교수는, "뭘 말하는 거지?"라고

2) 고기홍 · 김경복 · 양정국(2010), 『밀턴 에릭슨과 혁신적 상담』에서 인용

의아해하였다. "내리는 눈입니다." "그게 뭐?" "얼마나 놀라운 일입니까?" 꼭 같은 눈송이가 없다는 사실이요."(Rosen, 1982, p.223)

이를 듣는 교수는 무슨 의미인지 내면을 탐색하는 동안 당황스럽고 혼란스러워하게 되고, 그 순간 에릭슨은 최면치료의 효과에 대해 우회적으로 각인시키는 말들을 하였다. 에릭슨은 이러한 비논리적인 언어 패턴과 혼란 기법을 써서 위기에서 벗어나곤 하였다.

발음의 모호성을 이용한 기타 예들을 보면 다음과 같다.

예시

"눈을 잘 보세요. 눈을 보면 눈이 내리는 것처럼 하얀 눈이 눈으로 뒤덮인 것을 눈으로 봐봐."

"밤에 밤을 먹으면 꿀밤인가 아름다운 밤인가 밤처럼 맛있는 밤인가?"

"저 배에는 배가 들어있어서 배를 타고 가서 보면 배가 배에서 더 많이 보일 거야."

"차에서 차를 마시면 차를 쏟을 수 있어서 차가 위험하니까 차를 차에 놓지 마."

"저 다리는 내 다리보다 길지만 사람 다리가 아니니 내 다리랑 비교할 수가 없지."

"신년에는 신념을 갖지만 신념이 신년 언제까지 지속될지 모르겠다."

"영화를 보면 부귀영화가 많이 나오지만, 헛된 영화를 쫓지 마라. 감동적인 영화에는 영화가 덧없음을 알 수 있지."

"생강이 뭔지 아니? 선생님은 네 생각을 할 때마다 생강 생각이 나. 너도 생강 생각을 해본 적 있니? 선생님은 생강을 좋아하는데 너는 생강이 좋으니 생각이 좋으니?"

중요한 것은 모호한 표현으로 아동의 인지적 혼란을 조성한 후 혼란스러워하는 틈을 타 치료적 제안이 되는 말들을 강조하며 툭툭 던지는 것이다.

2) 구문의 모호성

구문의 모호성은 강세를 어디에 두고 읽느냐에 따라 의미가 달라지거나, 다양하게 해석될 수 있는 구문을 활용하는 것이다.

강세에 따라 의미가 달라지는 경우를 예로 들면, "너희는 선생님 말을 잘 듣는 학생이다."라는 표현은 "선생님 말을 잘 듣는"에 강세를 둘 때와 "학생"에 강세를 둘 때 의미가 달라질 수 있다.

다양하게 해석될 수 있는 구문의 예는 "우리는 열심히 토의하고 있다고 느끼고 있다."라는 표현은 "우리는 열심히 토의하고 있다."라고 해석될 수도 있고, 또는 "우리는 … 느끼고 있다."로 이해될 수도 있다.

구문의 모호성 역시 듣는 사람으로 하여금 의미의 혼란을 일으켜 잠재의식을 활성화시키는 방법이다.

3) 범위의 모호성

범위의 모호성은 수식어가 영향을 미치는 범위를 모호하게 표현함으로써 잠재의식을 활성화시키고 치료적 제안을 받아들이기 쉽게 만드는 방법이다.

예를 들어, "우리 반 멋진 친구들과 선생님이 같이 공부를 한다."라는 표현은 "멋진"이 꾸미는 말이 친구들에게만 해당하는지, 아니면 선생님도 포함되는지 헷갈린다. "친구들과" 다음에 쉼표가 없이 붙여 말하면 수식어의 범위가 모호하게 되는 것이다.

수식어의 범위를 모호하게 표현하면 아동의 내적 패턴은 일시적으로 붕괴되고 잠재의식은 그 의미를 탐색하느라 분주해진다. 그러면서 아동은 치료적 제안을 받아들이기 쉬운 상태가 된다.

전제

전제는 이미 어떤 내용을 기정사실화하여 아동에게 전달하는 방법으로, '기본 가정'이라고도 한다.

앞서 배운 '이중 구속'도 전제의 한 유형이다. 이중 구속이 아동에게 여러 선택 사항을 제시하는 것처럼 보이지만, 실제로는 아동이 무엇을 선택하든 특정한 치료적 제안을 받아들이게 만드는 화법이라고 하였다. 전제 역시 교사나 부모의 말 속에 내재되어 있는 기본 가정을 아동으로 하여금 암묵적으로 받아들이게 만드는 화법이다.

중요한 것은 전제된 내용 뒤에 말을 덧붙이거나 선택사항을 덧붙임으로서 전제된 내용이 보조적이고 뒤에 붙는 말이 중요한 말처럼 들리게 하는 것이다. 그럼으로써 아동이 겉으로는 인식하지 못하는 사이에 전제된 내용을 무의식적으로 아동에게 각인시킬 수 있다.

전제는 아동의 잠재의식에 나의 메시지를 강력하게 각인시키는 방법 중 하나이다. 전제를 활용하는 방법에는 **시간 한정의 전제, 순서의 전제, 꾸밈말을 통한 전제, 시제를 이용한 전제** 이상 4가지가 있다.

1) 시간 한정

"~하기 전에, ~한 후에, ~하는 사이에"와 같은 말들을 사용해서 아동에게 '그렇게 될 것이다.'라는 사실을 결정해 버리는 방법이다.

치료적 제안에 해당하는 말을 앞에 두고 뒤에 시간 한정에 해당하는 말을 붙임으로써, 자연스럽게 앞부분이 기정사실화되어 받아들이게 하는 화법이다.

예시

"오늘의 학습목표를 달성하기 전에, 민수에게 꼭 해주고 싶은 말이 있다."

이 말에서는 "민수에게 해주고 싶은 말이 무엇인지"가 중요 내용처럼 보이지만, 사실은 오늘의 학습목표를 이미 달성한다는 것을 미리 정해두고 있다. 즉, 오늘의 학습목표를 다 달성한 것도 아닌데 '학습목표를 달성하게 될 것'이라고 미리 사실로 만들어 버리는 것이다.

이 말을 들은 아동의 잠재의식에는 '오늘 배운 내용을 다 알아야 한다.'는 의도가 강력하게 내포되어 전달된다.

이 밖에 시간 한정을 활용한 전제의 예는 다음과 같다.

예시

"선생님이 설정해놓은 치료 효과를 달성하기 전에, 꼭 지금 해주고 싶은 말이 있다."
"6교시까지 얌전히 앉아 있기 전에, 지금 줄 게 있단다."
"친구들을 때리지 않는 사이에 밥 먹을 시간이 되었네."

2) 순서

전제할 내용을 앞에 깔아두고, "먼저, 우선, 다음엔, 나중에" 식으로 말을 전개시켜 어떤 순서로 일을 처리할 것인가가 중요한 내용인 것처럼 들리게 하여 말을 전달한다. 그렇게 함으로써 아동으로 하여금 전제를 받아들이게 하는 방법이다.

예시

"먼저 수학부터 할까? 다음으로는 국어를 하고?"

겉으로 듣기에는 '어느 것을 먼저 할 것인가'가 중요 내용처럼 보이지만, 사실 중요한 것은 전제된 내용인 '공부를 한다.'라는 내용이 이미 기정사실화되어 전달된다는 것을 알 수 있다. 이 말을 꾸준히 들은 아동은 '공부를 해야 한다.'라는 강한 무의식적 작용을 일으킨다.

이런 식으로 어떤 일을 함에 있어서 꼭 하여야 하는 것들을 나눠서 먼저 A를 하고 다음엔 B, 마지막에는 C를 하자고 이야기하는 식으로 말하면, 꼭 하여야 하는 내용이 전제되어 전달되기에 아동에게 영향을 줄 수 있다.

3) 꾸밈말

예시

"이 문제를 풀려면 어떻게 해야 할까?"
"이 문제를 <u>빨리</u> 풀려면 어떻게 해야 할까?"

첫 번째 질문은 문제를 풀 수 있는 방법에 관한 대화가 된다. 하지만 두 번째는 '빨리'라는 꾸밈말을 사용하여 문제를 푼다는 것은 이미 정해놓아 버렸다. 이렇게 꾸밈말을 사용하면 그 말에 수식받는 표현들을 이미 기정 사실화하는 전제로 만들 수 있다.

4) 시제

시제란 사건 혹은 사실이 일어난 시간선 상의 위치를 표시하는 것을 말한다.

예시

"그렇게 참을성이 많아진 건 언제부터야?"
"감사한 마음을 계속 품는 이유는 뭐야?"

"언제부터야?", "계속 품다." 등의 시제를 이용한 표현으로 '참을성이 많아졌다.', '감사한 마음을 갖고 있다.'라는 것을 이미 사실로 만들어버리고 있다.

그런데 전제형 표현 시 주의할 점은 전제할 말을 사실화한다고 해서 거짓을 진짜로 둔갑시킬 수는 없다는 것이다. 내가 말하는 내용들의 설득력을 증폭시키는 것이지, 너무 아닌 것을 그런 것으로 둔갑하려고 하면 일부러 거짓말을 지어서 낸다고 생각할 수 있다.

전제는 티 안나고 그럴듯하게 들리게 하는 표현 기술이 중요하다. 적절한 대화 타이밍 중간 중간에 이미 어떠한 가정을 기정사실화하여 내용을 전달하는 전제 기술은 아동의 잠재의식을 변화시키는 강력한 힘을 발휘할 수 있다.

10장

분아(分兒) 제거를 통한 행동 지원

10장

분아(分兒) 제거를 통한 행동 지원

장애아동 도전 행동 중재에 대한 새로운 접근은 아동의 행동에 문제가 있다고 하여 행동을 고치려고 하는 것이 아니라, 그러한 행동을 유발하는 마음을 변화시키는 것이다.

아동이 소리내기, 충동성, 산만함, 물어뜯기, 자해, 폭력적 행위 등 여러 가지 도전적 행동을 하는 것은 결국 그러한 행동을 유발하는 마음이 있다는 뜻이며 그렇기에 마음, 즉 잠재의식을 변화시킬 때 궁극적이고 바람직한 행동 변화가 일어날 수 있다.

앞에서도 언급하였듯이, 아동이 겉으로 보이는 모든 행동과 모습은 아동의 마음 즉, 잠재의식에 입력된 대로 그대로 나타난다. 컴퓨터에 내장된 프로그램들이 그대로 모니터 화면에 인출되듯이, 아동의 행동도 마음에 새겨진 프로그램대로 나타나는 것이다.

NLP에서는 개별적 행동을 유발하는 각각의 마음 하나하나를 '분아(分兒, Part)'[1]라고 한다. 분아는 말 그대로 하면 '나누어진 나'인데,

---

1) NLP와 분아의 자세한 내용에 대해서는 이진식(2020), 『NLP 심리치료 및 상담』을 참조하기 바란다.

쉽게 말해 '나의 전체 마음을 구성하는 하나하나의 작은 마음'이란 뜻이다.

우리의 마음은 여러 개의 감정을 지닌 마음으로 이루어져 있는데 이 하나하나의 감정을 지닌 마음이 분아이다. 예를 들어, 행복한 감정은 행복을 느끼는 분아(마음)로부터 기인하고, 슬픈 감정은 슬픔을 겪는 분아(마음)가 있기 때문에 발생한다고 할 수 있다.

결국 NLP 관점에서 아동이 산만한 행동을 하는 것은 산만한 행동을 유발하는 분아(마음)가 있기 때문이며, 불안한 모습을 보이는 것도 불안한 마음이 존재하기 때문이다.

앞에서는 잠재의식을 변화시킴으로서 행동 변화를 유도하는 방법을 다뤘다면, 본 장에서는 아동의 문제 행동을 유발하는 분아를 직접적으로 제거하는 방법을 통해 행동을 변화시키는 방법에 대해 다룬다.

1. 약물치료의 한계

일반적으로 우울, 불안장애를 겪는 아동이나 행동이 산만한 아동, 특히 ADHD 아동은 약물치료를 받는 경우가 많다.

정신과 의원에서도 약물치료를 기본적으로 권하고 있고, 교육적 중재에 앞서 행동 개선을 위해 약물치료가 선행되어야 한다는 의견이 지배적이다.

ADHD의 약물치료에는 각성제가 널리 사용되고 있으며, 드물게 우울증 치료제도 사용되고 있다. 대표적인 약물로는 메틸페니데이트(methylphenidate, 콘서타), 클로니딘(clonidine), 아토목세틴(atomoxetine) 등이 있다. 이 중 메틸페니데이트는 각성제이며, 클로니딘과 아토목세틴은 비각성제이다.

국내외 연구들[2]을 종합하면 약물치료는 ADHD 아동의 약 70~80% 에게 효과가 있는 것으로 알려졌다. 이 말은 곧 나머지 20~30%의 아동은 약물에 전혀 반응하지 않거나, 약물치료 및 인지행동 중재를 같이 해도 효과가 없다는 뜻이다.

ADHD 아동의 70~80%는 약을 꾸준히 복용한다는 조건 하에서 집중력, 기억력, 학습 능력 등이 전반적으로 좋아진다. 약물을 통해 뇌의 각성 능력을 높임으로써 집중을 요하는 능력이 향상된다.

하지만 아동이 실제로 뇌의 활동을 스스로 조절하는 것은 아니기 때문에 투약을 중단하면 증상은 곧바로 재발된다. 또한 약물의 효과는 치료 초기에 매우 신속하고 명확히 나타나지만, 복용이 계속됨에 따라 그 효과가 조금씩 약화되는 경우가 많아 다른 약으로 갈아타거나, 심지어 치료 효과에 실망하고 포기하는 경우도 자주 관찰된다.

ADHD 아동의 70~80%가 약물에 잘 반응하여 집중력이 향상되고 충동성이 줄어들지만, 완화된 증상으로 학업 성취가 향상되었는지에 대해서는 여전히 논란이 계속되고 있다[3].

ADHD 증상이 약물치료로 먼저 개선되어야 교육적인 중재도 성공할 수 있다고 보는 견해도 있지만, 일부 학자들은 다른 모든 중재가 실패할 경우에 한하여 약물치료를 실시해야 한다고 주장한다.

약물치료로 많은 ADHD 아동이 효과를 볼 수 있는 것은 사실이지만, 분명히 많은 한계가 존재한다.

제일 중요한 한계는 앞서 말한 것처럼 20~30%의 아동에게는 전혀 효과가 없다는 것이다. A약을 투여 받고 효과가 없어 B약, C약으로 갈

---

2) 국가건강정보포털 의학정보; 서울대학교병원 의학정보; 이성봉·방명애·김은경·박지연(2014), 『정서 및 행동장애』; 대한신경정신의학회, 『정신이 건강해야 삶이 행복합니다』; 서울대 김붕년교수 'ADHD의 특징과 치료' 인터뷰 자료(헬스조선 건강톡톡)에서 인용.

3) 이성봉·방명애·김은경·박지연(2014), 『정서 및 행동장애』에서 인용

아타도 별다른 효과가 없거나, 다른 부작용이 더 크게 나타난다.

이것은 ADHD의 원인이 명확히 밝혀지지 않았기 때문이다. ADHD는 주로 생물학적 요인, 사회적 요인, 유전적 요인 등에 의해 발현하는 것으로 추정되지만, 정확한 원인은 여전히 밝혀지지 않았다.

두 번째는 약물 복용에서 비롯되는 생물학적인 부작용 문제이다. 약물을 복용하는 많은 아동에게서 불면증, 무기력증, 식욕 감퇴, 성장 지연, 기분 변덕 등이 나타나고 있다. 따라서 보호자는 의사의 처방 하에 주말 동안이나 일정 기간 동안 투약을 중단하기도 한다.

세 번째는 약물을 복용하는 기간 동안 행동 개선의 효과가 있지만 중단하는 순간 증상은 곧바로 재발된다. 때문에 약물치료를 시작하면 고혈압 약이나 당뇨병 약과 마찬가지로 장기간 계속 복용해야 한다.

네 번째는 장기간 복용할 경우 약에 대한 내성이 생겨 약의 강도를 올리거나 다른 약으로 바꾸는 경우가 발생한다. 그리고 복용 기간이 오래될수록 약에 대한 의존성이 증가해 인지 수준이 높은 아동의 경우 투약을 중단하면 불안해하는 경우도 있다.

마지막으로는 약물 성분이 체내에 조금씩 남아 축적되는 문제가 있다. 약을 장기간 복용 시의 부작용이라든가 인체에 미치는 영향에 대해서는 아직 알려진 바가 없다. 따라서 약물 복용에 따른 장기 관찰 연구 및 장기 영향에 대한 연구가 시급하다.

2. 장애아동 행동 지원을 위한 새로운 접근

ADHD를 비롯해 수많은 정신 증상과 발달장애의 원인은 여전히 알려진 것보다 알려지지 않은 것이 더 많다. 의학기술의 눈부신 발달과 수백 년간 발전된 심리학 이론으로도 여전히 여러 정신 증상과 발달장애의 원인조차 설명할 수가 없는 것이다.

하지만 나는 그동안 여러 정신과 의원 뿐 아니라 수많은 심리치료와 상담 사례를 접하면서 장애의 원인과 치료에 대해 나름 느낀 점이 있다. 그것은 장애의 원인이 밝혀지지 않은 것이 아니라, 원인은 분명히 존재한다는 것이다. 그리고 해결 방법 또한 분명히 존재한다고 생각한다.

그러나 주류 학계에서는 이러한 이유들을 비과학적이라 여겨 인정하지 않거나, 알려는 노력을 굳이 하지 않기 때문에 오늘날 많은 장애의 원인을 알 수 없다고 이야기하고 있다.

즉, 장애의 원인이 상당부분 알려졌음에도, 주류 학계의 학자들이 이를 인정하지 않거나, 진지하게 알려고 하는 노력이 부족하기 때문에 많은 장애의 원인이 여전히 밝혀지지 않았다고 이야기하는 것이다.

원인을 알 수 없으니 천편일률적으로 기존의 약물치료와 인지행동 중재를 실시하고 예후가 좋지 않은 경우는 사실상 손을 놓을 수밖에 없다.

현재 특수교육 관련 교재 및 주류 의학 서적들은 ADHD 아동의 치료를 위해 약물치료가 가장 우선시되어야 한다고 이야기한다. 물론 이것이 나쁘다는 것은 아니다. 약물치료가 꼭 필요한 아동이 있고, 증상이 개선된 동안에 교육적 중재를 하여 아동을 더 향상시킬 수 있기 때문이다.

하지만 약물의 장기적 영향에 대한 면밀한 검토가 요구되는 상황에서 약물치료에 반응하지 않는 아동에게도 똑같이 이를 적용하는 것이 문제이다. 약물이 효과가 없다면 다른 원인을 찾거나 효과가 입증된 새로운 방법을 찾으려고 노력해야 할 것이다.

그런데도 문제 해결을 위한 노력이 부족한 이유는 현재의 주류 정신의학이 유물론적 세계관에 근거하여 크게 아동의 행동, 정신, 환경에만 초점을 맞추고 눈에 보이는 실체만을 파악하여 문제를 해결하려고 하기 때문이다.

또한 눈에 보이는 현상만을 탐구하려는 기존의 보수적인 학계가 여전히 주류를 형성하고 있고 이들이 정신의학 및 특수교육의 발전을 가로막고 있기 때문이다.

쉽게 말해, 대부분의 정신과 의사들은 아동의 영적(靈的) 측면이나 잠재의식적 측면을 무시한 채, 아동을 생물학적인 존재로만 보기 때문에 약물치료를 강조하는 것이다.

특수교육에서도 ADHD 아동의 인지적 재구조화나 자기 관리를 통해 행동을 바꾸려고 하거나, 환경 개선 등으로 문제를 해결하려고 한다. 이것은 뉴로로지컬 레벨에서 얘기한 전형적인 환경과 행동을 바꾸려고 하는 전략이기에 명확한 한계를 가질 수밖에 없다.

이러한 접근은 아동의 상위 의식인 잠재의식을 바꾸는 것이 아니기 때문에 진정한 문제 해결책이 될 수 없다.

특수교육과 정신 의학의 발전을 위해서는 더 이상 '원인을 모른다.', '방법이 없다.'라고 말할 것이 아니라, 때론 비과학적으로 보이고 겉으로 조금 이상하게 보일 수 있어도 치료에 조금이라도 도움이 된다면, 그리고 개선된 사례가 충분히 존재한다면 새로운 방법들을 치료와 교육에 이용하여야 한다.

치료 성과가 높고 기존의 이론이나 모델을 뛰어넘는 최면치료와 NLP 등의 새로운 심리치료 이론이 나오면 이를 진지하게 연구하려는 태도가 필요함에도, 현재 주류를 형성하고 있는 보수적인 학계는 기존의 가치관을 계속 유지하려 하기에 현대 과학에 기초한 새로운 이론들마저 미신이라 배척당하고 공고하게 다져져 있는 주류 집단 사이를 비집고 들어올 틈이 없다[4].

하지만 현 상태에만 계속 머문다면 더 이상 정신의학과 특수교육의 발전은 기대하기 힘들다. 분명히 돌파구가 있음에도 이를 무시하고 알려고 하는 노력을 기울이지 않는다면 진정한 상담자 또는 교육자의 태

---

4) 이진식(2020), 『정서행동장애 학생 심리치료 및 상담(최면상담과 NLP 중심으로)』에서 인용

도가 아닐 것이다.

따라서 진정한 문제 해결, 바람직한 행동 형성을 위해서는 이제는 마음에 관심을 기울이고 마음을 변화시킬 수 있는 방법들, 효과가 입증된 심리치료 기법들을 아동의 행동 중재와 지원에 이용하여야 한다.

3. 분아 제거 방법

앞에서 언급하였듯이 분아는 나의 마음을 구성하는 하나하나의 작은 마음들이다. 마음은 즐거운 마음, 행복한 마음, 슬픈 마음, 화난 마음, 놀고 싶은 마음, 자유로워지고 싶은 마음 등 각각의 작은 마음들로 구성되어 있다.

NLP 관점에서는 누군가 심적 고통을 겪고 있다면 그것은 그 사람에게 고통을 겪는 분아가 있다는 뜻이고, 편안한 분아, 즐거운 분아 등 긍정적인 마음들도 그 사람에게 존재할지라도 지금은 고통을 겪는 분아가 마음을 차지(승리)하여 고통을 겪는 것이라 볼 수 있다.

이렇듯 각각의 분아들이 충돌할 때 긍정적인 정서의 분아가 승리한다면 문제가 되지 않지만, 부정적인 분아가 승리하게 되면 정서적으로 어려움을 겪게 된다.

이러한 관점에서 보면 ADHD 아동이 산만한 행동을 하는 것은 산만하게 돌아다니고 싶은 분아가 다른 분아들을 이겼기 때문이라 할 수 있고, 우울한 표정을 짓는 것은 우울한 마음의 분아가 전체 마음을 차지했기 때문이라고 할 수 있다.

이처럼 분아들 간 갈등 또는 충돌로 인해 ADHD 등 정서·행동장애가 발생할 경우 문제 해결을 위해서는 당연히 부정적 분아가 마음에서 제거되어야 한다.

부정적 분아가 다른 긍정적 분아들을 물리쳐 마음을 차지했기 때문에 부정적 행동이 나타나는 것이므로 부정적 분아가 제거되어야 다시 건강한 인격을 회복할 수 있다.

중요한 것은 각각의 분아가 사실 모두 나를 위해 존재하고 스스로를 보호하기 위해 존재한다는 것이다. 부정적인 마음(분아)도 사실은 다 긍정적인 의도가 숨어있고 자신을 보호하기 위한 수단이다.

따라서 부정적 분아도 무시하고 함부로 대할 것이 아니라 먼저 존재가치를 인정하고 존중해주어야 한다.

부정적 분아는 아동의 마음을 지배하는 부정적 정서이기 때문에 분아의 제거를 통해 다시 건강한 정신을 회복할 수 있다.

그런데 아동의 문제 행동을 일으키는 분아도 결국 아동을 위해 그러한 마음이 존재하는 것이므로 먼저 부정적 분아의 존재 이유와 긍정적 의도를 파악한 후 고맙다고 인사를 표하면 보다 쉽게 분아를 제거할 수 있는 길이 열린다.

분아의 긍정적 의도를 파악한 후 그 다음에는 분아를 보통 하늘로 올려 보내는 상상을 통해 분아를 제거한다. 여러 개의 부정적 분아가 발견될 경우 차례차례 하나씩 제거한다.

다음은 분아 제거에 관한 상담 사례[5]이다.

마음대로 움직이고 싶은 ADHD 치료 사례

초등학교 5학년 남학생과 학생의 어머니가 함께 Wee에 찾았다.

"제 아들이 다른 친구들과 어울리지 못해요. 그리고 매우 산만하고 집중력도 많이 떨어집니다. 가장 큰 문제는 계속 산만하게 돌아다닌다는 겁니다." 어머니는 아들의 산만함을 호소했다. 움직임이 너무 많아 걱정이라고 했다. 하지만 독서를 할 때는 옆에서 불이 나도 모를 정도로 엄청난 집중력을 보인다고 했다.

5) 신대정 · 이경규(2018), 『구속된 마음 자유를 상상하다』에서 발췌

나는 일단 산만함이 학생으로서 자연스러울 수 있으며, 에디슨도 그러한 사람이었다고 어머니를 안심시켰다. 어머니는 학생과 조금 떨어진 자리에 가서 앉았고, 나는 학생과 상담을 시작했다. '상'은 상담자이고 '내'는 아동이다.

상: 어머니 말씀을 들어보니 너는 독서할 때는 집중력이 대단하다며? 그건 대단한 큰 장점이야. 계속 이어가면 아마 에디슨처럼 유명해질 거야. 그런데 지금 네가 바꾸고 싶은 것이 있을까?
내: 사실 남들과 어울리기가 싫어요. 그리고 전 여러 가지를 하고 싶어 돌아다니는 거예요.
상: 그래, 그 부분은 이해한다. 그런데 무엇 때문에 남과 어울리기 싫으니?
내: 다른 사람들이나 친구들이 욕을 많이 하고요, 비속어를 많이 써요.
상: 친구들이 나쁜 말을 많이 하는구나. 그럴 때 넌 어떤 마음이 생기니?
내: 입을 틀어막고 싶고, 귀찮아지며, 어울리기가 싫어요.
상: 넌 친구와 어울리기 싫고 혼자 있고 싶은 거니?
내: 그건 아니에요. 친구들과 어울리고 싶어요. 그런데 친구들이 욕을 하고 이상한 말을 하는 것이 싫어요.
상: 친구들과는 잘 지내고 싶은 마음이 있구나. 그런데 언제부터 이것저것 관심이 많고 돌아다니고 싶었니?
내: 여섯 살 때부터 제가 호기심이 많은 걸 알았어요. 저도 차분하게 있고 싶지만 그렇게 잘 되지 않아요.
상: 너도 차분해지고 싶은 마음은 있구나. 그런데 욕하는 소리는 언제부터 듣기 싫었을까?
내: 다섯 살 때 동네 형이 나를 공격하고 욕하며 때렸을 때부터 그랬어요.

상: 혹시 학교에서 친구들이 험한 말을 할 때 마음이 어떠니? 두려운 마음도 드니? 마치 다섯 살 때 널 괴롭히던 동네 형처럼 느껴지니?

내: 네, 비슷한 것 같아요.

상: 오늘부터 어떤 일이 있어도 당당하고 떳떳하게 살겠다고 선생님하고 약속하자. 그리고 당당해져야 누가 건드리지 못하지 않겠니? 지금 약속해야 상담을 진행할 수 있어. 어떠니, 당당해질 준비가 되었니?

내: 예, 좋아요.

상: 자, 이제 눈을 감아볼까? 우리 당당해지기로 약속했지? 그럼 이제부터 약한 마음과는 이별하자. 알겠지?

내: (눈을 감고) 예.

상: 사람은 여러 가지 마음을 가지고 있단다. 너는 독서할 때를 제외하고는 몸을 움직이고 싶은 마음, 공격당할 것 같아 피하고 싶은 마음이 있는 것 같아. 그 마음을 생각해 봐. 그 마음은 얼마나 크니?

내: 많이 커요.

상: 그 마음을 느껴 볼까? 몸 어디에서 반응하니?

내: 가슴 왼쪽이요.

상: 왼쪽 가슴을 마음의 눈으로 바라볼까? 무슨 색깔이니?

내: 검고... 붉은색이에요.

상: 그 마음이 어떤 형태를 띠고 있을 것 같아. 모양은 어떻지?

내: 탱글탱글하고요... 무기가 보여요. 절 괴롭혔던 형이 보여요. 창을 들고 절 괴롭히려고 해요.

상: 그 형에게 단호하게 말해 볼까? '이제 당당하게 살기로 했으니, 내 마음에서 나가!' 하고 말해 보자.

내: 형, 난 당당하게 살기로 했으니 내 마음에서 떠나는 게 좋겠어. 난 이제 당하고만 살지 않겠다고 다짐했거든.

상: 그 형이 뭐라고 답하지?
내: 안 간다고 하네요.
상: 그럼 왜 계속 네 마음속에 남아 있으려는지 물어볼까?
내: ... 저에게 용기를 주기 위해서라고 하는데요.
상: 용기를 주기 위해서 있었구나. 그럼 너에게 '용기 없는 마음'이 있다는 의미겠구나. '난 용기가 없어'라고 말해 보자. 그리고 그 마음이... 용기가 없는 네 마음이 몸 어디에서 느껴지니?
내: 머리 오른쪽에서 생각나요. 배구공만큼의 크기인 것 같아요. 6학년 여자와 비슷한 모습 같아요.
상: 6학년 여자아이 같은 마음이 네 머리에 있구나. 그럼 지금 그 아이에게 이렇게 말해보자. '나는 당당하게 살기로 했어. 내 마음속에서 이제 떠나!'
내: 이제 떠나 줘. 난 당당하게 살기로 했어. 이제 그만 떠나!
상: 여자아이처럼 보이는 마음은 뭐라고 하니?
내: 고개를 숙이고 간다고 해요.
상: 이제 용기 없는 마음을 보내자. 용기 없는 마음에게 말합니다. 하늘을 올려다보세요. 하늘에서 광명의 빛이 내려옵니다. 제가 셋을 세면 학생의 마음속에서 나와 빛을 타고 하늘 높게 올라가 주세요. 하나, 둘, 셋! 어때, 간 것 같니?
내: 예, 갔어요.
상: 이제 네 마음속에서 용기가 없다고 한 마음은 갔어. 용기가 없는 마음이 떠났다는 건 너에게 용기가 생겼다는 의미이지. 이제 너에겐 용기가 생겼어. 그렇지?
내: 예.
상: 그 형(두려움)에게 당당하게 살겠다고 말해라. 그럼 간다고 할 거야.
내: 나는 용기가 생겼어. 떳떳하고 당당하게 살 거야. 너 없어도 살 수 있어, 가!... 간다고 하네요.

보통 분아와 이별하는 과정에선 하늘에서 광명의 빛이 내려오는 것을 상상하고 그 빛을 타고 분아가 올라가도록 암시한다. 이러한 암시를 통해 '분아와 이별'하는 장면을 시각화할 수 있으며, 아동은 시각화된 장면을 떠올리며 분아와 이별할 수 있다.

이제는 시간선 치료[6]를 통해 자아상의 변화를 진행할 차례다.

상: 눈을 감고 상상 속에서 내 말에 따릅니다. 다섯 살 때 동네 형이 괴롭혔던 장면을 떠올려 보세요. 좋아요, 이제 그 장면에서 하늘로 날아오르세요. 아파트 10층 높이로 올라갑니다. 그 장면이 보이니?

내: 약간 보이는 것 같아요.

상: 그럼 비행기 높이로 날아올라 갑니다. 보이니?

내: 이젠 안 보여요.

상: 좋아. 그런데 너는 왜 그 형한테 당했는지... 그리고 앞으로 안 당하려면 어떻게 해야 하는지... 네 나름대로 그때 일을 겪고 얻는 교훈이 있을 거야. 생각해 보자.

내: 당당하고 떳떳하고 강해져 살면 된다!

상: 그렇지! 맞아! 이제 우주 공간까지 날아올라 간다. 그리고 타임머신을 타고 1년 전으로 간다. 그리고 그 공중에서 힘을 기르는 거야. 강하고... 용기 있고... 누가 공격해도 방어할 수 있는 태권도도 배우고... 그렇게 점점 강해지면서 1년이 지나간다. 1년 후 다시 그 장소로 간다. 그 장면이 보이니?

내: 음... 안 보여요.

상: 그럼 넌 지금 무엇을 하고 있지?

내: 친구들과 동네 형들과 재미있게 놀고 있어요.

상: 좋아! 지금부터 10년 후로 타임머신을 타고 날아가, 네 모습을 바라보자. 셋 만에 갑니다. 하나, 둘, 셋! 지금 넌 스물 두 살이

야. 무슨 모습이 보이지?

내: 군인이에요. 당당하고 씩씩해 보여요.

상: 좋아! 이번엔 마흔두 살로 갑니다. 어떤 모습이 보이지?

내: 과학자가 되어 열심히 연구해서 큰 상을 받고 있어요. 다른 나라 사람들도 참석하여 축하해 주고 있어요.

상: 이제 이 기분을 가지고 우주를 바라보면서 새로운 세계를 느껴 보는 겁니다. 우주 공기는 얼마나 맑고 깨끗한가요. 숨을 크게 쉴수록... 맑고 깨끗한 공기가 내 몸 속으로 들어오면서... 자신감이 흠뻑... 더욱 강하게 채워집니다. 주변이 흰 백합과 국화꽃이 가득 있어요! 학생이 좋아하는 팝송이 흘러나옵니다. 최고의 기분입니다. '파이팅!'을 외치면서 주먹을 굳게 쥡니다. 파이팅!

내: 파이팅! 파이팅!

상: 이제 당신에게 마음대로 움직이고 싶은 마음은 사라졌습니다. 하지만 주먹을 쥐고 파이팅을 외칠 때... 이 기분이 그대로 살아나게 됩니다. 이 기분을 가지고 우주에서 내려와도 똑같은 기분이 느껴집니다. 셋을 세면 눈을 뜹니다. 하나, 둘, 셋! 눈 뜨세요. 지금 기분이 어때?

내: 자신감이 생겼고 당당해짐이 느껴져요. 평화롭습니다. 이제는 필요 없이 움직이지 않아도 될 것 같아요.

분아 제거는 아동이 얼마나 주의집중을 잘하느냐에 따라 치료의 성패가 갈리는 경우가 많다. 분아 제거 치료의 기본 원리 역시 심신(心身)이 이완된 트랜스 상태에서 구체적 상상을 통해 진행하는 것이므로 아동이 상담자의 말에 집중하는 것이 제일 중요하다.

---

6) 시간선 치료의 자세한 내용과 방법에 대해서는 이진식(2020), 『NLP 심리치료 및 상담』, 『정서행동장애 학생 심리치료 및 상담(최면상담과 NLP 중심으로)』을 참조하기 바란다.

보통 아이들은 감수성이 예민하고 상상력이 풍부하므로 심호흡이나 온몸의 힘을 빼는 암시, 즐거운 상상 등을 통해 아동을 쉽게 가벼운 트랜스 상태로 유도할 수 있다.

트랜스 상태에 있다고 판단되면 상담 사례에서 보는 바와 같이 부정적 분아를 마음의 눈으로 느끼게 하고 긍정적 의도를 파악한 후 하늘로 올려 보내는 상상을 하면 된다.

분아 제거를 위한 스크립트를 정리하면 다음과 같다.

분아 제거 예시 - ADHD 치료 예

눈을 감고 편안한 상태에서 심호흡을 해보자. 크게 들이마시고... 내쉬고... 들이마시고... 내쉬고... 숨을 내쉴 때마다 온 몸의 긴장이 빠져나가고 숨을 들이쉴 때마다 밝고 건강한 에너지가 몸 안으로 들어온다고 상상해보자.

이제 가족들과 즐거운 시간을 보냈던 때를 한 가지 떠올려 보자. 누구랑 무엇을 하고 있나요? 어떤 기분인가요? 따뜻한가요? 어떤 냄새가 나나요? 주변 물체의 감촉은 어떤가요? (만약 주의집중이 잘되지 않는다면 심호흡을 좀 더 많이 시키거나 몸의 힘을 빼는 절차를 추가시켜 심신을 최대한 이완시킨다. 또는 상기 절차를 좀 더 오래 반복하여 구체적인 느낌을 떠올릴 수 있도록 한다.)

자 이제, '나는 막 돌아다니고 싶어.'라고 말해 보자... 그러면 몸 어딘 가에서 안정이 안 되는 마음, 돌아다니고 싶은 마음이 느껴질 거야... 마음의 눈으로 돌아다니고 싶은 마음이 어디에 있는지 한번 천천히 느껴보자.

('다리'라고 대답하면) 아하, 돌아다니고 싶은 마음이 다리에서 느껴지는구나. 그 마음의 색깔은 어떠니? 크기는 어때? 한번 가까이 다가가 감촉을 느껴볼래? 어떤 느낌이 들어?

그 마음이 OO에게 존재하는 이유를 한번 물어보자. 왜 나한테 있는 건지 물어보면 대답해 줄 거야. ('상처를 안 받게 하려고' 라고 대답하면) 아, 그 돌아다니고 싶은 마음은 사실은 OO가 상처를 안 받게 하고 지켜주려고 존재하는 거구나.

돌아다니는 싶은 마음씨! OO를 지켜줘서 고맙습니다. OO도 그 마음에게 감사를 표해 주세요. 돌아다니고 싶은 마음씨, 그동안 이 분을 보호해주고 상처 안 받게 해주셔서 고맙습니다.

하지만 이제 OO는 당당하고 즐겁게 살기로 했어요. 그러니 이제 돌아다니고 싶은 마음은 더 이상 OO에게 안 계셔도 될 것 같아요. 이제 하늘로 올라가 주세요. 돌아다니고 싶은 마음에게 하늘로 올라갈 건지 물어보세요.

(올라가겠다고 대답하면) 자, 이제 돌아다니고 싶은 마음씨는 하늘을 바라보세요. 하늘에서 밝은 빛이 내려와서 OO의 머리와 연결됩니다. 내가 셋을 세면 돌아다니고 싶은 마음씨는 그 빛을 따라 하늘로 높이 올라갑니다. 하나... 둘... 셋! OO는 돌아다니고 싶은 마음씨를 배웅해 주세요.

'이게 어떻게 가능하지?'라는 생각이 들 수도 있겠지만, 아동이 떠올리는 생각대로 대답하게 하고 그대로 진행하면 된다. 주의집중이 잘 된 상태에서 떠오르는 생각이 바로 잠재의식이 보내주는 답이기 때문이다.

그런데 NLP나 최면치료 사례들을 보면 간혹 분아가 몸에서 떨어지지 않으려고 버티는 경우도 있고, 나가기 싫다고 하며 '네가 어떻게 날 나가게 할 수 있는데?'라며 비웃는 경우도 있다.

또는 나간다고 말해서 보내주었는데 며칠 있다 보면 다시 아동의 내면에 그대로 존재하는 경우도 있다. 분아가 마치 사람하고 똑같이 거짓말도 하고 놀리기도 하며 행동하는 것이다.

이럴 때에는 괜히 분아의 존재와 말싸움을 하거나 에너지 낭비를 할 필요가 없고 겁먹을 필요도 없다. 최대한 분아를 존중하고 설득해도 나가지 않으면, 단지 분아가 고통을 느낄 수 있게 최대한의 고통을 주는 상상을 하고 성령과 사랑의 기운이 몸 안을 가득 채운다는 식의 상상을 하게 하면 분아는 고통스러워하며 언젠가는 떠나게 되어 있다.

중요한 것은 억지로 이러한 분아를 내보내려고 애쓰는 것보다는 트랜스 상태에서 건강한 에너지로 자신의 내면을 가득 채운다는 상상을 꾸준히 하는 것이다. 그럼 부정적 마음의 분아는 언젠가는 저절로 밀려나게 되어 있다.

분아 제거 치료는 약물치료에 효과가 없는 아동, 주의집중력이 높은 아동, 인지 수준이 비교적 높은 아동에게 적용해 볼 수 있다.

11장

발달장애 아동과 라포 형성을 통한 행동 및 학습 지원

11장

발달장애 아동과 라포 형성을 통한 행동 및 학습 지원

라포(rapport)는 교육이나 상담의 효과를 높이기 위한 필수 조건으로 친밀감, 친근감, 신뢰감 등을 뜻한다. 인간관계에 있어 기본적으로 라포가 형성되어야 서로 간 마음을 터놓을 수 있고 쉽게 친해지며 동질감을 느낄 수 있다.

마찬가지로 효과적인 장애아동 교육과 상담을 위한 전제 조건으로 아동과의 라포 형성은 무엇보다 중요하다. 부모나 교사가 아동과 신뢰감 및 친밀감이 형성되어 있지 않으면 아이는 치료에 거부감을 느끼고 학습 효과도 떨어질 수밖에 없다.

아동과 라포가 형성되면 아동은 무의식적으로 동질감과 심리적인 편안함을 느껴 학습 효과와 치료 효과를 더욱 높일 수 있다. 또한 잠재의식을 활성화시켜 긍정적인 행동 변화를 촉진한다.

본 장에서는 아동과 라포를 더 빠르게 형성하여 정서적 안정과 함께 중재 효과를 더욱 높일 수 있는 방법에 대해 소개하도록 한다.

1. 아이의 감각 언어에 맞는 언어 표현

사람의 모든 생각과 경험은 오감(五感, 5가지 감각체계)의 조합으로 이루어진다. 우리는 오감을 통해 내면에 세상을 표상화한다. 우리는 감각을 통해 정보를 받아들인 뒤 내면에서 이미지, 소리, 느낌, 맛, 냄새 등을 각자의 방식대로 표상화한다.

경험을 내면에 표상화할 때 이 5가지 감각을 골고루 섞어서 하지만, 보통은 사람마다 특별히 더 잘 활용하는 감각이 있다. 사람들이 특별히 더 선호하는 감각(잘 활용하는 감각)에 따라 시각선호 유형, 청각선호 유형, 신체감각선호(느낌/동작과 관련) 유형으로 나눌 수 있다.

예를 들어, '바닷가'라는 단어를 들었을 때 어떤 모습들이 주로 떠오르느냐에 따라 그 사람이 선호하는 감각을 알 수 있다. 만약 '날고 있는 갈매기, 수평선, 파도치는 모습, 해변을 거니는 사람들' 등을 주로 떠올리는 사람들은 시각선호 유형이고, '파도치는 소리, 모래 쓸리는 소리, 갈매기 우는 소리, 뱃고동 소리' 등을 주로 연상하는 사람들은 청각선호 유형이다.

만약 '물의 시원한 감촉, 짠 맛, 바다내음, 시원한 느낌, 뜨거운 모래' 등을 떠올린다면 이는 신체감각을 선호하는 유형의 사람들이다.

사람들은 외부의 경험을 내면에 표상화할 때 이처럼 오감을 모두 사용하기도 하지만 대부분은 이 중에서 어느 한가지를 더 선호하여 표상화한다. 그러므로 어떤 경험이나 학습을 할 때에도 주로 잘 활용하는 감각은 사람마다 다 다르다.

발달장애 아이들은 대부분 시각적 이미지에 강점이 있다. 이것은 대상을 볼 때 이미지화하여 기억한다는 의미이다. 대부분은 그림이나 모습, 외모를 봄으로써 기억하며 소리에 대해서는 덜 민감한 편이다.

특히 자폐성장애 아동은 경험하는 것들을 사진 찍듯이 기억하여 '시각적 학습자'라고 불린다. 이 경우 부모나 교사도 아동과 대화 시에 시각적 단어와 표현을 많이 쓰면 라포 형성에 훨씬 좋다.

시각적 언어표현의 예시

"정말 색깔이 알록달록해서 예쁘다."
"저 분은 항상 푸른색 옷을 입는다니깐."
"그 순간 세상이 온통 노랗게 보였어요."
'명확하게 그려지지가 않는데?"
"아주 밝은 미래가 펼쳐질 거야."
"내가 보기에는 이건 아니야."
"오늘 정말 좋아 보이는구나."

부모나 교사가 아동과 동일한 감각 언어를 사용하면 대화가 잘 통한다는 느낌이 들고 심리적으로 안정이 된다. 그리고 아동과 라포 형성이 훨씬 잘 이루어지며, 신뢰 형성에 도움이 된다.

밀턴 에릭슨은 내담자와 대화할 때 상대방과 동일한 감각 언어를 사용함으로써 내담자로 하여금 쉽게 마음의 문을 열게 하고 놀라운 치료 효과를 많이 거두었다.

따라서 아동이 주로 사용하는 감각 언어를 고려하는 것이 중요한 이유는 아동이 선호하는 감각 언어에 맞춰 어른이 대화를 하면 아동은 무의식적으로 편안함을 느껴 라포 형성이 훨씬 더 잘 이루어지기 때문이다.

부부간의 관계나 동료 간의 관계에서 대화가 잘 통하지 않고 자주 갈등이 일어나는 경우 서로 사용하는 감각 언어가 달라서 그런 경우가 많다. 다음의 예[1]를 보자.

1) 이진식(2020), 『NLP 심리치료 및 상담』에서 인용

아내: 저 배우는 언제나 듬직해 보이고 잘 웃어서 좋아.
남편: 근데 말을 좀 버릇없게 하는 것 같아서 난 별로던데.
아내: 뭐 그렇게 볼 수도 있겠지만, 매너는 훌륭해 보이던데? 말솜씨도 화려하고...
남편: 말솜씨가 화려하다고 해서 다 좋게 들리는 건 아니지. 난 말투가 좀 거슬리더라고.
아내: 참 나, 왜 그렇게 삐딱한 시각으로 보는 거야? 웃는 표정만 봐도 내 마음은 핑크빛으로 물드는 것 같은데.
남편: 뭐가 삐딱해? 당신이야말로 그렇게 뚱딴지같은 소리하면 안 되지.

위 두 사람은 서로 다른 감각 언어를 가지고 말하고 있다. 아내는 시각에 해당하는 어휘와 표현을 사용하고 있고, 보이는 것에 민감한 반응을 보이고 있다. 한편 남편은 청각적 표현과 어휘를 빈번히 사용하고 말과 소리에 민감하게 반응하고 있다.

즉, 아내는 주로 시각적인 감각 언어를 사용하는 사람이고 남편은 청각적인 언어를 주로 사용하는 사람인 것이다.

이처럼 자기가 선호하는 감각 언어에 기초해서만 말하게 되면 다툼이 발생하기 쉬우므로, 아이의 감각 언어에 맞춰서 표현하는 것이 라포 형성에 훨씬 도움이 된다.

발달장애 아동 중에는 청각적인 표현을 자주 하는 아이도 있고, 때론 느낌이나 동작의 표현을 많이 쓰는 아이도 있다. 그런 경우에도 마찬가지로 아이와 감각 언어를 맞춰서 표현해 주는 것이 아이와 친밀감을 높이고 정서적 안정을 위해 좋다.

청각적 언어표현의 예시

"친구가 나를 싫어한다고 말했어요."
"대체 무슨 말을 하는지 잘 모르겠다."
"그 친구와는 대화가 잘 통해요."
"그것 참 괜찮은 표현으로 들리는데?"
"누군가 내게 '참 잘 했어요.'라고 칭찬하는 것 같았어."

느낌/동작과 관련된 언어표현의 예시

"오, 아주 느낌이 좋은데?"
"친구가 나를 싫어한다고 말해서 슬퍼요."
"학교는 정말 편안하고 안락하다."
"아직 어떻게 해야 할지 감이 잘 안 와."
"그때 일을 지금 생각해도 긴장되고 떨려."
"얼마나 추운지 이가 달달 떨리더라."
"친구가 나를 때렸어요."
"그냥 친구들과 공 차고 놀았어요."

아이와의 평소 대화를 분석해 보면 아이가 어떤 감각 언어를 주로 활용하는지 알 수 있다. 아이가 선호하는 감각 언어를 알면 그에 맞춰서 같은 감각 언어로 표현하면 된다.

다음은 학생의 대답에 따른 교사의 반응 예시이다.

상담 예

교사: 그 친구의 무엇이 너를 힘들게 하니?
학생: 그 친구와 전 대화가 통하지 않아요.

교사: 그 친구와 어떤 이야기를 나누고 싶어?
(학생이 청각적 감각 언어를 활용하므로)

교사: 그 친구의 무엇이 너를 힘들게 하니?
학생: 그 친구가 절 자꾸 이상한 눈빛으로 쳐다본다고요.
교사: 그럼 친구의 어떤 시선을 원해? 친구에게 어떻게 보이고 싶어?
(학생이 시각적 감각 언어를 활용하므로)

교사: 그 친구의 무엇이 너를 힘들게 하니?
학생: 그 친구가 저를 냉담하게 대해요.
교사: 친구에게 바라는 정서는 뭐야?
학생: 저를 따뜻하게 대해줬음 좋겠어요. 그런데 행동도 자꾸 저를 때리려고 해요.
교사: 친구가 어떤 행동을 해줬으면 좋겠어?
(학생이 느낌/동작과 관련된 감각 언어를 활용하므로)

아이가 자주 쓰는 감각 언어에 맞춰서 언어를 표현하는 것이 처음에는 쉽지 않을 수 있다. 내게 익숙한 표상체계로부터 벗어나 익숙하지 않은 표상체계에 기반해 말하는 것이 처음엔 낯설기 때문이다. 하지만 익숙해지면 친밀감과 신뢰감을 형성해 원만한 관계를 맺을 수 있고, 대화 과정에서 많은 갈등을 줄일 수 있다.

발화가 잘 되지 않는 아이라 할지라도 잘 사용하는 감각 언어를 캐치하여 그에 맞게 표현을 자주 하면, 아동은 심리적으로 편안함을 느끼고 정서적으로 차분해지는 효과가 있다.

2. 아이의 모든 것을 따라하기 - 미러링, 백트래킹, 페이싱

아이를 정서적으로 차분해지게 하고 공감대를 형성하는 방법으로는 아이의 행동을 따라하고, 아이와 비슷한 표정을 짓고, 말을 그대로 되받아주는 방법 등이 있다.

앞에서 아이가 자주 쓰는 감각 언어를 파악하여 어른도 동일한 감각 언어로 표현을 해주면 아이는 무의식적으로 편안한 감정을 느껴 라포 형성에 좋다고 하였다. 아이의 행동과 표정을 모방하고 아이의 말에 맞장구 쳐주는 것도 이와 같은 맥락에서 이해할 수 있다.

사람들은 성격이 비슷하거나 취향이 비슷하고 공감대가 많을수록 서로의 감정에 끌리게 되어 라포가 훨씬 더 빨리 형성된다. 이러한 현상을 이용하여 내가 의도적으로 상대방의 취향에 맞추고 언어 패턴을 맞추고 행동 등을 따라하면 상대방과 쉽게 라포를 구축할 수 있다. 이처럼 상대방이 갖고 있는 특징이나 표현에 자신도 똑같이 맞추는 것을 **매칭**(matching)이라고 한다.

2011년 프랑스 남브르타뉴대 연구진은 세일즈맨이 고객의 말과 행동을 따라 했을 때 매출에 어떤 차이가 나는지를 알아보았다. 연구 결과, 점원이 고객을 따라 하면 매출이 증가하고 점원의 권유를 더 잘 받아들이며 점원과 매장에 대한 평가가 올라가는 등 긍정적 효과가 나타났다.

예를 들어, 카페에 온 손님이 "아메리카노 한잔요."라고 주문하면 직원이 "네, 아메리카노 한잔요~"라고 따라 할 때 호감도가 높아졌다. 백화점에서도 "~있나요?"라고 물었을 때 "~있습니다."라고 답하면 그 상품을 구매할 가능성이 커지는 것으로 나타났다.

2011년 미국 텍사스대 연구팀은 소개팅으로 만난 남녀가 주고받은 SNS 메시지를 분석해, 말투가 비슷할수록 관계가 오랫동안 지속된다는 것을 밝혀냈다.

우리도 카카오톡이나 문자메시지 등에서 상대방이 "~했어용?"하고 질문하면 자신도 "그랬어용"하고 장단을 맞춤으로써 유대감을 느끼게 된다. 특정 지역 사람끼리 사용하는 사투리가 일체감을 가져다주는 것도 이 때문이다. 다음 사례를 보자.

5년이나 정신병원에 입원한 환자가 있었다. 그는 "내 이름은 존입니다.", "안녕하세요.", "안녕히 주무세요." 같은 의미 없는 표현만 중얼거렸다. 간호사도 노력을 했으나 모두 허사였다.

그는 벤치에 조용히 앉아 있거나, 누가 접근해오면 몇 분 동안 화가 난 것 같은 표정을 지었다. 에릭슨이 환자의 행동에서 얻을 수 있는 것은 위의 그런 정보들 뿐이었다. 에릭슨은 이런 정보를 바탕으로 치료계획을 세웠다.

간호사가 사람들에게 중얼거리는 환자의 말을 기록했다. 그 기록으로 답을 구하려 했으나 답은 구해지지 않았다.

에릭슨은 환자의 패턴과 유사한 표현을 하기로 했다. 시간을 조금씩 늘려 가며 환자 곁에 말없이 앉았다. 다음에는 허공을 향해서 **환자의 표현을 흉내 내면서** 자신을 소개했지만 환자는 반응이 없었다.

며칠이 지나자 에릭슨은 환자에게 직접 자신을 소개했다. **에릭슨은 환자의 습관을 흉내 내기를 되풀이했다.** 환자는 혼란스러워했다. 에릭슨은 다시 자기 소개를 했고 여섯 번이나 이런 상호작용을 한 후에 환자는 침묵으로 빠져들었고 에릭슨은 그 자리를 떴다.

한동안 둘은 유사한 방식으로 인사를 했다. 시간이 지나자 환자는 그의 겸손한 중얼거림에 오랫동안 중얼거림으로 반응했다. 다음에 **환자가 길게 중얼거리면 그도 길게 중얼거렸고, 환자가 짧게 중얼거리면 그도 짧게 반응하였다.** 환자가 침묵에 빠지면 자리를 떴다. 이러한 상호작용은 몇 번 계속되었다.

한번은 아침 인사를 한 후에 **환자가 쉬지 않고 4시간 동안 의미 없이 중얼거렸다. 에릭슨은 점심도 못 먹고 같은 방식으로 반응했다.** 환자는 에릭슨에게 주의를 기울였다.

다음에 환자는 하루종일 시계를 보았다. 다음 날 아침 환자는 평상시처럼 인사를 했으나 의미 없는 두 개의 문장을 덧붙였다. **에릭슨도 비슷한 길이의 의미 없는 문장으로 대답했다.**

환자가 갑자기 말했다. "박사님 의미 있는 말씀을 하세요." 에릭슨이 말했다. "기꺼이 그렇게 하죠. 그런데 성이 뭐에요?" "도노반입니다. 이젠 말하는 방법을 고쳐야 할 때입니다. 5년이나 되었어요. 5년은 긴 시간이죠." 에릭슨이 대답했다. "당신의 이름을 알게 되어 기쁩니다."

아동과 심리적으로 편안한 환경을 조성하고 친밀감, 공감대를 형성하기 위한 매칭의 방법으로 미러링(mirroring, 거울반응하기), 백트래킹(backtracking, 역추적), 페이싱(pacing, 맞추기) 등의 방법이 있다.

미러링(mirroring)은 거울을 보듯이 아이의 행동을 그대로 따라하는 기법이다. 예를 들어, 아이가 고개를 끄덕이면 나도 고개를 끄덕이고, 아이가 오른손으로 머리를 매만지면 나도 오른손으로 머리를 매만지고, 아이가 교구 놀이를 하고 있으면 나도 똑같은 방식으로 교구 놀이를 하는 것이다. 걸을 때도 아이의 왼발이 앞으로 나갈 때 나도 왼발이 앞으로 나가게 하고, 같은 보폭으로 걷는다. 아이의 표정을 따라하는 것도 미러링이다.

사실 친한 사람들끼리는 미러링이 자연스럽게 일어난다. 친한 친구가 어깨동무를 하면 나도 어깨동무를 하고, 닮고 싶은 친구가 있으면 그 친구의 말투와 행동을 따라하는 것처럼 말이다. 미러링은 그것을 모방하는 것이다. 마음이 통하면 행동이 닮아가는 현상과 반대로 행동을 의도적으로 닮게 하여 마음을 통하게 하는 것이 미러링이다.

◆ 그림 11.1 미러링[2)]

아이가 자주하는 상동행동, 반복적인 동작도 비슷하게 따라 하면 아이는 은연중에 편안함을 느끼고 심리적으로 안정감을 느낀다. 미러링에 익숙해지면 아이는 동작이 일치되고 있다는 사실을 무의식적으로 깨닫고 편안함을 갖게 된다.

상동행동이든 반복적인 행동이든 어떠한 행동이라도 따라하게 되면 아이는 안정감을 느끼고 하고 있는 활동에 더 몰입하게 된다. 어느 한 활동에 집중하고 있는 상태가 일종의 자연스러운 트랜스 상태에 있는 것이므로 이때 가까이 다가가 조용하게 치료적 제안이 되는 말들을 꾸준히 해주면 언젠가는 아이의 잠재의식을 변화시킬 수 있다. 잠재의식이 변화하면 긍정적인 학습 태도와 원하는 행동 변화를 가져온다.

중재 사례

선영이는 중증 자폐성장애 학생으로 평소 양손을 앞으로 내밀어 심하게 떠는 상동행동이 있다. 그리고 종종 특정 단어를 흥얼거리는 행동을 한다.

산책 시간에 선영이는 교사와 같이 걷고 있다. 선영이의 보폭에 맞춰 교사도 똑같이 걷는다. 그리고 선영이의 왼발이 앞으로 나갈 때 교사도 똑같이 왼발이 앞으로 나가고, 선영이가 오른발을 내딛을 때

2) 출처: https://dailynlp.com/nlp－modeling－industrial－strength－modeling/, 잘되는 가게의 영업비밀

교사도 오른발을 내딛는다. 같이 걸으며 교사는 가끔씩 박수를 딱 치면서(혼란 기법), "선영이가 선생님 말 잘 듣네."라고 크게 말한다(치료적 제안).

선영이가 가끔 멈춰서며 손을 부르르 떨 때 교사도 같이 옆에서 선영이처럼 손을 부르르 떤다. 이때 교사는 조용히 속삭이듯 "선영이가 얌전해졌구나."라고 말해 준다(치료적 제안).

선영이가 알아듣지 못하는 특정 단어를 말하면, 교사 역시 똑같이 따라한다. 이 외에도 모든 행동을 비슷하게 따라하며 걷는다.

선영이를 비슷하게 따라하며 걷는 동안 교사는 박수를 치며 치료적 제안이 되는 말들을 큰소리로 해준다. 또한 선영이가 어딘 가에 집중하는 모습을 보일 때는 치료적 제안이 되는 말들을 살며시 해 준다.

백트래킹(backtracking)은 아이가 한 말 중 핵심이 되는 내용을 다시 반복해서 맞장구치듯이 말해 주는 것이다. 예를 들어, 아이가 "밥 먹고 싶어요."라고 말하면 "아 OO가 밥 먹고 싶구나."라고 맞장구쳐주고, "걔가 싫어요."라고 말하면 "아 그 애가 싫으니?" 식으로 되받아주는 것이다.

이렇게 아이의 말에 맞장구쳐주고 공감을 표시하는 습관을 들이면 아이는 무의식적으로 편안한 감정을 느껴 정서적으로 차분해지게 된다. 정서적으로 안정된 상태에서 학습 효과를 높일 수 있음은 물론이다.

인지 수준이 높은 아이라면 기계적으로 말을 되돌려주는 것이 역효과가 날 수 있으므로 자연스럽게 공감을 표하는 것이 중요하다. 그리고 아이의 말을 들을 때도 경청하는 태도를 보이면 아이는 자신의 말이 경청되고 있음을 느끼고 더 깊은 라포를 형성할 수 있다.

페이싱(pacing)은 자신의 호흡, 음조, 자주 쓰는 단어 등을 아이와 맞추는 것이다. 앞서 미러링이 아이의 특정 동작이나 행동, 표정을 따라하는 것이라면, 페이싱은 동작 이외의 것들, 즉 말투나, 호흡, 음조 등을 맞추는 것을 말한다. 아이를 페이싱하게 되면 역시 아이는 은연중에 안도감과 편안함을 느끼게 된다.

타이밍을 맞춰 아이가 숨을 들이쉴 때 같이 들이쉬고, 아이만의 말투를 비슷하게 따라 하면 아이는 무의식적으로 동질감을 느낀다. 아이의 말투와 자주 쓰는 단어, 음조를 따라 하는 것이 겉으로는 이상하게 보일 수 있지만, 아이의 잠재의식은 자신에게 동조한다고 인식해 강한 친밀감을 형성한다.

이러한 과정은 무의식적으로 이루어지기 때문에 아이의 인지 수준과 상관없이, 또 장애 정도와 상관없이 따라 하는 것만으로 라포를 형성할 수 있다. 그리고 심리적으로 편안한 환경이 조성되었을 때 학습과 치료 효과를 더욱 높일 수 있음은 당연한 사실이다.

그런데 페이싱을 하는 이유는 라포를 형성하기 위한 목적도 있지만, 아이를 나의 의도나 목적에 맞게 원하는 방향으로 이끌기 위함이 더 크다. 즉, 페이싱을 통해 먼저 심리적으로 안정시킨 후 결국에는 아이를 내가 의도하는 더 나은 상태로 이끌기 위한 것이다.

예를 들어, 아이가 불안해하는 상황에서는 호흡이 거칠고 빨라질 수 있다. 이때 교사도 아이의 호흡에 맞춰 거칠고 빠르게 하다가(페이싱), 조금씩 점차 부드럽고 천천히 숨을 쉬는 호흡법으로 리드해 나가면 아이도 조금씩 이를 따라하게 되어 안정을 되찾을 수 있다.

결국 페이싱은 라포 형성을 위해 아이에게서 모방할 수 있는 부분은 최대한 따라 하되, 궁극적으로는 아이를 무의식적으로 나의 의도에 맞게 이끌기 위한 것이다. 중요한 것은 아이의 페이스에 말려들면 안 된다는 것이다. 아이가 빠르고 거친 숨을 쉰다고 하여 교사도 따라하다가 거기에 말려들게 되면 교사도 같이 조급해지고 불안해질 수 있기 때문이다.

따라서 아이를 페이싱하되 언제나 중립적인(neutral) 자세를 견지하여 곧 내가 원하는 방향으로 이끄는 것이 중요하다. 발달장애 아동의 상동행동이나 반복적인 행동도 처음엔 그러한 행동을 따라하다가 조금씩 나의 행동을 따라오게 하여 점차 내가 원하는 행동으로 이끌어야 한다.

▼ 표 11.1 매칭(matching)될 수 있는 예들

동작/행동	자세, 손동작, 발동작/발걸음, 신체 동작, 머리 움직임, 얼굴 표정, 눈동자 움직임, 상동행동, 반복행동 등
언어 표현	아이의 말에 공감해주기, 말 되받아주기, 자주 쓰는 단어 따라하기, 말투 따라하기, 아이의 감각 언어로 표현하기 등
호흡/목소리	호흡 수, 호흡 패턴, 음조(소리의 높낮이, 강약, 빠르기), 목소리 크기 등
기타	취미, 특기, 외모, 가치관/신념 맞추기

매칭은 아이의 여러 특징을 꼭 똑같이 따라 하는 것이 아니라 비슷한 방식으로 따라하는 것이다. 예를 들어, 아이의 호흡 수를 나의 손가락 움직임으로 매칭하거나, 아이의 틱틱 거리는 소리를 나의 박수 소리로 매칭할 수도 있다.

중재 사례

철수(가명)는 주의가 산만하고 자주 자리에서 일어나 돌아다닌다. 교사는 철수 움직임의 리듬을 알아내어서 철수 움직임에 따라 손을 지휘하는 방식으로 매칭한다.

철수는 돌아다니면서 교사가 손을 흔드는 것(지휘)을 바라본다. 철수가 멈추면 교사도 지휘를 멈춘다. 철수가 다시 돌아다니면 교사도 그 리듬에 맞춰 손을 흔든다. 철수는 무의식적으로 교사가 자신이 움직일 때마다 그 리듬에 맞춰 손을 흔드는 것을 알아챘다.

교사는 아이의 행동에 매칭하여 계속 자신의 손을 움직이다가 서서히 멈추는 동작으로 이끈다. 그러고 나서 정상적인 활동으로 들어간다.

아이와 행동, 언어, 말투, 호흡 등을 일치시키면 아이는 동질감과 편안함을 느낀다. 놀이나 활동 중에도 아이 행동을 모방하며 상호작용을 촉진할 수 있다.

아이의 모든 것을 따라하는 것은 교감을 형성하기 위한 것도 있지만 결국에는 바람직한 방향으로 아이의 행동을 이끌기 위한 것이다. 또한 정서적으로 편안한 상태를 만듦으로써 학습이나 행동지도 측면에서 치료적 제안이 되는 말들을 쉽게 받아들여지게 하기 위한 것이다.

아이의 모든 것을 흉내 내며 상호작용하면 아이는 활동에 몰입을 더 깊게 하여 심신이 안정되는 일종의 트랜스 상태에 있게 된다. 아이와 매칭하는 것은 아이의 잠재의식을 활성화시키는 좋은 수단인 것이다.

이때 "주의력이 향상된다.", "잘 할 수 있다.", "차분해진다." 등 치료적 제안(원하는 메시지)이 되는 말들을 꾸준하게 해주면 언젠가는 이를 잠재의식에 각인시킬 수 있다.

즉, 평소에 의식이 활짝 깨어있는 상태에서 치료적 제안이 되는 말들을 하는 것보다, 조금이라도 잠재의식이 활성화되어 있는 상태에서 이러한 말들을 해주어야 효과가 더 좋고 빨리 변화시킬 수 있다.

이처럼 아이의 모든 것을 따라 하는 것은 아이와 라포를 형성하기 위한 것이고, 라포 형성이 중요한 이유는 학습 및 상담 효과를 높일 수 있을 뿐만 아니라, 아이의 잠재의식을 활성화시켜서 원하는 행동 변화를 더 빨리 촉진할 수 있기 때문이다.

따라서 아이를 매칭하여 라포를 형성하고 심리적으로 편안한 환경을 조성한 후, 앞서 언급한 밀턴 에릭슨 대화법으로 치료적 제안이 되는 말들, 원하는 메시지를 꾸준히 주입하면 언젠가는 잠재의식이 바뀐다.

잠재의식의 변화는 의식의 변화를 가져오고 의식의 변화는 태도 및 행동의 변화를 가져 온다. 그리고 그 효과는 반영구적이다.

3. 자료의 시각적 지원

발달장애 아동은 주의집중력이 약하고 정보를 이해하는 데 어려움을 겪으므로 자료를 시각적으로 제시하고 구조화하여 제공하는 것이 좋다. 발달지체, 발달장애 아동은 시각적 정보 수용 능력이 청각적 그것보다 우세하여 시각적 지원을 할 경우 훨씬 더 쉽고 빠르게 내용을 파악하고 상황 이해를 할 수 있다.

발달장애 아동, 특히 자폐성장애 아동의 경우 일과가 어긋나거나 예상치 못한 상황이 발생하면 스트레스를 받고 당황하게 된다. 루틴에서 어긋난 활동은 아동에게 텐트럼(tantrum)을 일으키거나 문제 행동을 유발한다.

청각적 메시지로 일과 변화를 전달하면 금방 잊어먹고 잘 받아들이지 못하므로 하루 계획표를 제시할 때는 시각화하여 제시하여야 한다. 그래야 혼란을 줄이고 일과를 미리 예측할 수 있어 정서적으로 안정된다.

시각적 지원은 발달장애 등 의사소통이 곤란한 아동의 언어 이해와 상황 이해를 도와주어 정서적으로 편안하게 하고 학습적 이해를 수월하게 하기 위한 것이다. 자발적 발화가 불가능한 아동은 물론 발화가 가능한 아동도 수용 언어의 이해 증진을 위해 시각적 도구는 도움이 된다.

시각적 지원 매체는 실제 사물, 그림, 사진, 동영상, 동작, 표정 등 눈으로 볼 수 있는 모든 것이 포함된다. 자료를 시각화하고 구조화하여 제시하면 아동의 학습 효과를 높일 수 있을 뿐 아니라 라포 형성에도 훨씬 도움이 된다.

우리가 일상생활에서 말할 때도 몸짓, 동작, 표정 등을 넣어서 같이 하는 경우가 많다. 그것은 신체 언어(body language)가 메시지의 전달 및 메시지의 내용을 분명히 하는 데 도움이 되기 때문이다. 이러한 신체 언어도 훌륭한 시각적 지원 형태의 하나이다.

그러므로 아동과의 대화 시 긍정의 뜻을 표할 때는 대답과 동시에 고개를 끄덕여 준다든지, 부정의 뜻을 표할 때는 대답과 동시에 고개를 가로젓는다든지 하면 아동은 그 의미를 훨씬 더 잘 이해하게 된다. 말과 함께 신체 언어를 활용하는 것은 의미의 이해를 도울 뿐 아니라, 아동과의 신뢰 형성 및 친밀감 형성을 위해서도 좋은 일이다.

대화 시 같이 활용할 수 있는 신체 언어에는 다음과 같은 것들이 있다.

- '응'이란 대답과 함께 머리 끄덕이기, '아니'란 대답과 함께 머리 가로젓기
- 잘한 행동에 '잘했어'라고 말하며 활짝 웃기, 잘하지 못한 행동에 '에이' 라고 말하며 얼굴 찡그리기
- 긍정의 표현과 함께 맞장구 쳐주기
- 모른다고 말하며 머리 갸우뚱하기
- 싫다는 의미로 밀어내기
- '배고파'라고 말하며 배에 손바닥을 대고 문지르기
- '쉿'하는 소리와 함께 검지손가락 입에 대기, 시끄럽다는 의미로 귀 막기
- 사물을 말하며 손가락으로 가리키기 등

신체 언어를 습관화하면 나중에는 아동이 표정을 보고도 그 의미를 이해하게 된다. 따라서 동작은 크고 약간 과장되게 하는 것이 좋다.

일반적 형태의 시각적 지원은 자료를 글과 함께 그림이나 사진으로 제시하는 것이다. 시각적 자료의 장점은 다음과 같다. 첫째, 시각적 자료는 사라지지 않고 계속 남는다. 청각적 메시지는 한번 말하면 바로

사라져서 기억하기 힘들지만, 그림, 사진 등 시각적 메시지는 필요한 기간만큼 계속 유지시킬 수 있어 아동의 상황 이해를 돕는다.

둘째, 시각적 자료는 주의집중력을 높이고 쉽게 해석이 가능하다. 청각적 메시지는 귀로만 전달이 되지만 시각적 메시지는 시각화된 자료와 함께 청각적 메시지도 같이 전달되므로 주의집중이 잘 되고 이해하기도 쉽다.

셋째, 시각적 자료는 한 눈에 구조화가 되므로 변화를 이해하고 수용하기가 쉽다. 구조화된 자료는 아동의 예측력을 돕고 일탈을 미리 방지할 수 있다. 또한 과제 순서나 하루 일과를 보다 잘 이해하고 예측하게 되어 아동의 정서적 안정을 돕는다.

학습 장면에서 과제의 시각적 제시는 기능 습득을 위해서 특히 유용하다. 기능 습득과 과제 해결을 위해 각각의 해야 할 단계를 시각적으로 제시하면 아동은 다음 단계에서 무엇을 해야 하는지 쉽게 알 수 있다.

과제 분석은 아동이 수행해야 하는 과제를 더 구체적인 하위 과제로 분할하는 것으로 각 단계별 해야 할 활동을 의미한다. 비장애 학생들은 쉽게 해결할 수 있는 과제도 발달장애 학생들에게는 어려운 과제가 될 수 있다. 그러므로 발달장애 학생에게 하나의 큰 과제를 익히게 하기 위해서는 각각의 하위 과제별로 작게 나누어 배우게 하는 것이 좋다.

이때 각 하위 단계별로 해야 할 활동을 시각적으로 제시하면 원하는 큰 학습 목표에 더 빠르게 도달할 수 있다. 과제 분석은 한 번에 학습하기 어려운 과제를 잘게 나누어 조금씩 점진적으로 학습할 수 있게 하는 방법이므로, 해야 할 과제를 단계별로 시각화하여 제시하면 아동의 이해를 돕고 최종 목표에 더 쉽게 도달할 수 있다.

예를 들어, '샤워하는 법'에 대해 가르치고자 할 때 다음과 같이 과

제 분석하여 시각화 지원을 사용할 수 있을 것이다.[3)]

1) 샤워하는 절차에 대한 과제 분석과 시각적 지원

아이가 혼자서 샤워하는 방법에 대해 잘 모를 때 샤워의 각 단계를 과제 분석하여 시각적으로 지원할 수 있다. 옷 벗는 것부터 잘 못 한다면 옷 벗기 → 물 틀고 물 묻히기 → 비누 묻히기... 순으로 해야 할 과제를 시각적으로 제시하여, 각 단계별로 습득하도록 한다.

샤워하는 절차를 세부적으로 나누어 그림과 함께 설명한 후, 그림을 보면서 각 과제를 수행하게 한다. 혼자서 할 수 있는 부분은 O를 하고 넘어가고, 도움이 필요한 단계는 도움을 받아 연습하여 습득할 수 있게 한다.

절차에 맞게 올바르게 수행하는지 각 단계별로 O, X 표시를 하고, X 표시한 단계는 스스로 할 수 있도록 계속 연습시킨다. 처음부터 끝까지 물 흐르듯이 잘할 수 있게 될 때까지 연습을 반복한다.

◆ 그림 11.2 샤워하는 절차에 대한 과제 분석과 시각적 지원[4)]

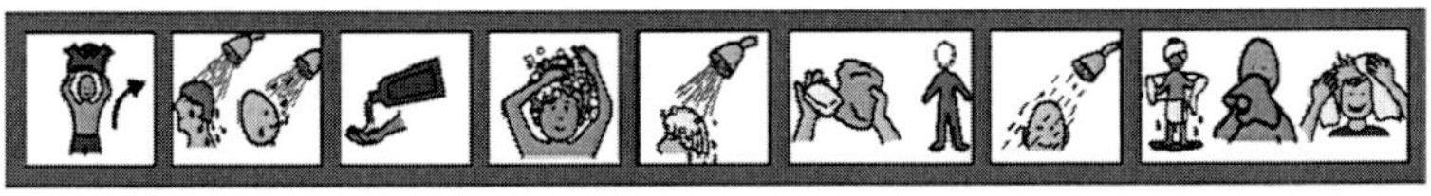

2) 샤워하는 때 알려주기

아동이 하루의 일과 중 어느 때, 또는 상황에 따라 언제 샤워를 해야 하는지 잘 모를 때 시각적 지원을 통해 알려줄 수 있다. 다음은 집에 왔을 때와 운동 후 샤워를 한다고 알려주는 시각적 지원이다.

---

3) 발달장애 소통과지원연구소 페이스북 홈페이지에서 발췌
4) 출처: 발달장애 소통과지원연구소 페이스북 홈페이지

◆ 그림 11.3 샤워하는 때와 상황에 대한 시각적 지원

3) 샤워 후 보상 알려주기

샤워를 하면 아동이 좋아하는 강화물로 보상해 준다는 것을 미리 알려준다. 강화를 받으면 당연히 긍정적인 행동을 더 하려고 하므로 기능 습득에 도움이 될 것이다.

강화물은 너무 자주 주어서도 안 되고 규칙을 명확히 정해 과제(여기서는 샤워)를 완수했을 때만 주도록 한다. 그리고 강화물은 아동과 협의를 통해 정한다. 그래야 아동의 자기결정 능력이 향상되고 책임감을 가지고 과제를 수행하게 된다.

◆ 그림 11.4 샤워 후 보상에 대한 시각적 지원

주의할 것은 여러 가지 목표를 한꺼번에 달성하려고 아동에게 지나친 촉구나 지시가 제공되어 부담을 주지는 않는지 살펴보아야 한다. 한 가지 목표씩 그리고 단계별로 차근차근히 수행해 나가는 것이 보다 바람직하다.

단계별, 상황별로 자료를 시각화하여 제시하는 것은 매우 번거로운 일이지만, 기능 습득을 위해서는 훨씬 효과가 좋다. 따라서 일상생활 기능과 관련된 모든 활동에 자료를 시각화하여 집안 곳곳에 붙여서 틈틈

이 보고 배울 수 있도록 하면 좋을 것이다.

과제 분석은 교수 계획 및 방법, 평가의 여러 가지 측면에서 긍정적으로 평가받아 왔지만, ABA의 행동주의 관점에 기초한 기계적인 학습법이란 점에서 오늘날 비판을 받고 있다.

아동의 가치관이나 신념을 배제한 채 강화에 기반한 기능 습득에만 중점을 두어 아동의 인격권이 무시된다는 주장도 제기되고 있다. 또한 과제 분석은 학습 과제의 기능적 측면보다 발달적 측면을 지나치게 강조함으로써 발달장애 학생의 학습 가능성을 제한할 수 있다는 문제점이 있다.

따라서 기능 습득을 위해 처음부터 과제를 세분화하여 가르칠 것이 아니라, 앞에서 언급한 대로 아동의 상위 의식을 먼저 변화시키는 대화와 상담이 중요하다. 과제 분석은 여기에 병행하여 부수적으로 이루어져야 한다.

이것은 공부하기 싫어하는 학생을 억지로 데려다 놓고 공부시키는 것보다, 학생에게 스스로 공부를 열심히 해야 하는 이유(가치관)를 심어 주는 것이 더 중요한 것과 마찬가지다. 아동의 잠재의식을 변화시킴과 동시에 학습이 이루어질 때 그 효과를 극대화할 수 있다.

그러므로 과제 분석에 대한 맹신보다는 먼저 아동의 주체성을 인정하고, 아이의 신념과 가치관을 변화시켜 줄 수 있는 그런 생활지도 및 대화가 우선되어야 한다.

잠재의식에 먼저 올바른 태도와 학습에 관한 확실한 신념이 심어져야 비로소 제대로 된 효과적인 학습이 이루어질 수 있다.

4. 시각적 자료를 활용한 학습 지도 - 비주얼 씽킹

정보를 전달하는 방법은 시대에 따라 여러 모습으로 변해 왔다. 문자가 발명되기 전까지는 구술로 전달이 되었지만, 이후에는 문자를 통한 정보 전달이 대세가 되었다. 그러다 현대 정보화시대에 접어들며 그림, 영상 등 시각적 자료가 정보 전달에 있어서 중요시하게 여겨지고 있다.

문자에 의한 정보 전달은 다소 딱딱하고 문맥을 놓치면 다시 읽어야 하는 등 결코 재밌는 전달 수단이 아니다. 문자로 된 정보는 분명 유용하지만 전달 방식에 있어서는 재미가 없고 지루한 방식이다. 비장애인들도 문자만으로 전달되는 정보보다 시각 자료가 같이 제시되면 더 빨리 정보를 처리할 수 있다.

정보 전달에 있어서 시각적 자료를 같이 활용하는 것은 원시시대 때부터 가장 기본적이고 자연스러운 방식이라 할 수 있다. 아이들에게 처음 글자나 숫자를 가르칠 때 커다란 그림 카드를 보여주는 것도 그런 이유다. 문자로는 잘 이해되지 않던 어려운 개념도 그림을 보면 단번에 이해가 되기도 한다.

현대는 이미지의 시대이다. 학교에서도 딱딱한 글로 배우는 것보다는 시·청각을 같이 활용한 교육 방식이 대세다. 글이나 말과 함께 시각적 자료를 같이 활용하면 정보 전달 뿐 아니라 다른 사람과의 공감대 형성에도 수월하고, 장기 기억에도 용이하며, 추상적인 아이디어나 복잡한 내용을 정리할 때에도 도움이 된다.

이러한 시각적 자료를 보기 쉽게 구조화하여 교육에 적극 활용하는 것이 **비주얼 씽킹**(visual thinking)이다. 비주얼 씽킹은 지각적 수준에서 시각 정보나 시각적 이미지를 조작하여 정보를 처리하는 인지적 과정을 말하는데, 오늘날 학교에서 효과적 학습 수단으로 각광받고 있다.

자폐성장애 아동은 시각적 학습자라 불릴 정도로 시각적 이미지에 강점이 있기 때문에 교육 장면에서 비주얼 씽킹을 적극 활용하는 것은 매우 효과적이다. 그리고 인지 수준이 낮고 주의집중력이 부족한 지적장애 아이들 눈높이에도 꼭 맞는 학습법이다.

비주얼 씽킹은 쉽게 말해, 글과 그림을 함께 이용해 정보, 생각을 빠르고 간단하게 표현하는 것이다. 누구나 쉽게 이해할 수 있는 상징적 그림들을 활용하고 직관적으로 쉽게 이해할 수 있는 그림으로 표현하는 것이 특징이다.

또한 비주얼 씽킹은 시각적으로 제공된 자료를 아동 입장에서 이미지로 저장하고 이미지로 생각하는 습관을 들이는 것이다. '사과'라는 단어를 들으면 사과의 이미지가 떠오르고, 친구 이름을 들으면 친구의 얼굴이 떠오르는 것처럼, 비주얼 씽킹은 일상생활에서 자연스럽게 이루어지는 습관이다.

어린 아이에게 처음 단어를 가르칠 때 대부분 이미지나 실물을 통해 가르친다. 이미지를 활용하여 개념을 이해하거나 습득하는 방법은 누구나 쉽게 접근할 수 있는 자연스러운 학습 방법이기 때문이다.

백문(百聞)이 불여일견(不如一見)이라고 백번 설명 듣는 것보다 한번 실물로 보는 것이 훨씬 낫다. 우리는 발표 자료를 만들 때도 이미지를 넣어 이해를 도우며, 기사를 읽을 때도 표나 그래픽을 먼저 본다. 비주얼 씽킹은 생소한 단어지만 우리가 일상생활에서 그동안 습관처럼 사용해온 것이다. 시각화된 자료는 내용의 이해를 돕고 기억하기가 쉽다.

예를 들어, 우리나라 기후에 대해 설명할 때 강수량, 바람, 기온을 말로만, 또는 글로만 설명하는 것보다 아래의 마인드맵처럼 구조화하여 표현하면 훨씬 기억에 오래 남는다. 이것은 사람의 뇌가 글자보다 이미지를 더 빨리 받아들이기 때문이다.

뇌가 글을 읽을 때는 글자 → 단어 → 문장 → 문단 순으로 순차적으로 해독하지만, 이미지는 훨씬 직관적으로 받아들인다. 이런 장점 때문에 2000년대 이후 비주얼 씽킹, 인포그래픽에 대한 관심이 폭발적으로 늘어났다.

내용을 시각적으로 표현할 때 그림은 못 그려도 상관없다. 중요한 것은 그림의 상징성이다. 단순하게 그리더라도 특징을 잘 잡아내는 것이 중요하다. 비주얼 씽킹에서 중요한 것은 비주얼(visual)이 아닌 씽킹(thinking)이기 때문에, 특징만 잡아내서 간단하게 그리면 된다.

◆ 그림 11.5 우리나라의 기온, 바람, 강수량에 대한 마인드맵

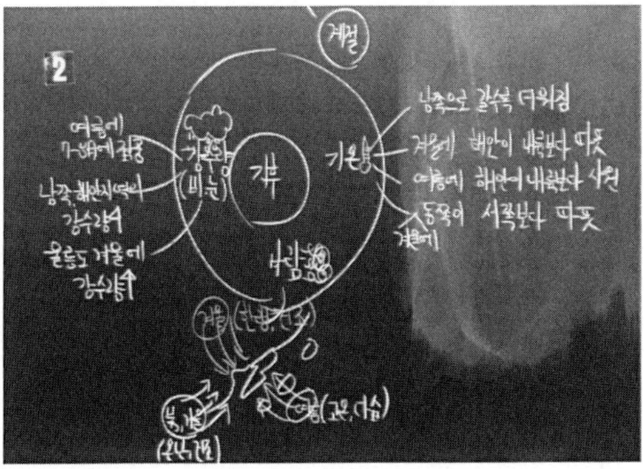

아래는 임진왜란 전·후 조선의 모습을 나타낸다. 그림만 봐도 '전쟁의 피해를 입었구나.'를 알 수 있다.

◆ 그림 11.6 임진왜란 이후 조선의 변화

해방 이후 우리나라 산업의 변화도 다음과 같이 간단하게 나타낼 수 있다.

◆ 그림 11.7 해방 이후 우리나라 산업의 변화

이처럼 그림을 잘 그리는 것이 중요한 게 아니라, 특징을 잘 잡아내는 것이 중요하다. 그림의 상징성을 활용하여 이해할 수 있을 정도만 그려도 충분하다.

학습을 다 마치고 나면 배운 내용을 간결하게 정리하는 것이 필요하다. 이때도 비주얼 마인드 맵을 활용하면 효과적이다. 예를 들어, 분수를 소수로 바꾸는 방법에 대해 배웠다면 다음과 같이 한 눈에 들어오게 정리할 수 있을 것이다.

◆ 그림 11.8 비주얼 마인드 맵

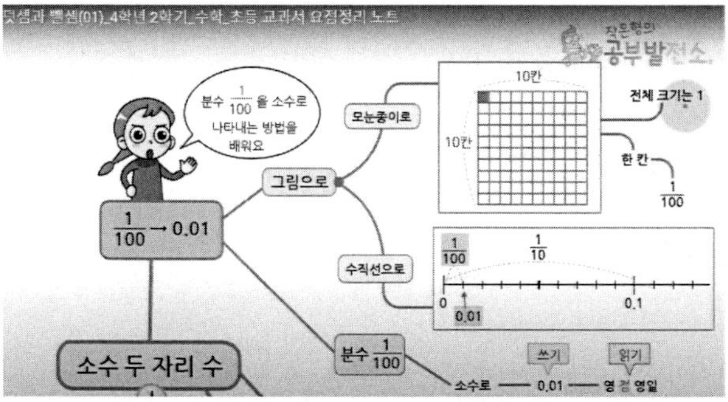

우리는 모든 대상에 대한 생각을 이미지로 떠올린다. 사람을 떠올릴 때도 그 사람의 이름이 아니라 얼굴과 모습, 전체적인 인상을 떠올린다.

이는 매우 자연스러운 현상이다.

하지만 우리는 그동안 평가중심 교육체계에서 문자로 변환된 교육을 받아왔고, 그런 방식으로 아이들을 지도하는 데 익숙해져 있다. 이제는 다시 딱딱한 문자중심 교육에서 벗어나 대상을 이미지로 기억하는 인간 본연의 특성을 교육에 적극 활용할 때다.

비주얼 씽킹은 대단한 회화 기술을 필요로 하는 것이 아닌, 낙서 수준의 간결한 그림과 글로 구성되어 있어 발달장애 아동도 이해하기가 쉽다. 학습 내용을 시각적으로 지원하는 것은 아이와 라포 형성에도 좋을 뿐만 아니라, 학습 의욕을 고취시키고 동기를 유발한다. 그리고 시각적 자료를 만들고 지원하는 것은 부모, 교사, 기타 양육자, 치료사가 함께 협력하여 하는 것이 더욱 바람직하다.

5. 아동의 저항을 중재에 활용

아동은 바람직한 행동 변화를 유도하는 과정에서 많은 저항 또는 반항을 보인다. 대화 과정에서 의도적으로 하기 싫다고 떼쓰고, 지시를 거부하고, 기존의 행동 패턴을 유지하려고 한다.

이러한 저항을 무시하고 기존의 지도 방법을 계속 유지한다면 아이는 반발이 더 심해질 것이다. 이 경우 적절한 중재 방법은 아이의 저항을 그대로 인정하고 오히려 격려하며 이를 중재에 활용하는 것이다.

밀턴 에릭슨은 내담자를 변화시키기 위해서는 “모든 것을 일단 받아들이고 활용해야 한다.”라고 하였다. 치료자가 내담자의 모든 태도를 상담에 협조적인 것으로 정의한다면 내담자의 저항이란 있을 수 없다.

저항을 중재에 활용하는 것은 패턴 파괴를 통한 라포 형성에 해당한다. 아동의 저항을 오히려 격려하고 치료에 활용하는 것은 앞에서 말한 패턴 파괴 기법 중 역설적 접근이나 혼란 기법에 해당한다.

아동이 지도 과정에서 반항할 경우 이를 억제하는 것이 아니라 그대로 인정하기 때문에 저항의 활용은 역설적 개입이다. 그리고 저항을 수용하고 격려하는 것은 아동을 혼란스럽게 하여 기존의 사고 패턴에 균열을 가져오게 하는 혼란 기법이다.

저항을 행동 변화에 역이용한 다음 에릭슨의 사례[5]를 보자.

밀튼 에릭슨은 바람이 거세게 몰아치는 어느 겨울 날 반항하는 송아지를 헛간 속으로 밀어 넣기 위해 애쓰는 아버지를 지켜보고 있었다. 어린 밀튼의 웃음에 자극을 받은 아버지는 그에게 송아지를 헛간에 넣어보라고 했다.

에릭슨은 잠깐 생각한 후에, 계속해서 송아지의 머리를 헛간 속으로 밀어 넣었던 아버지와는 반대로, 송아지의 꼬리를 뒤에서 잡아당겼다.

송아지는 두 가지 힘 중에서 더 성가신 쪽으로 저항의 방향을 돌렸고, 밀튼을 질질 끌고 헛간 안으로 들어갔다.

위에서 송아지는 앞에서만 끌어당기는 힘에 저항하다가 어느 순간 뒤에서도 잡아당기는 힘을 느끼며 이럴 수도 저럴 수도 없는 이중 구속 상황에 빠진다. 쉽게 말해 혼란스러운 상황에 빠지는 것이다.

에릭슨은 송아지의 저항하는 습성을 이용해 역설적으로 개입하였고 그 결과 송아지는 힘이 덜 들어가는 쪽으로 움직이게 되었다. 에릭슨은 이중 구속 상황을 만들어 저항을 행동 변화에 이용할 수 있음을 어렸을 때부터 깨달았다.

20대 국회의원이었던 금태섭 전 의원은 국회의원이었던 시절, 자신을 비난하는 문자에 대한 대처 방법을 공개한 적이 있다. 어느 날 새벽, 금 전 의원은 익명의 인물로부터 악성 조롱 문자를 받았다. 상대방은

5) Jeffrey K. Zeig, W. Michael Munion(신희천 역. 2013), 『밀튼 에릭슨』에서 인용

"선거철이 되니까 민주당으로 나오고 싶지? 그 잘난 소신은 다 어디로 가고... 안철수한테나 가거라."라며 금 전 의원을 비꼬았다.

금 전 의원은 새벽 4시에 온 상대방의 조롱 문자에 "일찍 일어나시네요."라고 답했다. 그러자 비난하던 상대는 잠시 후 "최선을 다해야죠^.^"라고 답장을 보냈다.

일반적으로 기대하는 대답이 아닌 다른 대답이 돌아올 경우 상대방은 당황스러움을 느껴 잠시 트랜스 상태에 있게 된다. 만약 문자를 무시하거나 격하게 반응했으면 상대방은 더 비난의 강도를 높이는 등 기존의 행동 패턴을 계속 유지했을 것이다.

하지만 금 전 의원은 상대방의 저항을 인정하고 수용하는 일종의 역설적 개입을 통해, 상대방의 비협조적인 태도를 협조적인 태도로 유도할 수 있었다.

격한 반응에 똑같이 격한 반응을 보이면 솔직한 대화를 나누기 어렵다. 상대방이 저항하고 비협조적인 태도를 보이더라도 내가 일단 이것을 그대로 인정하고 정중하게 대답하면, 상대방도 거의 모든 경우에 말투가 부드러워지고 상담에 협조적인 태도가 된다. 부드러움이 강함을 이기는 것이다.

변화를 거부하는 아이의 마음의 문을 여는 방법은 저항하는 태도에서 긍정적인 면을 찾아내어 이를 부각시키는 것이다. 저항을 중재에 활용한다는 것은 아이의 태도를 긍정적으로 해석하여 이를 긍정적인 언어로 풀어낸다는 것을 의미한다.

라포 형성이 모든 대화와 상담의 기본이 되듯이 일단 마음의 문을 열게 만들어야 서로 생각이 달라도 대화가 가능해진다.

행동 중재 과정에서 보일 수 있는 아동의 저항 역시 이를 무시하거나 억누를 필요 없이 좋은 치료 도구로 활용할 수 있다. 대화를 거부하는 모습을 보이더라도 다그치거나 왜 그런지 이유를 묻는 것보다는, 이를 그대로 수용하고 다시 대화를 유도해야 한다.

상담 예

학생: 저는 하기 싫어요. 싫다고요. 저리 가세요!
교사: 응 괜찮아. 네가 한 말이 맞아... 왜냐하면 선생님은 네가 지금까지 열심히 노력해 왔다는 사실을 잘 아니까.

교사는 학생의 저항을 오히려 격려하고 치료 수단으로 삼아야 한다. 왜냐하면 학생의 저항에 대해서 그 이유를 분석하고 부정하는 것보다 오히려 그것을 격려하게 되면 역설적 접근과 마찬가지로 학생은 혼란스러움을 느껴 스스로 저항을 그만두고자 하는 마음이 생기기 때문이다.

교사가 대안을 제시하거나 인위적으로 개입할수록 학생은 무의식적인 저항을 강하게 느끼기 때문에, 저항하는 마음을 일단 그대로 인정하고 편안함을 느끼게 한 후 관점 바꾸기 전략을 활용해야 한다.

예를 들어, 학교에 오기 싫어하는 학생에게 저항을 활용하여 다음과 같은 상담을 할 수 있을 것이다.

상담 예

학생: 선생님 학교가 재미없어요. 왜 매일 학교에 와야 하나요? 오기 싫어요.
교사: 아, 그렇게 말하는 것은 좋은 일이야. 그렇게 투정한다는 것은 사실 고민이 많다는 뜻이거든. 그렇게 고민하는 것을 멈추지 마라. 고민을 많이 하는 사람일수록 신중한 사람이니까.
학생: 정말요? 제가 신중한 사람으로 보여요?
교사: 그럼. 투정을 한다는 것은 살면서 올바른 선택을 위해 신중하게

고민한다는 뜻이거든. 또한 신중하다는 것은 네 삶에 대한 책임감이 강하다는 것을 의미하지. 너는 책임감이 강하니까 곧 삶의 목적을 깨닫게 될 거야.

아동은 상담 중에 무의식적으로 저항하게 마련이다. "~하지 마.", "~똑바로 해" 등의 표현에 익숙한 아동은 습관적으로 거부하는 패턴이 몸에 배어 있다. 이러한 패턴에 균열을 일으키는 방법은 아동의 저항을 일단 수용하고 오히려 격려하는 것이다.

그러면 아동은 혼란스러움을 느껴 잠시 트랜스 상태에 있게 되고 이때 변화를 위한 계기가 마련된다. 잠시 트랜스 상태에 있을 때 박수를 치며 주의를 환기시킨 후 얼른 치료적 제안이 되는 말들을 해 주면 나중에 잠재의식에 이를 각인시키는 데 더 좋을 것이다.

저항을 치료에 활용하는 상담 예시들을 더 살펴보자.

상담 예

교사: 행동 문제를 해결할 수 있어.

학생: 아뇨, 절대 해결 안 돼요.

교사: 그래. 너의 장점은 매우 일관성 있게 말한다는 거야. 변덕이 심하면 주관이 없는 사람인데, 너는 일관성이 있으니 대단히 잘하고 있는 거야.

학생: 그래도 전 하기 싫어요. 하기 싫다니까요.

교사: 응 알았어. 그런데 너에게는 왠지 다른 학생들과는 다른 특별함이 느껴진다. 알고 있니?

학생: (약간 혼란스러워하며) 무슨 특별함이요?

교사: 일관성 있는 사람들은 너처럼 흔들리지 않거든. 일을 헤쳐나갈 수 있는 힘이 되지. 또한 너의 경직된 생각 이면에는 많은 유연

함이 있다는 것을 알고 있어... (갑자기 박수를 딱! 치며) 넌 이미 잘 하고 있어! (박수를 딱! 치며) 넌, 더 잘할 수 있어!

상담 예

학생: 선생님과 말 안 할래요. 선생님과 상담은 그냥 말장난에 불과해요.

교사: 그래. 네 말이 맞아. 나랑 하는 상담이 도움이 안 될 수도 있어. 하지만 지금까지 선생님이랑 대화를 해왔다는 것은 그만큼 네가 인내심이 강하다는 뜻이 되지. 인내심이 없었다면 진작 상담을 그만뒀겠지.

학생: 전 진작에 그만두고 싶었다고요.

교사: 그렇게 말하는 건 좋은 거야. 상담을 포기하지 않고 지금까지 견뎌온 것은 네가 그만큼 노력하고 있다는 의미거든. 또한 마음 한편으론 더 나은 사람이 되고 싶다는 의지의 표현이라고 할 수 있어.

학생: ......

교사: (갑자기 박수를 딱! 치며) 차분한 사람이 될 수 있어! (박수를 딱! 치며) 많이 차분해졌다는 것을 알고 있어!

아동의 저항을 인정하고 오히려 격려할 경우 아동은 딜레마에 빠진다. 그리고 아동의 반응을 고무시켜 새로운 변화 가능성을 싹트게 한다.

부모나 교사는 아동이 상담 상황에서 보이는 것은 무엇이든 치료적 효과를 위해 활용할 수 있어야 한다. 부모나 교사는 아동의 저항을 적절히 수용할 뿐만 아니라 이것의 긍정적 의미를 부각시켜 라포 형성을 위한 수단으로 활용하여야 한다.

행동이나 언어에서 포착되는 작은 단서나 문제, 자원, 취미, 습관과 같은 것들도 단순히 분석의 대상으로만 삼는 것이 아니라 아이를 위해 활용할 줄 알아야 한다.

저항을 중재에 활용하는 것은 학부모와의 상담 시에도 유용하다. 학부모가 아이의 양육 방식에 관해 확고한 철학이 있고 변화를 거부하는 경우에도 호의적인 태도를 유지하며 상담에 임해야 한다.

교사는 자신의 주장이 옳다고 하더라도 이를 학부모에게 설득하려고 하기보다는 좋은 점을 설명하는 데 그쳐야 한다. 설득을 하면 강요한다고 느끼고 더 저항하려는 심리가 생기기 때문이다. 따라서 학부모의 태도를 수용하고, 앞에서 말한 은유적 이야기 등을 통해 변화를 유도하여야 한다.

상담 예

학부모: 선생님, 아이가 이제 도움반 안 가겠다고 해요. 저한테는 의사 표현을 확실하게 합니다. 선생님과는 소통이 되지 않는데 그것은 아이 수준을 낮게 보시기 때문이에요. 아이도 답답해하고 있습니다. 제 입장에서는 선생님이 아이를 읽을 수 없는 게 문제로 보여요.

교 사: 아 네, 저는 예전이나 지금이나 한결같이 대했다고 생각하는데요, 아이가 느끼기엔 또는 어머님이 보시기엔 부족하다고 느끼실 수도 있을 것 같습니다. 말은 어머님과는 잘 통한다고 하니 문제없을 것 같습니다. 제가 더 노력할게요.

학부모: 선생님 제 말을 믿어주셔야 해요. 발달장애인으로 살면 어린 나이에도 남과 다른 많은 일들이 일어나요. 저는 아이를 가르치지 않습니다. 아이가 뭘 알고 있는지 발견한 적은 있어요.

교 사: 네 알겠습니다. 어머님이 아이를 가르치지 않는다는 것은 잘 알고 있습니다. 그렇게 말씀하시는 것도 아이의 변화를 위해 정말 좋은 태도이십니다. 어머님이 열심히 노력하고 계시다는 것 잘 알고 있습니다.

학부모: 아이에게는 학습보다 소통이 더 큰 과제인데 선생님이 아이 생각에 맞추어주지 않으시면 소통이 일어나지 않습니다.

교 사: 맞습니다. 저 역시 학습보다 소통을 더 중요시하게 여기고 그동안 아이 생각에 맞춰왔다고 생각하는데요, 어머님이나 아이가 보기엔 부족하다고 느끼실 수도 있을 것 같습니다. 더 노력할게요.

학부모: 네 선생님. 이해해주셔서 감사합니다.

교 사: 아닙니다. 아이에 대해 더 많이 알수록 좋지요. 어머님이 노력하시는 만큼 저도 더 노력하겠습니다. 감사합니다.

아무리 내 생각이 옳다고 해도 상대방을 설득하려고 하면 안 된다. 설득을 하면 상대방은 자신을 강요한다는 생각에 오히려 반목이 일어나고 논쟁으로 흐르게 된다. 논쟁은 서로에게 상처를 줄 뿐 절대 결론이 나지 않는다.

따라서 학부모를 설득하려고 하지 말고 그러한 저항을 일단 받아들이고, 자신의 생각이 왜 좋은지 그냥 설명하는 데 그쳐야 한다. 학부모가 정말 원하는 것이 무엇인지를 파악하고 그 말을 일단 인정해주어라. 그러면 학부모는 혼란스러움을 느껴 저항하고자 하는 패턴에서 벗어나 새롭게 생각하기 위한 발판을 마련할 것이다.

12장

잠재의식을 변화시키는 칭찬의 요령

12장

잠재의식을 변화시키는 칭찬의 요령

칭찬은 고래도 춤추게 한다는 말이 있는 것처럼 칭찬을 들으면 누구나 기분이 좋다. 부모나 교사의 칭찬을 통한 긍정적 양육 방식은 장애아동의 자존감을 높이고 독립성을 향상시킨다.

칭찬은 아이에게 감정과 행동을 적절하게 표현하는 능력을 키워주고, 스스로 가치 있는 존재라고 생각하는 자아 존중감을 갖게 한다. 좋은 칭찬은 아이의 행동을 긍정적으로 변화시키는 매우 효과적인 수단으로 작용한다.

실제로 발달장애 아동 관련 14개 연구를 분석했더니 긍정적 양육 방식이 발달장애 아동의 사회성을 유의미하게 향상시켰다는 연구 결과가 있다. 이 아이들은 독립성, 언어능력, 감정표현, 어른이나 또래와의 사회적 상호작용에 있어서 더 높은 수준을 나타냈다고 한다.

그런데 칭찬에도 요령이 필요하다. 그냥 잘했다고 칭찬하는 것은 칭찬의 효과를 반감시키고 나중에는 무감각해지게 만든다. 객관적인 잣대로 잘하는 것을 칭찬하되 잘 못하는 부분은 격려해줘야 한다.

이제 좋은 칭찬의 방법에는 어떤 것들이 있는지 알아보자. 여기서 소개하는 칭찬의 요령들은 모두 발달장애 아동의 잠재의식을 효과적으로 변화시킬 수 있는 기법들이다.

1. 재능(능력) 대신 노력을 칭찬하라

우리가 칭찬을 할 때 보통 "오 아주 잘 했어."라고 결과를 칭찬하거나, "역시 OO는 똑똑해."라고 재능을 칭찬하는 경우가 많다. 발달장애 아동에게도 "아주 잘 앉아있었네.", "최고야!"라고 재능 위주로 칭찬을 하는 경우가 많다.

칭찬을 자주하는 것은 긍정적인 정서 함양에 효과적이고 더 열심히 하고자 하는 의욕을 불러일으키므로 좋은 것이다. 그렇지만 칭찬에도 기술이 필요하다. 결과나 재능 위주의 칭찬보다는 **노력**과 **과정**에 대해 칭찬하는 것이 아동의 잠재의식에 더 강력한 영향을 끼쳐서 행동 변화에 더 효과적인 수단으로 작용한다.

사람은 일반적으로 노력에 대해 칭찬받는 것보다 재능에 대해 칭찬받는 것을 좋아한다. 예를 들어, 시험 성적이 좋게 나왔을 때 "열심히 노력했구나."보다는 "역시 머리가 뛰어나. 똑똑해"라는 말을 더 좋아한다. 이것은 자신이 남들과 다른 특출한 존재라는 사실을 인정받는 것이기 때문이다.

하지만 시험 성적이 좋게 나왔을 때 "역시 머리가 좋구나."라고 칭찬받는 친구들은 다음에 시험 결과가 안 좋게 나오는 것을 매우 두려워하게 된다. 자신은 머리가 똑똑하다고 칭찬받아 왔는데 결과가 안 좋게 나오면 이러한 사실을 인정하지 못하고 쉽게 좌절하게 된다. 그리고 안 좋은 결과를 '난 머리는 좋은데 운이 없었기 때문이야.' 식으로 외부 요인으로 돌린다.

'머리가 좋다, 똑똑하다, 뛰어나다.' 등 칭찬을 능력에 두게 되면 노력의 가치를 중요하게 생각하지 않고, 또한 과정에도 큰 의미를 두지 않는 악순환이 벌어질 수 있다. 사람은 누구나 노력하지 않고서는 좋은 결과를 만들 수 없다. 아무리 뛰어난 학생도 어느 정도는 노력을 했기 때문에 좋은 결과를 얻을 수 있는 것이다.

따라서 결과 자체나 재능보다도 과정에 초점을 두어 노력하는 자세를 칭찬하여야 한다. 그래야 실패를 두려워하지 않고 좌절하지 않고 계속 더 노력할 수가 있다.

◆ 그림 12.1 '노력'을 칭찬해야 하는 이유

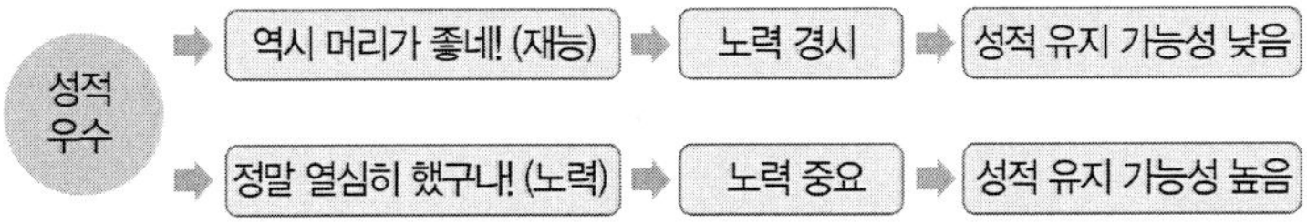

이제 칭찬을 할 때 "그렇게 노력하는 자세가 중요한 거야.", "열심히 앉아 있으려고 하는 너의 노력을 칭찬해.", "지금까지 아주 잘 하고 있어.", "많이 참으려고 노력하는 너의 의지를 칭찬해.", "그렇게 노력해줘서 고마워."라고 칭찬을 해보자.

노력과 과정을 칭찬하는 것과 더불어 중요한 것은, 사람의 뇌가 노력을 통해 얼마든지 발전 가능하다는 의식을 심어주는 것이다. 즉, 사람의 능력은 고정되어 있는 것이 아니라 훈련과 노력을 통해 얼마든지 향상 가능하다는 것을 알려주면, 아동은 더욱 노력하게 된다.

미국 스탠퍼드대학교 심리학과 교수인 캐롤 드웩(Carol Dweck)은 학습과 지능에 관한 학생들의 기본 성향을 2가지 유형으로 나누었다. 첫 번째는 고정형 사고방식을 가진 학생들로 이들은 지능과 성격은 타고나는 것이며, 무언가를 성취할 때는 유전자와 재능이 중요하다고 생각한다.

두 번째는 성장형 사고방식을 가진 학생들로 이들은 지능과 성격은 모두 변할 수 있으며 이를 위해 노력과 태도가 중요하다고 여기는 특징을 가지고 있다.

캐롤 교수 연구팀은 교사의 역할이 학생들의 사고방식에 큰 영향을 미치고 있음을 밝혀내는 실험[1]을 하였다. 우선 학생 70명을 성장형 사고방식을 가진 학생과 고정형 사고방식을 가진 학생들의 두 팀으로 나누어 수학 문제를 풀게 했다. 처음에는 문제를 풀기 전에 힌트도 주고, 답을 말할 때마다 피드백을 주었다. 여기에서는 양 팀 모두 성적이 비슷하게 나왔다.

두 번째 테스트에서는 문제를 풀기 전에 힌트를 주지 않았고, 가끔 맞았는지 틀렸는지만 말해주었다. 그런데 첫 번 테스트와 달리 이번에는 성장형 사고방식을 가진 학생들의 성적이 고정형 사고방식을 가진 학생들보다 훨씬 높게 나왔다. 왜 그런 결과가 나왔을까? 그 이유는 '틀렸다.'라는 피드백을 받고 난 후 두 그룹의 반응이 달랐기 때문이다.

성장형 사고방식을 가진 학생들은 '틀렸다.'는 피드백을 받으면, 문제를 풀기 위해 고민하고 더 효율적인 전략을 고민했다. 이때 뇌파를 측정했더니 정보를 확보하고 기억을 저장하는 기능과 관련된 뇌파가 출렁거렸다. 반면 고정형 사고방식을 가진 학생들은 '틀렸다.'는 말을 잘 받아들이지 못했고, 그 후 제 기량을 발휘하지 못하고 자아의 위협을 느끼는 뇌파가 요동쳤다.

테스트를 마친 후 연구팀은 학생들에게 주어진 문제를 푸는 것이 왜 어려웠는지 물었다. 고정형 사고방식을 가진 학생들의 약 50%는 "내가 똑똑하지 못해서"라고 대답했지만, 성장형 사고방식을 가진 학생들은 "문제가 연습할 때보다 어려워서", "더 열심히 풀지 않아서" 등의 답변을 했다. 결국 고정형 사고방식을 가진 학생과 성장형 사고방식을 가진

---

1) 출처: 투데이코리아(2019.7.31.) "[기획] 4차 산업혁명이 바꾸는 미래 ④ 교육이 바뀐다."(http://www.todaykorea.co.kr/news/articleView.html?idxno=263486)

학생은 자신을 바라보는 사고방식에서 큰 차이가 있었던 것이다.

이처럼 교사와 부모는 아동이 지금보다 더 똑똑해지고 성격이 긍정적으로 변할 수 있다는 믿음을 가져야 하며, 아동에게도 이러한 믿음을 꾸준하게 심어주는 역할을 하여야 한다. 그리고 조그마한 성과라도 재능이 아닌 노력에 대해 칭찬을 할 때 아동은 실패를 두려워하지 않고 더욱 더 긍정적인 방향으로 노력을 하게 된다.

아동은 자신이 더 똑똑해질 수 있고 성격이 변화할 수 있다는 가능성을 믿으면, 노력을 통해 훨씬 더 발전할 수 있다. 그러므로 노력에 대한 칭찬은 매우 중요하고, 실제로 노력을 통해 기대 이상의 많은 것들을 성취할 수 있다.

2. 인격체 대신 행동을 칭찬하라

아동의 인격체를 두리뭉실하게 칭찬하는 것보다, 아동이 구체적으로 잘한 행동에 대해 칭찬하는 것이 행동 변화에 훨씬 효과적이다.

예를 들어, 아동이 잘 한 행동에 대해 "OO가 정말 착하네. 아주 멋져!"라고 칭찬하는 것보다 "~한 행동을 한 것은 아주 잘 한 거야. ~한 행동 덕분에 아주 기분이 좋네."라고 칭찬하는 것이 좋다.

만약 아동이 자리이탈을 자주 하는데 조금 오래 앉아있어서 칭찬할 경우, "오 잘했어, 좋아!"라는 인격체에 대한 칭찬보다는, "5분 동안 한 번도 일어나지 않고 잘 앉아있었네.", "5분 동안 잘 앉아있었네. 그건 아주 잘 한 행동이야. 고마워!"라고 아동이 한 행동에 대해 칭찬해야 한다.

말로만 칭찬하는 것이 아니라, 칭찬할 때 아동과 눈을 마주치거나 미소를 지으면서 한다면 더 긍정적인 강력한 효과를 얻을 수 있다.

아동의 문제 행동은 오랫동안 습관화되고 고착화되어 잘 변하지 않는다. 칭찬은 이러한 고착화된 사고 패턴에 균열을 일으켜 아동의 잠재의식에 영향을 끼칠 수 있는 좋은 방법이다.

따라서 아동이 완벽하지는 않더라도 조금이라도 잘한 행동이 있다면, 그 행동에 대해 자주 자주 칭찬해 주어야 한다.

앞에서 아동의 능력보다는 노력에 대해서 칭찬해 주어야 한다고 했는데 이것 역시 마찬가지다. 아동이 바람직한 행동을 완벽히 한 것은 아니지만, 적어도 행동 변화를 위해 노력한 부분에 대해서는 칭찬을 자주 해줘야지 행동을 스스로 개선하고자 하는 의욕을 유지시킬 수 있다.

따라서 수업시간에 보통 5번은 일어났는데 3번만 일어났다면, "OO가 오늘은 3번만 일어났네. 아주 잘한 행동이야. 다음에는 2번만 일어나 보자."라고 노력과 행동에 대해 같이 칭찬해 보자.

아이가 엄마 일을 도와줘서 일이 잘 끝났을 경우에도 "엄마 일도 도와주고 정말 착하다. 우리 아들이 최고야!"보다는, "아들아, 엄마 일을 도와줘서 고마워. 네 도움으로 이렇게 일을 빨리 끝마칠 수 있었네."라고 칭찬하는 것이 아이의 행동 변화와 유지에 훨씬 더 효과적이다.

'인격체'를 칭찬하기보다는 '행동'을 칭찬해야 한다. 인격체에 대한 칭찬은 다른 사람에게 좋은 평가를 받기 위해 행동을 하지만, 행동을 칭찬하게 되면 자신이 누군가를 돕고 있다는 자신감과 용기를 얻게 된다.

인격체의 칭찬에 길들여진 아동은 잘 한 행동에 대해 칭찬을 못 받을 경우 '내가 이렇게 잘했는데 왜 칭찬을 안 해 주지?'라고 생각하며 실패감을 느끼고 좌절한다.

하지만 행동에 대한 칭찬에 길들여진 아동은 설사 칭찬을 못 받더라도 '내가 조금 노력이 부족했나보다.'라고 생각하며 다음에는 더 열심히 하고자 하는 동기를 고취시킨다.

3. 이름을 불러 칭찬하라

위에서 아동의 능력보다 노력을, 인격체보다 행동을 칭찬하는 말을 할 때, 아동의 이름을 부르면서 해야 더 효과적이다.

예를 들어, 이름을 빼고 "오 자리에 잘 앉아있어서 예쁘다."라고 칭찬하면 눈맞춤을 하더라도 아동은 자신에게 말하는 것임을 깊이 인식하지 못할 수 있다. 또한 인지 수준이 낮을 경우 열심히 앉아있었던 자신의 노력이 전부 인정받지 못했다고 느낄 수 있다.

문제를 잘 풀었을 때도 "오 성적이 잘 나왔네"라고 비인칭 주어를 쓰기보다는, "OO가 열심히 해서 이렇게 좋은 성적이 나왔구나."라고 말해야 좋은 칭찬이다. 이처럼 칭찬에는 항상 인격이 들어가야 하고, 이름을 불러주며 말할 때 더 좋은 효과를 거둘 수 있다.

이름을 불러주며 칭찬하면 잠재의식이 이를 자신에 대한 칭찬으로 더 깊게 받아들여, 아동은 무의식적으로 행동 개선을 위해 더욱 노력하게 된다. 아동이 잘한 행동은 철저히 아동이 스스로 노력해서 만든 결과물이므로, 그 노고를 인정받을 수 있게 이름을 불러주어야 한다.

따라서 칭찬을 할 때, "OO야, 그러한 행동은 아주 잘 한 거야.", "OO야, 그렇게 노력하는 자세가 중요한 거야. 잘 했어.", "OO야, 5분 동안 아주 잘 앉아있었네. 열심히 노력했구나!", "OO야, ~한 행동을 해줘서 정말 고마워."라고 해보자.

이러한 화법이 습관화되면 아이의 잠재의식에 칭찬의 말들이 깊게 각인되어 더 강력한 효과를 볼 수 있다.

4. 우연히 잘한 행동도 칭찬하라

아이가 의식하지 않고 우연히 한 행동일지라도 그것이 만약 선한 결과를 가져오면 칭찬해 주어야 한다. 즉, 의도하지 않고 그냥 아이가 어떤 행동을 했는데 그것이 결과적으로 좋게 작용하면 칭찬해 주어야 한다.

왜냐하면 비록 의도하지 않은 행동이지만 결과론적으로 좋게 나올 경우 이를 칭찬해주면, 아이에게는 이러한 행동을 의식적으로 더 많이 하고자 하는 동기로 작용하기 때문이다.

예를 들어, 손을 좌우로 흔드는 상동행동을 하는 자폐성장애 아동이 손을 흔들다가 우연히 책상이 닦아졌다면, "오 책상도 닦았네? 깨끗하게 닦아줘서 고마워." 이렇게 칭찬해 주어야 한다. 비록 의도하지 않은 행동이라 하더라도 좋은 결과로 칭찬을 받으면, 잠재의식은 자신의 새로운 긍정적인 측면을 발견하여 이를 더욱 개발하도록 노력하게 된다.

이 경우에는 비록 의도적으로 한 것은 아니지만 칠판을 닦는 행동으로 칭찬을 받았으므로, 앞으로는 칠판을 일부러 닦으려고 노력할 확률이 높아진다.

예전에 필자가 근무하던 학교에 장애학생 활동 지원 사회복무요원이 있었다. 이 복무요원은 장애학생을 그리 좋아하지 않아 자신이 왜 특수학급에 배치되었는지 모르겠다며 항상 투덜거렸다. 심지어는 다른 부서에 재배치해 달라며 민원까지도 넣었다.

하지만 계속 특수학급에서 장애학생 활동 지원을 하게 되었는데, 마음은 콩밭에 가 있으니 시키는 일만 퉁명스러운 얼굴로 마지못해 할 뿐, 아이들을 사랑스럽게 바라보거나 절대 먼저 돕거나 하지는 않았다.

그러던 어느 날, 학생들을 데리고 버스를 이용할 때였다. 복무요원은 스마트폰만 쳐다볼 뿐 우리 아이들을 잘 바라보지도 않았다. 그러다 어느 정류장에서 휠체어를 탄 지체장애 어르신이 버스를 탔다.

몇 정거장을 지나 다음 정류장에서 그 어르신이 하차하려고 뒷문 가까이 가고 있었는데 그때 버스가 덜컥거리며 제동을 하는 상황이 발생했다. 중심이 쏠려 어르신의 휠체어가 앞쪽으로 밀리려는 순간, 복무요원이 휠체어를 순간적으로 부여잡았다. 그리고는 버스가 멈춘 후 어르신이 안전하게 내리실 수 있도록 끝까지 부축해 주었다.

나는 이때를 놓치지 않고 복무요원을 칭찬해 주었다. "오 순발력 빠른데요? 어떻게 그렇게 휠체어를 잡을 수 있었어요? 대단하다! 선생님 아니었음 큰일 날 뻔 했네요." 그러자 복무요원은 "저도 모르게 그냥 반사적으로…"하며 시큰둥하게 대답했다. "역시 특수학급에 오래 있으니 모르는 사이에 배려하는 마음이 배어서 그런 거예요. 선생님의 그런 마음이 제대하고 나서도 잘 유지될 거예요. 고마워요." 내가 진심어린 마음을 전하자 복무요원은 살짝 미소지었다.

이 복무요원은 우연한 기회를 통해 자신의 선한 면을 발견하게 되었으므로 앞으로도 장애인에 대해 배려하는 마음을 가지고 살 확률이 높다.

우연이라고 표현하였지만 사실은 우연이 아니라, 평소 장애인에 대해 보고 느꼈던 감정들이 자신의 잠재의식에 조금씩 각인되어 '장애인을 보면 도와주어야 한다.'는 마음이 내재되어 있던 것이다.

우리가 일상생활하면서 의식하지 못하고 넘어가는 많은 일들이 잠재의식 속에는 다 그대로 저장된다. 잠재의식은 온전히 나를 위해서 일을 하고 기능하므로 조그마한 일들도 잠재의식은 자신과 연관지어 그 의미를 탐색하고, 은연중에 우리의 실제 의식과 행동에 영향을 끼친다.

따라서 순간적으로 하는 행동도 그냥 우연히 하게 되는 것이 아니라 그렇게 하는 것이 올바르다고 잠재의식이 판단을 내려서 하게 되는 것이다. 만약 내가 의식하지 못하더라도 잠재의식이 가치 없는 행동이라는 판단을 내리면 반사적으로 이러한 행동이 나오지 않는다.

이와 관련하여 급작스러운 상황을 연출하여 아동이 칭찬받을 일을 만들어내는 것도 좋다. 예를 들어, 교사가 아동과 같이 길을 걷다가 갑자기 아동 쪽으로 쓰러지는 연기를 하면, 아동은 순간적으로 교사를 받쳐줄 것이다.

이때 아동은 순간적으로 놀란 상태, 즉 내적 평화가 깨진 일종의 트랜스 상태가 되므로, 이 틈을 타서 재빨리 큰 목소리로 "우와, 우리 OO 배려심이 많은데?", "우리 OO 참 착하구나."라고 치료적 제안을 외친다.

의식이 혼란한 상태가 바로 잠재의식이 활성화되는 상태이므로 이때 얼른 치료적 제안이 되는 말들을 빠르고 큰 목소리로 해야 잠재의식에 각인되는 효과가 있다.

이렇게 잠깐 트랜스 상태에 있을 때 얼른 아동 인격체의 긍정적인 측면을 칭찬한 다음, 현재의식을 되찾으면 차분하게 "그렇게 쓰러지는 사람을 옆에서 부축해 준 것은 아주 잘 한 거야."라고 행동을 칭찬해 준다.

이런 식의 칭찬이 계속되면 메시지의 내용이 잠재의식에 조금씩 각인되어 언젠가는 의식이 바뀌게 되고 나중에는 행동이 변화한다.

의도하지 않은 행동이라 하더라도 이것이 바람직한 행동이었다면 잠깐의 틈을 이용해 아이를 칭찬해 주자. 이러한 칭찬이 누적되면 아이는 이제 의도적으로 이러한 행동을 하려고 노력할 것이다.

결론

특수교육 패러다임 변화를 위한 제언

현재 특수교육에서는 장애를 여전히 생물학적인 관점에서만 바라보고, 행동주의 관점에 기초하여 문제를 해결하려고 한다. 눈에 보이는 현상을 기초로 아동을 파악하고, 겉으로 보이는 행동적 문제를 교정하려고 한다. 이러한 편협적 사고방식이 여전히 주류로 자리잡고 있다.

하지만 겉으로 보이는 행동에 문제가 있다고 하여 행동과 환경을 고치려고 하는 ABA 및 긍정적 행동 지원은 오늘날 명확한 한계가 존재한다. 이에 따라 현재 특수교육 교재에 있는 어느 방법론을 적용하더라도 사실 약간의 기능적인 발전을 볼 수 있어도, 정신적인 후유증을 남기거나 장기간의 효과를 담보할 수 없다. 즉, 더 이상 치고 올라갈 수 없는 명확한 한계가 존재하는 것이다.

그동안 현장에 있으면서 느낀 점은 발달장애 학생들이 보이는 특이한 행동이나 문제들은 겉으로 볼 때는 행동적인 문제들로 보여도 사실은 잠재의식에서 기인하는 문제들이라는 것이다. 그 결과 진정한 문제해결을 위해서는 행동을 고치는 것이 아닌 마음, 즉 잠재의식을 변화시켜야 한다는 것을 깨달았다.

따라서 행동에 문제가 있다고 하여 행동을 고치려고만 하면 안 되고, 그 근원에 숨어있는 마음의 작용을 바꾸어주어야 한다. 인본주의 관점에서 마음을 긍정적 정서로 리프로그래밍 해주어야 여러 행동적 문제들을 근본적으로 고칠 수 있는 것이다.

진정한 행동 변화를 위해서는 상위 의식인 신념, 가치관 등 잠재의식을 변화시켜야 한다. 문제 행동의 원인이 되는 환경을 바꿔주고 문제 행동을 바람직한 행동으로 대체하는 교수법을 가르치는 것으로는 근본적인 문제 해결책이 될 수 없다. 아이가 그러한 행동을 하고자 하는 마음이 없어질 때 비로소 문제 행동을 안 하게 되는 것이다.

결국 변화에 있어서 중요한 것은 '마음'이다. 따라서 행동이나 환경에 문제가 있다고 행동이나 환경을 고치려고 하면 안 되고, 상위 차원인 마음을 변화시켜야 한다.

본 책은 발달장애 아동의 잠재의식을 변화시킬 수 있는 여러 가지 방법들에 대해 소개하였다. 문제 행동을 유지시키는 패턴에 균열을 일으키고 새로운 바람직한 행동을 형성할 수 있는 다양한 기법과 대화법, NLP 기법에 대해 소개하였다.

그리고 아동과의 라포 형성을 통해 치료 효과를 더욱 높일 수 있는 방법과 칭찬의 요령에 대해서도 소개하였다. 이것은 모두 인지 수준이 낮고 중증 장애가 있다고 하더라도 누구에게나 적용할 수 있는 기법들이다.

치료와 중재는 일상 속에서 자연스럽게 생활하면서 이뤄져야 효과가 크고 일반화가 가능하다. 부모와 교사가 매일매일 세심하게 관찰한 것을 기반으로 해서 아이를 올바르게 이끌어줘야 비로소 아이한테 최고의 치료와 중재가 된다.

치료센터나 병원에 의존하는 것은 돈도 많이 들어가는 일이지만, 항상 좋은 선생님을 만난다는 보장도 없고, 무엇보다 아이에게 충분히 오랜 시간을 투자할 수가 없다. 또한 치료센터의 구조화된 환경에서 행동주의 방식으로 억지로 기능을 습득하게 하는 것은 아이가 일반화하는 데에 분명 한계가 있다.

이제는 일상적인 환경에서 자연스럽게 잠재의식을 변화시킬 수 있는 방법들이 특수교육에도 적용되어야 한다. 구조화된 환경이 아닌 일상 속에서 아이의 가치관이나 신념을 바꿔줄 수 있는 그런 교육과 대화, 심리치료가 이루어져야 한다.

상위 의식인 잠재의식이 변화되어야 자연스럽고 반영구적인 진정한 행동 변화 효과를 기대할 수 있다. 이제는 자연적인 환경에서 아동이 의식하지 못하는 사이에 잠재의식을 변화시킬 수 있는 그런 효과적인 대화법과 심리치료 기법들이 아동에게 적용되어야 한다.

나는 이것이 앞으로 특수교육이 나아갈 방향, 하나의 돌파구가 될 것이라 확신한다. 장애의 원인과 치료를 위해 이제는 특수교육의 패러다임이 바뀌어야 한다.

참고문헌

고기홍 · 김경복 · 양정국(2010), 『밀턴 에릭슨과 혁신적 상담』. 서울: 시그마프레스.

김영우(1996), 『전생여행』. 서울: 정신세계사.

김주환(2019), 『회복탄력성』. 고양: 위즈덤하우스.

로버트 치알디니 · 스트브 마틴 · 노아 골드스타인(2015), 『설득의 심리학』(역자: 황혜숙 · 윤미나 · 김은령). 파주: 21세기북스.

변호걸 · 권미은 · 김응범(2012), 『정서 · 행동장애 이해와 교육』. 서울: 문음사.

설기문(2009), 『에릭슨최면과 심리치료』. 서울: 학지사.

신대정 · 이경규(2018), 『구속된 마음 자유를 상상하다』. 서울: 학지사.

이성봉 · 방명애 · 김은경 · 박지연(2014), 『정서 및 행동장애』. 서울: 학지사.

이윤주 · 양정국(2007), 『은유와 최면(밀턴 에릭슨 상담의 핵심)』. 서울: 학지사.

이진식(2020), 『NLP 심리치료 및 상담』. 파주: 교육과학사.

이진식(2020), 『정서행동장애 학생 심리치료 및 상담(최면상담과 NLP 중심으로)』. 서울: 박영스토리.

정동하(2007), 『신비한 최면 이야기(한 권으로 끝내는)』. 서울: 평단.

정성훈(2011), 『사람을 움직이는 100가지 심리법칙』. 케이앤제이.

Erickson, M. H. (1980a). Teaching seminar by Erickson. Phoenix, February 12. Audio Recording CD (2001). Phoenix, AZ: The Milton Erickson Foundation.

Erickson, M. H. (1980b). Teaching seminar by Erickson. Phoenix, February 14. Audio Recording CD (2001). Phoenix, AZ: The Milton Erickson Foundation.

Gilligan, S. G. (1986). *Therapeutic trances: The cooperation principle in Ericksonian hypnotherapy*. New York: Brunner/Mazel.

Greenwald, H. (1985). Beyond the paradox. In Zeig, J. K. (Eds.), Ericksonian psychotherapy volume Ⅱ: Clinical applications (pp. 237–243). New York: Brunner/Mazel.

Haley, J. (Ed.) (1985a). Conversation with Milton Erickson. Vol. Ⅰ: Changing individuals. New York: Triangle Press.

Haley, J. (Ed.) (1985b). Conversation with Milton Erickson. Vol. Ⅱ: Changing couples. New York: Triangle Press.

Littrell, J. M. (1998). *Brief counseling in action*. New York: Norton.

Madanes, C. (1985). Finding a Humorous Alternative. In J. K. Zeig (Ed.) *Ericksonian psychotherapy Volume II: Clinical applications.* (pp. 24–43). New York: Brunner/Mazel.

May. R. (1969). *Existential psychology.* New York: Random House.

O'Hanlon, B. (1987). Taproots: Underlying principles of Milton Erickson's therapy and hypnosis. New York: Norton.

Rosen, S. (Ed.) (1982). *My voice will go with you: A teaching seminar with Milton H. Erickson.* New York: Norton.

Rossi, E. L. (1980a). (Ed.) *The collected papers of Milton H. Erickson on Hypnosis. Vol. I: The nature of hypnosis and suggestion,* New York: Irvington.

Rossi, E. L. (1980b). (Ed.) *The collected papers of Milton H. Erickson on Hypnosis. Vol.II: Hypnotic Alteration of sensory, perceptual and psychophysiological process,* New York: Irvington.

Rossi, E. L. (1980c). (Ed.) *The collected papers of Milton H. Erickson on Hypnosis. Vol.III: Hypnotic investigation of psychodynamic processes,* New York: Irvington.

Rossi, E. L., Ryan, M. O., & Sharp, F. A. (Eds.). (1983). *Healing in hypnosis: The seminars, workshops, and lectures of Milton H. Erickson.* New York: Irvington.

Weiner–Davis, M. (1998). *A woman's guide to changing her man: Without his even knowing it.* New York: Golden Books.

Zeig, J. k., & Munion, W. M. (1999). *Milton H. Erickson.* Thousand Oaks, CA: Sage Publications.

Zeig, J. k., & Munion, W. M. (2013). 『밀튼 에릭슨(전략적 심리치료의 선구자)』 (역자: 신희천). 서울: 학지사.

Zeig, J. k. (1980). A teaching seminar with Milton H. Erickson. New York: Brunner/Mazel.

가디언(2015.3.20.). "Autism: does ABA therapy open society's doors to chil dren, or impose conformity?"

국가건강정보포털 의학정보; 서울대학교병원 의학정보

국립특수교육원(2009) <특수교육학 용어사전>, 응용행동분석

김정규 교수 게슈탈트하일렌 홈페이지(http://www.gestalt.co.kr/info/professo r.php)

https://cafe.naver.com/mindcultivating/52 (스토리텔링)
대한신경정신의학회 『정신이 건강해야 삶이 행복합니다』
서울대학교 교육연구소(1995) <교육학용어사전>, 응용행동분석
서울대 김붕년교수 'ADHD의 특징과 치료' 인터뷰 자료(헬스조선 건강톡톡).
위키백과 - 밀턴 에릭슨
응용행동분석(나무위키)
출처: 정신의학신문(http://www.psychiatricnews.net/news/articleView.html?idxno=19222)
(의학칼럼)자폐증 행동수정치료(ABA)의 장단점(http://www.newstomato.com/ReadNews.aspx?no=833128)

이진식

약력
교육학박사(교육심리 · 상담 전공)
특수교사(중등특수 정교사 1급)
심리상담사 1급
상담 분야: 지적장애, 자폐성장애, 우울증, 불안장애, 강박증, 공포증, ADHD, PTSD,
성격장애, 뇌전증 등

저서
『NLP 심리치료 및 상담』
『정서행동장애 학생 심리치료 및 상담(최면상담과 NLP 중심으로)』
『더 나은 세상을 꿈꾸는 특수교사 이야기』

경력
학교 안 전문적 학습공동체(NLP를 활용한 학생 심리치료) 팀장
티처빌연수원 쌤동네 등록 강사
(연수 주제: 내 마음을 행복 프로그램으로 세팅하기, NLP 상담 등)
벌말초등학교 학교폭력대책자치위원회 상담위원
안양 순종지역아동센터 상담봉사
인터넷 무료 심리 상담/특수교육 상담실 운영
(https://blog.naver.com/harammail75)

잠재의식 변화를 통한 발달장애 행동 지원
(장애아동 행동 중재에 대한 새로운 접근)

초판발행 2021년 3월 5일
중판발행 2023년 8월 10일

지은이 이진식
펴낸이 노 현

편 집 조보나
기획/마케팅 노 현
표지디자인 박현정
제 작 고철민·조영환

펴낸곳 ㈜ 피와이메이트
서울특별시 금천구 가산디지털2로 53 한라시그마밸리 210호(가산동)
등록 2014. 2. 12. 제2018-000080호
전 화 02)733-6771
f a x 02)736-4818
e-mail pys@pybook.co.kr
homepage www.pybook.co.kr
ISBN 979-11-6519-132-0 93180

정 가 16,000원

박영스토리는 박영사와 함께하는 브랜드입니다.